추천의 말

“내가 아는 모든 분들께 이 책을 한 권씩 선물할 것이다. 죽음에 대한 두려움을 대면하고 이를 극복하는 길을 가리켜 보여주는 이 책은, 읽는 이들의 삶을 근본적으로 개선하고, 사랑과 현존과 기쁨에로 그들의 가슴을 열어줄 것이다. 이 책은 우리가 죽음을 점점 덜 두려워하게 됨에 따라 얼마나 심오하고 마법 같은 삶이 펼쳐질 수 있는지를 아름답게, 깊이 있게, 유머를 담아 보여준다. 나는 말로 표현할 수 없을 만큼 람 다스를 사랑한다. 내가 말할 수 있는 것은 고작 이것뿐일 것이다. ‘고마워요, 고마워요, 나의 형제, 나의 선생님, 나의 단짝 친구, 집으로 돌아가는 동안 당신을 친구 삼도록 허락해 줘서.’”

앤 라모트 Anne Lamott

『가벼운 삶의 기쁨 Help Thanks Wow』의 저자

“다이아몬드 원석 같은 책. 사랑으로의 초대. 어떻게 잘 죽을 것인지(따라서 어떻게 잘 살 것인지), 그리고 죽어가는 자와 함께 있는 방법에 대한 매뉴얼. 람 다스와 미라바이 부시는 본향으로 돌아가는 길을 함께 걷자고 초대한다. 이 책을 통하여 우리는 마우이의 시원한 바람이 가져다주는 은총을 들이마시며, 람 다스가 만들어내는 여유와 사색의 공간에 그와 나란히 앉을 수 있다.”

헬렌 헌트 Helen Hunt

배우, 감독, 시나리오 작가

"시간이 지남에 따라 우리 몸은 지치고 닳게 마련이고, 그럴수록 우리는 내면으로 더 깊이 들어가 '시간을 초월한 근원'을 절실하게 찾아야 한다. 람 다스와 미라바이 부시는 육신의 불가피한 소멸을 사랑의 의식으로 지켜보면서 살아가는 자의 아름다운 모습을 여실하게 보여준다."

크리슈나 다스 Krishna Das
키르탄 찬가 가수

"모든 사람의 버킷리스트에 들어 있어야 할 한 권의 책. 람 다스와 미라바이 부시는 죽음에 대한 그들의 지혜를 공유한다."

대니엘 골먼 Daniel Goleman
『EQ 감성지능 Emotional Intelligence』의 저자

"장거리 여행을 할 때면 엄마는 가끔 람 다스의 강의를 틀어주셨지만, 나는 듣지 않는 척했다. 내가 그 강의를 얼마나 좋아하는지 엄마가 모르길 바랐기 때문이다. 여러 해 후, 엄마가 유방암으로 세상을 떠난 후, 나는 마우이에 있는 람 다스의 집에서 그와 함께 오후를 보낼 수 있었다. 내가 그에게 '엄마가 여기에 있었으면 좋겠어요. 엄마는 당신을 사랑했어요.'라고 말하자, 그는 '그녀는 여기에 있습니다.'라고 대답했다. 이 책은 내가 마치 다시 거기에 있는 것처럼 느끼게 해준다. 사랑은 결코 죽지 않는다는 것과 깊은 슬픔 속에서도 우리의 가슴은 열릴 수 있다는 것을 상기시켜 준다. 당신 또한 언젠가 죽을지도 모른다고 생각한다면, 이 책은 당신이 느끼지 않는 척하고 있는 당신 안의 숨겨진 두려움을 변화시키는 데에 귀중한 도구가 되어줄 것이다."

던컨 트러셀 Duncan Trussell
팟캐스터, Duncan Trussell Family Hour

"이 책은 호기심과 연민에 뿌리를 두고 지혜와 유머가 가득 배어 있는 두 오랜 친구 사이의 성스러운 대화이다. 람 다스는 자신의 육신을 내려놓는 과정을 사랑의 램프를 들고 지켜보면서, 우리에게 잘 죽는 법을 보여준다."

미라바이 스타 Mirabai Starr

『사랑의 신 God of Love』, 『절망 없는 캐러밴 Caravan of No Despair』의 저자

"이 아름다운 책을 읽고 죽음에 대한 두려움이 사라지는 것을 느껴보세요! 미라바이와 람 다스가 헤엄치고 있는 사랑의 바다에 발을 담그세요. 그들은 우리를 이야기의 파도 속으로 잠수하게 하고 평화롭게 떠 있도록 초대합니다. 그들의 지혜와 유머의 파워풀한 해류가 우리를 우리의 진정한 본향인 사랑의 의식으로 데려갑니다."

트루디 굿맨 Trudy Goodman

InsightLA의 창립 교사

"편안하게 죽음을 맞을 수 있다는 것은 사랑에 찬 삶을 잘 살아왔다는 뜻이다. 지혜, 연민, 심오한 경험으로 가득 찬 미라바이와 람 다스의 대화는 독자들에게 기쁨을 가져다준다. 미라바이는 보석이다. 그녀는 마음챙김 명상으로 구글에 새로운 바람을 일으키는 데 있어 핵심적인 역할을 했다."

차드 멩 탄 Chade-Meng Tan

『너의 내면을 검색하라 Search Inside Yourself』의 저자

"지혜로운 두 사람이 대화하는 자리에 함께 앉아 있는 것보다 더 좋은 것이 있을까? 이 책에서 람 다스와 미라바이 부시는 서로 정보를 주고받으면서 사랑과 죽음이라는 거대한 미스터리에 대한 자신들의 깨달음을 공유한다. 이 멋진 책은 우리의 인간 여정에 대해 가슴을 열고 지혜를 심화시켜 주는 탐구의 열매이다."

조셉 골드스타인 Joseph Goldstein

『마인드풀니스 Mindfulness』의 저자

"모든 생명은 덧없는 것이다. 이는 이 행성의 핵심 생명체인 인간 경험의 가장 근본적인 살아있는 진실 중 하나이다. 그럼에도 불구하고 우리에게는 자신들의 경험을 통해 이를 해설해 주는 현명하고 자비로운 교사가 필요하다. 람 다스는 위대한 진실의 순간을 준비하면서, 몸을 지닌 인간으로서의 연약함을 정직하게 드러내면서도 영혼으로서의 자유함이 어떤 것인지를 여실하게 가르쳐 준다. 함께 길을 걸어온 두 친구의 유쾌한 대화 속에는 두고두고 음미할 만한 삶의 교훈이 그득하다."

고피 칼라일 Gopi Kallayil
구글의 브랜드 마케팅 수석 에반젤리스트

"깊이 몰입하여 하루 만에 다 읽었다. 에고에서 영혼으로의 전환에 대한 명료한 이해는, 독자를 사랑의 의식으로 감싸주면서 죽음을 준비하는 삶의 기술을 이야기해 준다. 이 책은 사랑 속에서 산다는 것이 무엇을 의미하는지에 관심을 갖는 분들을 위한 탁월한 자료이다."

캐롤린 제이콥스 Carolyn Jacobs
스미스 칼리지 사회복지대학 학장

"미라바이 부시와 람 다스는 심오한 개인적 경험과 영적 가르침을 바탕으로 죽음과 임종에 관한 대화를 우리와 공유한다. 우리는 무상한 에고와 영속하는 영혼을 구별하는 방법, 우리의 관심을 지성에서 사랑의 의식으로 전환하는 방법에 대해 배우게 된다. 그렇게 함으로써, 육체와 자아의 상실에 대한 우리의 두려움은 무한한 상호 연결성과 영혼의 실재에 대한 인식으로 대체된다. 뛰어난 감수성과 통찰력으로 접근되는 이 보편적인 주제가 두 사람 사이의 놀라운 평생 우정의 날개에 실려 전달되고 있다. 독자들은 그들의 관대함과 지혜에 저절로 감사의 마음이 우러나올 것이다."

아서 자욘스 Arthur Zajonc
물리학자, 『정관적 탐구로서의 명상 Meditation as Contemplative Inquiry』의 저자

"이 책을 통해 우리는 람 다스의 집으로 초대된다. 거기에서 우리는 그가 평생 친구인 미라바이 부시와 나누는 대화를 함께 듣게 된다. 이 책은 우리가 영혼의 집으로 돌아가는 것에 대한 대화, 사랑하고 두려워하고 배우고 웃고 용서하고 애도하고 추억하는 것에 대한 대화, 나누고 주고 죽어가고 살아가는 여정에 대한 대화이다. 지혜와 축복으로 가득한 이 책은 사랑하는 사람들과 함께 나누고 싶은 귀한 선물이다."

랍비 나오미 레비 Rabbi Naomi Levy

나슈바Nashuva의 영적 리더, 『아인슈타인과 랍비 Einstein and the Rabbi』의 저자

"내 아내와 나는 람 다스와 미라바이를 따라 인도로 가서 마하라지로부터 가르침을 받으며 함께 공부했다. 우리의 사랑하는 바바(아버지, 스승님)는 죽기 전날 밤 '내일 나는 중앙 감옥에서 탈출할 것이다.'라고 말씀하셨다. 그분은 자신의 죽음을 불쑥 농담처럼 예언하셨던 것이다. 그분은 자신이 세상을 떠날 것임을 미리 알고 있는 깨달은 존재였으며, 분명히 계획을 가지고 계셨던 것 같다. 당신이 이미 깨달음을 얻었거나 다른 종류의 탈옥 카드를 가지고 있다면, 이 책은 물론 건너뛰어도 괜찮다. 그렇지 않다면, 이 책은 선물이자 기쁨이며, 죽음에 대해 이야기할 때면 촉발되곤 하는 두려움과 불확실성을 제거해 주는 리셋 버튼이 되어줄 것이다. 이 책을 읽는다는 것은, 웃음과 재치로 침착하게 탈옥을 계획하는 두 사람의 음모를 도청하는 것과도 같다. 나는 이 멋진 책을 사랑한다. 고양되고 심오한 이 이야기는 우리 인생의 이 단계가 어느 날엔가 끝날 것임을 온전히 숙지하는 가운데 하루하루를 충만하게 살아갈 수 있음을 일깨워 준다."

래리 브릴런트 Larry Brilliant

천연두 박멸 프로젝트의 일등 공헌자, 람 다스와 세바 재단 공동 창립

"우리의 가장 깊은 두려움을 진정시키는 가르침으로, 지혜롭고 부드러우며 친밀하고 가슴이 벅차고 사랑이 가득한 놀라운 선물이다. 기회를 놓치지 마시라!"

잭 콘필드 Jack Kornfield

『깨달음 이후의 빨랫감 After the Ecstasy, the Laundry』의 저자

웰다잉

본향으로 돌아가는 길

웰다잉

본향으로 돌아가는 길

세계의 정신적 스승 람다스, 자신의 죽음에 앞두고 "잘 죽는 법"을 이야기하다

삶과
사랑과
죽음에
관한 대화

람 다스 & 미라바이 부시

올리브나무

웰다잉: 본향으로 돌아가는 길

펴 낸 날 2023년 5월 17일 초판 발행
2023년 7월 21일 개정판 1쇄 발행

지 은 이 람 다스, 미라바이 부시

옮 긴 이 유영일

일러스트 사라 콜먼

펴 낸 곳 **올리브나무** 출판등록 제2002-000042호

경기도 고양시 일산동구 정발산로 82번길 10, 705-101

전화 031-905-8469, 010-7755-2261

팩스 031-629-6983 E메일 yoyoyi91@naver.com 인스타그램 olive.tree.books

발 행 인 유영일

ISBN 979-11-91860-27-6 03190

값 18,000원

사랑의 바다이신

님 카롤리 바바Neem Karoli Baba 님께,

그리고

위대한 신비의 탐험가였던

故 보카라 르장드르Bokara Legendre 님께

바칩니다.

님 카롤리 바바. 사진: 발라람 다스.

사랑은 죽음보다 강하다.

님 카롤리 바바

CONTENTS

머리말

람 다스

죽는다는 것은 우리 모두의 인생에서 가장 중요한 일이다. 죽음은 우리 모두에게 거대한 미개척지이다. 그리고 사랑은 죽음을 준비하는 삶의 기술이자 예술이다. 사랑의 대양에 녹아들도록 우리 자신을 허용하는 일은, 이 몸을 떠나는 것에 대한 것만은 아니다. 우리 자신을 사랑의 바다에 온전히 담그는 일은, 우리가 여기에서 존재하고 있는 동안에도, 우리 자신의 내적 본질인 영혼과 하나 되어 영원한 하나임Oneness의 상태로 존재하는 일이다. 어떻게 살고 어떻게 사랑하는지를 안다는 것은, 잘 죽는 법을 안다는 뜻이기도 하다.

나는 이 책에서, 내가 다른 사람들의 죽음과 죽어가는 과정, 그리고 나 자신이 죽음에 가까이 다가가게 됨으로써 배우게 된 죽음과 죽어가는 과정에 대해 이야기한다. 또한 이미 고인이 된 친구들의 죽어가는 과정을 곁에서 지켜보면서 배운 것들에 대해, 그리고 다른 사람의 죽음을 애도하는 방법과 당신 자신의 죽음을 영적인 의식儀式으로서 준비하는 일에 대해서도 이야기한다. 죽음에 대한 두려움과 그 두려움을 뛰어넘어 자기 자신을 어떻게 영적 존재로 바라보고 영적 존재로서 어떻게 더 의미 있는 삶을 살아갈 것인지에 대해서도 이야기한다.

나는 20년 전에 뇌졸중으로 쓰러진 이후 실어증을 앓고 있다. 실어증은 언어 처리 능력을 떨어뜨리지만, 지성에는 영향을 끼치지 않는다. 가끔씩은 단어를 찾아내기 위해서나 떠오르는 생각을 제대로 표현하기 위해 꽤 오랫동안 멈추기도 한다. 뇌졸중은 나에게 침묵의 선물을 주었다고 말하고 싶다. 죽음에 관한 유익하고 좋은 책을 쓰고 싶다고 생각한 것도, 실어증을 앓고 있는 동안이었다. 실어증에 걸린 내가 어떻게 해야 나의 생각과 경험을 명확하게, 미묘하게, 진실되게, 표현할 수 있을까? 나는 요즈음 다른 누군가와 대화를 나눌 때, 내가 아는 바를 가장 잘 표현할 수 있다는 것을 깨달았다. 함께 말없이 침묵 속에 앉아 있어도 편안한 사람, 새로운 아이디어가 떠오를 때마다 거기에 귀를 기울여주는 사람과 함께할 때에는, 실어증이 그다지 문제가 되지 않았다. 그동안에는 왜 그런 식으로 책을 낼 생각을 하지 못했던 것일까?

그래서 나는 내 친구 미라바이 부시Mirabai Bush 를 대화의 장으로 초대했다. 미라바이와 나는 우리의 구루이신 님 카롤리 바바Neem Karoli Baba 와 함께하는 존재의 유대감 속에서, 여러 해 동안 함께 가르치고 여행하고 글을 썼다. 나는 그녀가 독자 여러분을 위해 대화의 틀을 짜고, 죽음에 관한 최근의 내 생각들과 그때 그때 떠오르는 것들을 함께 이야기하는 동안 과거에 내가 말한 내용들도 적절하게 끌어내어 인용할 수도 있을 것이라고 생각했다. 물론 죽음에 관한 그녀의 생각도 듣고, 이야기를 나누고 싶었다. 독자 여러분을 우리가 함께 대화를 나누는 방으로 초대하고 싶다. 이러한 대화는 우리 모두가 함께 나누어야 할 필요가 있다. 나는 여러분들이 우리가 생각하고 느끼고 배웠던 것들을 배우기를 가슴으로 소망한다.

시작에 앞서

미라바이 부시

이 책은 사랑과 죽음, 우정에 관한 책이다. 오랫동안 우정을 쌓아온 친구 람 다스와 내가 친밀하고 익숙한 분위기와 배경 속에서 사랑과 죽음에 대해서 나누었던 대화이다. 나는 죽음을 눈앞에 두고 있는 86세의 람 다스가 품게 된 지혜의 보물창고를 열어젖혀 여러분과 나누고 싶었다.

머리말에서 람 다스가 설명했듯이, 그는 20년 전에 뇌졸중으로 쓰러진 적이 있다. 실어증으로 인해 그는 말이 짧고 간결해졌다. 그의 말은 하이쿠 같은 영적 가르침으로 여겨질 때가 많았다. 언젠가 그는 손상된 뇌의 그 부분을 가리켜 '개념이 말이라는 옷을 입는 드레싱 룸'으로 설명한 적이 있다. 이제, 그는 죽음의 신비와 그것에 대해 자신이 알고 있는 바를 이야기하면서, 자신이 표현하고자 하는 개념에 아주 소박하고 단순한 옷을 입혀 핵심을 곧바로 가리켜 보인다.

람 다스의 인생은 사랑을 찾아 헤매는 여정이었고, 사랑을 경험한 후에는 사랑 속에서 살아가는 방법을 찾기 위한 길을 걸어왔다. 우리의 구루이신, 인도의 위대한 성자 님 카롤리 바바(Neem Karoli Baba, '마하라지'로 더 잘 알려진)는 우리에게 모든 이들을 다 사랑하라고 말했다. 람 다스는 이것이 바로 잘 사는 방법이자 잘 죽는 방법이라고 말한다. "사랑의 날개를 활짝 펼쳐 모든 사람을 다 사랑하십시오. 자기 자신을 있는 그대로, 충분히, 사랑하십시오. 지금 이 순간을 사십시오. 부드럽게, 다정하게, 넉넉하게 살아가십시오. 우리는 이 여정을 한 사람 한 사람 모두와 함께한다는 것을 잊지 마십시오." 그는 이 책을 쓰기 전에도 1970년의 『지금 여기에 살라Be Here Now』부터 가장 최근작인 2015년의 『거울 닦기Polishing the Mirror』에 이르기까지 사랑에 관한 여러 권의 책을 썼지만, 여기에서는 지금까지의 방식과는 달리, 사랑을 죽음과 관련시켜 놀라운 방식으로 이야기한다.

나는 1970년 인도의 부다가야Bodh Gaya에서 람 다스를 처음 만났다. 고엔카S. N. Goenka가 처음으로 연 '서양인을 위한 명상 코스'에서였다. 람 다스는 승려들을 위한 숙소인 고요의 집House of Stillness 입구에 서 있었다. 당시 부다가야는 BC 250년 경 아쇼카 황제가 세운 거대 기념물인 마하보디Mahabodhi 불탑으로 유명한 먼지투성이의 작은 마을이었다. 붓다는 2천 년도 훨씬 더 이전에 보리수 아래에 앉아 선정에 들었는데, 마하보디 불탑은 바로 그 보리수의 자손이라 할 수 있는 나무 옆에 세워졌다. 그 마을에는 그 불탑과 몇 개의 작은 사원들, 그리고 옛 버마의 승방僧房들 외에는 이렇다 할 만한 시설이 거의 없었다. 이곳에서 수련회가 열렸다.

우리는 날마다 온종일 명상을 했다. 박사 과정 중이었던 나에게는 내면을 들여다보는 일 자체가 대단한 경험이었다. 나는 조금씩 조금씩 조용해지고 고요해졌다. '진짜 나'는 내 몸이기만 한 것도 아니요 내 마음이기만 한 것도 아님을 깨닫기 시작했다. 나는 그 둘 다였지만, 또한 의식 자체이기도 했다. 나는 생각과 감정이 떠올랐다가 사라지곤 하는 가운데 그 무상함을 알아차리기 시작했고, 생각과 감정을 덜 심각하게 받아들이기 시작했다. 나는 다른 사람들의 생각과 의견에 훨씬 덜 의존하게 된 것 같았고, 내가 여기 지구에 속해 있다는 소속감을 느꼈으며, 나 자신에 대한 확고한 믿음 같은 것이 생겼다. 이 모든 일들이 어떻게 전개되고 있는지 이해할 수 있을 것 같은 느낌이 들었다. 세상은 말할 것도 없이 많은 것들이 변화되어야 마땅하지만, 그럼에도 불구하고 있는 그대로 다 괜찮다는 확신이 어디에선가 솟아났다. 오래 갇혀 있었던 새가 새장에서 벗어나 훨훨 창공을 날아다니는 것 같은 자유를 느꼈다.

우리는 우리가 기대했던 것과는 달리, 어느덧 금욕적인 수도사들이 되어 있었다. 우리 미국인들에게는 일찍이 사례를 찾아볼 수 없는 일이었다. 저녁에는 고엔카로부터 부처님의 가르침에 대한 이야기를 직접 들었다. 과거에 연연하지 말라. 미래를 꿈꾸지도 말라. 현재 순간에 마음을 집중하라. 고엔카는 사실 죽음에 대한 이야기는 그다지 많이 하지 않았다. 죽음은 예고 없이 닥쳐오기 때문에 당신에게 주어진 시간을 최대한 활용하라, 삶의 기술을 배우는 것이 곧 죽음의 기술을 배우는 것이다…. 우리는 계속해서 자신들의 호흡을 지켜보면서, 우리의 몸에 생기는 반응들에 주의를 집중했다.

눈을 감고 침묵 속에 앉아 있은 지 여러 주가 흘러간 어느 날, 고엔카가 명상실로 걸어 들어와 그의 스승인 사야지 우 바 킨Sayagyi U Ba khin이 랑군에서 수술을 받던 중 뜻하지 않게 사망했다고 말했다. 아무런 예고 없이 불쑥 찾아온 죽음의 소식이 그 방 전체를 압도했다. 우리는 아직 젊었고, 건강했다. 우리는 죽음에 대해 심각하게 생각해 본 적이 별로 없었다. 명상 코스가 끝나고 난 후, 우리는 우 바 킨의 죽음에 대해 이야기를 나누었다. 우리는 이런저런 생각이 많았지만, 어떤 것도 명확하지 않았다. 나는 죽음이란 마치 잠에 빠지는 것 같을 것이라고, 아마도 구름과 문과 길이 있는 생판 낯선 풍경 속을 헤매며 꿈속처럼 표류하게 될 것이지만 영원히 깨어나지 못할 것이라고 말했다. 그

때 람 다스가 지혜로운 말을 했다. 그는 우리 모두가 매 순간에 태어나고 매 순간에 죽는다고 말했다. 숨을 들이마실 때마다 생명을 안으로 받아들이고, 숨을 내쉴 때마다 생명을 내보내는 것이라고 했다. 숨을 쉴 때마다 매 순간 세심한 주의를 기울여온 우리는, 그 말을 이해할 수 있었다. 람 다스는 이어서, 간디가 어떻게 신의 이름을 부르며 죽었는지, 자신이 생각하는 자기 자신의 정체성에 대한 집착, 우리 모두가 이렇게 저렇게 되어야 한다는 생각에 대한 집착, 관계, 명성, 물질적인 소유물에 대한 집착을 그가 어떻게 다 내려놓을 수 있었는지… 그리고 그러한 내려놓음이 어떻게 이번 생을 마지막으로 놓아줄 준비가 되는지에 대해 이야기했다. 우리는 무엇인가를 행하는 것이 아닌 '존재 그 자체'에 더 충실해야 한다…. 붓다 자신이 그랬던 것처럼, 우리는 우리 자신들의 에고를 죽이고 영혼으로서의 우리 자신을 충만하게 살아가야 한다….

누군가가 말했다. "하지만 죽음은 우리가 그토록 사랑하는 모든 사람에게, 모든 것들에 작별을 고하는 것이에요. 무섭고, 끔찍하게 슬픈 일이지요."

람 다스는 간명하게 대답했다. "그것이 바로 집착이에요."

람 다스는 마하라지를 만났던 첫 번째 인도 여행 이후에 『지금 여기에 살라Be Here Now』를 썼다. 우리가 명상을 배우는 동안, 서구에서는 『지금 여기에 살라』가 출판되고 있었다. 거기에는 이런 메시지가 담겨 있다.

장차 가게 될 곳이 어떤 곳일지
감히 상상조차 할 수 없는 어떤 곳으로,
당신이 갈 수 있는 한계 그 너머의 어딘가로
여행을 떠나고 싶어 할 만큼 누가 그렇게
모험심을 발휘할 수 있겠는가?
당신이 생각하는 당신 자신,
에고인 당신으로서는 도저히 목적지에 도달할 수 없는
그 목적지로 감히 여행을 떠났던 그때를
당신은 알고 있는가?
목적지에 도달하려면 당신은
죽어야 한다.
죽어야 마땅하다.
참으로 치열한 여행. 치열함이 요구되는 여행.
감히 그 자원자가 되고 싶지 않은가?

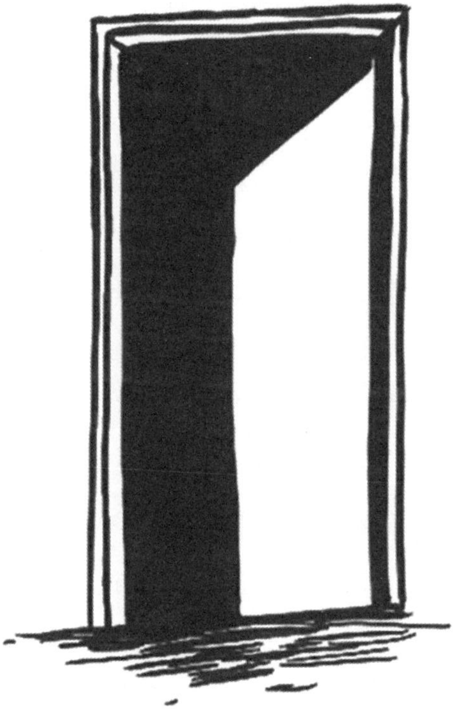

어느 날 밤, 초승달 아래에, 나는 사원의 옥상에서 람 다스 옆에 서 있었다. 우리 중에는 옥상에 매트를 깔고 잠을 자는 이들이 적지 않았다. 우리는 우리의 삶에 대해, 우리가 경험한 모든 것이 결국엔 어떻게 해서 우리의 영혼을 깨우는, 그래서 사물을 있는 그대로 볼 수 있게 하는 재료들이 되는지에 대해 이야기를 나누었다. 람 다스는 이렇게 말했다. "세상에 우연한 일은 없어요. 에고에게는 기적이나 사고처럼 보이겠지만, 어떠한 기적도 없고 우연한 사고도 없습니다. 저마다 자기가 짜 놓은 영혼 깨우기 프로그램에 따라 일어날 일이 일어나고 있는 것뿐입니다."

나는 그 말을 이해했다. 맞는 말인 것 같았다. 나는 수백만 개는 될 듯싶은 밤하늘의 별들을 올려다보았고, 갑자기 모든 것이 의미 있게 다가왔다. 만물이 서로 긴밀하게 연결되어 있다는 뜻이 바로 그 순간 그 자리에서 확연해졌다. 우리보다 훨씬 더 위대한 무언가가 있고, 우리는 '그것'의 진정한 부분이며, '그것'의 진화에 기여하고 있는 것이다. 나는 람다스를 쳐다보면서, 속으로 생각했다. '아, 그래요, 그래요. 바로 이것이 당신이 말하고자 했던 것이로군요. 이것이 바로 우주의 실상 아닌가요?' 말로 표현하지 않았는데도 그는 나에게 무슨 일이 일어났는지를 알아차렸고, 나를 내려다보면서 이렇게 말했다. "그래요, 그리고 우리는 모두 죽을 운명이지요." 그가 왜 그 자리에서 그런 말을 하는지도 즉각 알 수 있었다.

람 다스와 나는 마하라지와 함께 2년을 보냈다. 마하라지는 자신의 나무 벤치에 앉아서, 아무것도 하지 않고 자유로이, 단지 그곳에 있었을 뿐이다. 아무것도 가진 것이 없어서, 잃어버릴 것도 없었다. 그는 우리를 아무런 조건 없이 사랑했고, 수천 명을 먹여 살렸으며, 현존하는 가운데 쉼을 누렸고, 무엇이든 잊어버리는 법이 없이 항상 기억했다. 그는 힌두교의 원숭이 신이자 사심 없는 봉사의 화신인 하누만Hanuman을 사랑했다. 어떤 사람들은 그가 과거에 하누만이었다고 생각했다. 나에게는 그가 히말라야의 호랑이였다. 야생의, 아름답고 차분하기 그지없는 호랑이. 그가 호랑이처럼 누군가를 바라보면, 어느 누구도 그의 시선으로부터 도망칠 수가 없었다. 달아날 생각을 미처 하기도 전에 이미 모든 것이 끝나버리기 때문이다. 나의 마음은 그의 존재 안에서 사라져버렸다. 나는 구루를 원한 적이 한 번도 없었지만, 마하라지와 함께하면서, 구루와 함께한다는 것은 나보다 더 현명한 누군가에게 의지하는 일(그것도 좋은 일이긴 하지만)이 아니라 바로 나 자신이 되는 일이라는 것을 깨달았다. 한번은 어느 구도자가 티베트 불교의 마스터인 초걈 트룽파 린포체Chögyam Trungpa Rinpoche에게

이렇게 물었다. "모든 것이 우리들 안에 있다면, 구루는 무엇 때문에 필요합니까?" 그러자 그가 대답했다. "모든 것이 당신 안에 있다는 것을 당신에게 보여줄 구루가 필요한 겁니다."

마하라지와 함께한 시간이 지난 후, 람 다스와 나는 미국으로 돌아와 수련회를 열어 가르치고, 함께 책을 쓰고, 뉴올리언스에서 가스펠 뮤직을 들었다. 세바 재단Seva Foundation을 위해 일하면서 과테말라에 있는 마야 인디언 친구들의 고군분투를 지켜보고 응원했다. 우리 두 사람은 버클리와 케임브리지, 볼더, 마르다의 포도원, 뉴욕에서 친구들과 함께 살았다. 그는 내 아들은 물론 내 친족들의 아이들의 대부이기도 했다.

부다가야에서도, 람다스는 죽고 사는 것에 대한 본질을 잘 알고 있었다. 그러나 그 이후로, 마하라지에 대한 그의 사랑과 헌신이 더욱 깊어졌고, 그를 부분적으로 마비시킨 뇌졸중을 앓고 난 후엔 고통의 렌즈를 통해 죽음과 죽어가는 과정을 더 선연하게 보게 되었다. 죽음에 대한 그의 이해는 사랑, 무조건적인 사랑과 밀접하게 연결된다. 힌두교의 박티 요가bhakti yoga에서는 사랑을 일종의 도道로, 존재와 앎의 길로 여긴다. 마하라지는 우리에게 모든 사람을 사랑하고, 모든 사람을 섬기고, 중요한 것이 무엇인지를 잊지 말라고 말했다. "우리 모두가 하나라는 사실, 그리고 우리 모두가 결국 죽는다는 것을 늘 기억하라. 당신이 신을 어떻게 이해하든, 언제 어디서 무슨 일을 하든, 신을 잊지 말라."

2004년 람 다스는 마우이로 이사했고, 그 이후로는 태평양을 바라보면서 수련회를 열어 가르치고, 책을 쓰고, 거의 매일 구도자들과 친구들을 만났다. 산다는 것은 모두가 다 사랑하는 일과 연관된다. 삶은 곧 '사랑하기'이다. 그의 집은 하누만, 코끼리의 두상에 사람의 모습을 한 신인 가네쉬, 크리슈나, 부처, 예수의 초상들과 위대한 성인 라마나 마하리쉬, 아난다마이 마, 라마크리슈나, 그리고 마하라지의 사진으로 가득 찬 사원이다. 친구들과 구도자들로부터 받은 책들과 선물들이 여기저기에 놓여 있고, 가르릉거리는 고양이 서너 마리가 있는데, 그중 한 마리는 검은색과 흰색이 섞인 길고양이인데 하누만이라고 불린다.

어느 날, 람 다스를 만났을 때의 일이다. 그는 이전에 만났을 때보다 조금 더 쇠약해 보였지만, 그래도 그의 정신은 옹골찬 힘이 있어 보였다. 우리는 정원의 식탁에 앉아 파파야와 바나나로 아침식사를 한 다음 용설란으로 단맛을 낸(람 다스가 설탕을 먹을 수 없기 때문에) 차를 마셨다. 람 다스의 일상을 세심하게 돌보는 다시 머피Dassi Murphy와 람 다스가 뇌졸중으로 쓰러진 이후 그의 삶을 다룬 다큐멘터리 영화 「사나운 은총Fierce Grace」을 감독한 미키 렘레Mickey Lemle가 그 자리에 함께 있었다. 우리는 람 다스의 웹사이트에 올리기 위해 미키와 람 다스 사이의 대화를 비디오로 녹화하기로 했다. 그들이 준비가 되었을 때, 내가 물었다. "두 분 모두 훌륭한 이야기꾼이시고, 당신들의 이야기는 많은 사람들에게 영향을 주었습니다. 영적 진리를 표현하는 데 있어서 이야기가 중요하다고 생각하시는 것 같은데, 왜 그렇게 생각하십니까?"

람 다스가 대답했다. "영적인 문제들은 이야기하기가 어렵습니다. 왜냐하면 영적인 것들은 개념을 전달할 수 없기 때문이지요. 그러니까 어…." 람 다스는 한동안 말을 멈추었다가 이윽고 입을 열었다. "이야기는 영혼의 문을 두드립니다. 이야기는 가슴의 빈 자리로 파고듭니다."

람 다스는 지혜와 연민을 찾아 나선 한 사람의 미국 보통 시민으로서 자신의 이야기를 들려주는 비범한 능력을 가지고 있다. 우리 모두가 보스턴의 부유한 유대인 가정에서 자라나 하버드에서 가르치지는 않았지만, 그의 이야기는 우리의 이야기에 다름 아니다. 교사로서의 탁월한 능력과 연령, 계층, 인종, 성별, 국적을 떠나 다양한 사람들에게 골고루 다 어필하는 그의 호소력은 무엇보다도 그가 걸어온 여정에 대한 이야기에서 두드러진다. 평범한 인간이 무언가가 옳지 않다는 것을 깨닫고, 깨달음을 찾아 집을 떠나 도전에 직면하고, 죽음의 불가피함을 직시하고, 영원히 사는 법을 터득하고, 고

향으로 돌아와 자신의 이야기를 들려주며 다른 사람들을 돕는 일에 나서기까지의 여정이다. 람 다스는 자신이 배우고 터득하기 이전에 일어났던 자신의 연약함과 실수를 털어놓음으로써 그것들이 마치 우리의 것인 양 여기도록 친밀하게 다가와, 그의 이야기 속으로 빨려 들어가게 한다.

40대와 50대에 게이로 살았던 그는 아웃사이더가 되는 것이 어떤 것인지를 몸으로 터득하였고, 거기에 대한 그의 고백은 우리 모두에게 있는 아웃사이더로서의 기질을 알아보게 해준다. 나는 게이는 아니었지만, 2차 세계대전 후에 전통적인 도시 외곽 지역 사회에서 성장한, 이혼한 가정의 아이였고, 가톨릭 학교에 다녔을 때는 '결손 가정'의 아이로 불렸다. 그런 속에서 나는 심한 고립감을 느꼈다. 우리는 모두 사랑을 갈망하고, 우리의 진정한 모습을 알고 싶어 하고, 종종 실패하기도 하지만 옳은 일을 하고 싶어 한다. 우리는 이것을 알고 있다.

람 다스는 자신의 삶에서 우러나온 이야기들을 계속해서 들려주었고, 우리는 그 이야기들을 듣는 것을 좋아한다. 강연 중에 청중들은 마치 록 콘서트에서처럼 자기들 멋대로 외쳐대기도 한다. "더 자세히 이야기해 줘!" "마하라지! 마하라지! 마하라지와 만난 이야기를 좀 더 들려줘!" "우리에게 또 이야기해 줘!" 람 다스의 이야기를 들으면 기분이 좋아진다. 우리는 그 이야기들을 너무 잘 알고 있고, 이야기를 들을 때마다 그 속으로 빨려 들어가게 된다.

내 손녀 달리아가 두 살이었을 때, 내가 「달님, 이제 안녕! Goodnight Moon」을 읽어주고 거의 다 끝날 무렵이 되면 그애는 어김없이 "다시, 다시!"라고 말하곤 했다. 람 다스의 이야기는 마치 그 그림책처럼, 좋아하는 노래나 만트라처럼, 친밀하고 친근하게 다가온다.

그러나 그의 이야기는 영웅주의에 대한 풍자이기도 하다. 우리 대부분이 평범한 일상의 삶을 살아가고 있음을 상기시켜 주며, 깨어남을 향한 우리들 개개인의 고투를 아프게 바라보기도 하지만 우스꽝스러운 것으로 여기기도 한다. 그는 원칙과 현실의 갭을 드러내기 위해 일상적인 것들을 재료로 사용한다. 그는 모든 사람을 사랑하라, 진실을 말하라, 물질적인 것에 집착하지 말라 같은 가장 단순한 가르침조차도 삶 속에서 실천하는 것이 얼마나 힘든 일인지를 보여주기 위해 자기 스스로 온갖 허례와 가식을 과감히 내려놓는다. 그는 마하라지가 다른 사람들에게 관심을 기울일 때면 질투심이 솟아났다고 고백하고, 뇌졸중으로 쓰러지고 난 후에도 자신의 스포츠카를 몰고 싶어 죽을 지경이었다고 서슴없이 이야기한다. 게이 영화를 보기 위해 줄을 서 있다가 자신을 존경하던 한 학생에게 그만 들키고 말았을 때는 당혹스러워 어쩔 줄 몰랐다고 털어놓기도 한다. 우리 중 누구라도 그런 질투심과 그리움, 분노, 당황스러운 상황에 놓일 수 있다. 그는 한때 LSD에 빠졌지만 스스로를 돌아보면서 자신이 죽어가고 있다고 생각했다. 그때 그에게 가장 먼저

떠오른 것은 자신의 삶의 의미에 대한 것이 아니라, 그 누구도 자신을 기억하지 못할 것이라는 덧없음이었다. 한 사람이 최선을 다해 일들을 도모하고, 실패하고, 또 실패하고, 더 잘 실패하고, 실패를 통해 배우고, 웃고, 뭔가 중요한 인물이 되어가고, 죽는 법을 배우는 것—이것은 람 다스의 이야기이자 우리 모두의 이야기이며, 언제 어디에서나 통용되는 가르침의 방법이다.

2015년, 나는 하와이의 하이쿠에 있는 람 다스의 집을 찾았다. 하이쿠는 '천국으로 가는 계단'이라 불리는 트래킹 명소로 유명한 곳이다. 우리는 '파라다이스에서 당신의 가슴을 열라'는 제목으로 수련회를 열 준비를 하고 있었다. 어느 날 아침, 모두들 아침 식사를 마치고 난 후, 그가 "얘기 좀 하자."고 청했다. 람 다스는 휠체어에 앉아 있었다. 그는 걷지 못했고 한쪽 팔과 손만 사용할 수 있었지만, 그의 정신은 빛나고 있었다. 그의 눈빛이 반짝였다. "당신과 함께 책을 한 권 쓰고 싶어요."

"물론이죠."라고 나는 즉각 대답한 후, 한숨도 돌리지 않고 "무엇에 대한 것인데요?"라고 물었다.

"죽는 것에 대하여"라고 그가 말했고, 씨익 웃고 있었다. "주어진 시간이 얼마 안 남은 것 같아요." 그러면서 그가 말을 이어갔다. "죽어가는 사람의 침대 옆에 앉아 있으면, 영적으로 많은 공부가 됩니다. 부모님의 죽음을 겪은 사람들은 한층 성숙하게 되지요. 죽는다는 것은 우리에게 주어진 마지막 수행입니다. 나는 이런 것을 당신과 함께 쓰고 싶은 거예요."

우리 둘 다 마하라지를 사랑했다. 다른 스승들과도 함께 공부했지만, 우리는 각자의 방식으로 그 가르침들을 이해해 왔다. 람 다스는 유신론자이며, 신을 믿는다. 스물일곱 살까지는 가톨릭 신자였고 그 이후로는 영적 탐험가였던 나는 요즘 불가지론자에 가깝다. 신이 계실 것이라는 생각은 들지만, 내가 직접 경험한 것 말고는 따로 신앙이라고 할 만한 것은 가지고 있지 않다. 모든 생명은 상호 연결되어 있다는 것, 우리 모두는 사랑으로 하나 될 수 있다는 것, 이러한 현존의 경이로움 속에서 더불어 살아가는 것이 나에게는 편안하게 느껴진다. 람 다스와의 이러한 차이가 우리가 함께 죽음에 대해 이야기하는 것에 방해가 되지 않을까 하는 의구심이 들었다.

우리는 예전에 『자비의 실천Compassion in Action』이라는 책을 함께 썼는데, 각자 한 파트씩을 썼기 때문에 한 권 속에 두 권의 책이 들어 있는 셈이었다. 이번에 람 다스가 원한 것은 그런 방식이 아니었다. 그가 말했다. "영적 수행과 실천에 관한 책이 될 것이고, 우리 두 사람의 목소리가 그 안에 다 들어가기를 바래요. 우리의 대화를 통해서 책을 쓰는 거지요."

내가 말했다. "내가 내용의 바탕이 될 질문을 해야겠네요." 내 말에 그가 고개를 끄덕였다.

"그런데 왜 이런 책을 쓰는 거죠? 누구를 위해 쓰는 거죠?"라고 내가 물었다. 그러고는, 최근 구글에서 일하고 있는 내 친구 차드 멩 탄Chad-Meng Tan이 명상에 관한 책을 쓰는 것을 도와주었던 일과 내가 멩에게 왜 그러한 일을 하느냐고 물었을 때, 멩이 "세계 평화를 위해서"라고 대답했다는 것을 말해 주었다.

람 다스가 웃으며 말했다. "그게 과연 효과가 있었을까?" 그러고는 잠시 후 "나는 독자들이 죽음에 대한 두려움을 없애도록 돕고 싶어요."라고 덧붙이고는 한동안 말을 멈추었다가 다시 이어 나갔다. "독자들이 자신들의 영적 자아를 발견하고 죽을 준비를 할 수 있게 되기를 바라는 마음입니다. 사는 법을 알면 죽는 법도 알게 되지요. 이 작업은, 마하라지에 대한 나의 가르침을 죽음에 대한 가르침과 잇는 연결고리가 될 것 같아요. 독자들은 자신들이 날마다 죽어가고 있다는 것, 하루하루가 변한다는 것, 그리고 죽는 것이 가장 큰 변화라는 것을 알 수 있을 겁니다. 그럼으로써 그들로 하여금 더 의미 있는 삶을 살 수 있도록 돕는 거지요."

그가 그 말을 할 때, 나는 사람들이 반드시 죽을 수밖에 없는 자신의 운명을 자각하게 되면, 자기 자신에게 더 친절해지고 다른 사람들에게도 더 관대해져서 베풀려고 하는 마음이 커진다는 연구 결과에 대해 읽은 것을 기억해 냈다. 죽음을 자각하게 되면 관계가 더욱 돈독해지고 사회적 유대감도

더 확장된다.[1]

잠시 후, 람 다스는 말을 이어갔다. “사랑하는 사람의 죽음을 겪은 사람들 중에는 많은 이들이 슬픔과 죄책감과 후회를 안고 살아가는 것 같아요. 그리고 나는 죽어가는 사람들 곁을 지켜주는 사람들에 대해서도 생각하고 있어요. …이 책은 그들이 그러한 역할을 잘하도록 준비하는 데 도움이 될 수 있을 겁니다. 죽어가는 사람들로 하여금 과거나 미래에 사로잡히지 않고 그 순간에 현존하면서 더 의식적으로 더 평화롭게 죽을 수 있도록 도울 수 있을 겁니다.”

나는 그의 이야기 속에서 점점 더 행복해졌다. 틀림없이 좋은 책이 될 것 같았다. 우리는 우리가 알고 있는 것들을 다 탐색해 나갈 것이다. 대화 형식으로 풀어냄으로써 그가 완전한 문장과 문단을 써내야 한다는 부담을 덜어낼 수 있다는 것도 큰 장점이었다. 대화 형식은 우리가 지금까지 알고 있던 것들을 서로 다른 점까지 다 드러내고 질문의 여지를 남겨놓는다는 점에서 바람직한 틀이 되어줄 것 같았다.

『자비의 실천』에 대한 리뷰 중에서, 어떤 리뷰어는 “멋진 파티를 주최하고 그 분위기를 망치기를 원하지 않는 사람들처럼, 분출하는 황홀경 속에서 사랑을 담아내는 글을 쓰는 경향이 있다.”라고 썼다. 죽음에 관한 이 책에서 우리가 황홀경 속으로 빠져들 것 같진 않지만, 우리 모두가 이미 초대받은 파티인 것만은 분명한 것 같다.

삶,
죽음,
그리고 수행

어차피 죽을 거라면, 죽음에 대한 최선의 준비는
마음을 가라앉히고 가슴을 여는 것이다.
어차피 살아갈 거라면, 삶에 대한 최선의 준비는
마음을 가라앉히고 가슴을 여는 것이다.

람 다스

HOME

도착

우리의 첫 대화를 위해 서부 매사추세츠에서 출발, 마우이로 가는 길에, 나는 델타 항공기의 비좁은 공간에 앉아 쿠키를 먹으며 몇 년 전에 죽은 시인이자 철학자 친구인 존 오도너휴John O'Donohue의 책을 읽었다. 그는, 죽음에 관심을 기울이는 것은 '우리 모두가 몹시도 위험천만하게 자유로운' 여기 이곳에 존재하고 있다는, 믿을 수 없는 기적을 상기시켜 준다고 썼다.

죽음에 대한 글을 쓰는 것은 나에게 적지 않은 도전이 될 것이다. 죽음은 삶의 모든 것과 관련이 있다. 그러니 우리는 어떤 길을 택해야 하고, 어떤 이야기를 해야 하며, 어떤 질문을 좇아가야 할까?

삶과 죽음에 대한 이해와 깨달음에 대한 이야기로 시작하여 분위기가 무르익으면 죽음을 직면하는 것이 어떻게 인생을 놀라운 방식으로 변화시킬 수 있는지를 음미할 수 있도록, 적절한 질문들을 끌어내어야 할 것 같다.

저마다 요란하고 위험할 정도로 자유로운 삶을 구가하는 오늘날, 우리들 각자는 과연 죽음에 대해서 무엇을 알고 있는 것일까? 확실하지는 않지만, 나는 람 다스와 함께 앉아 이야기함으로써 많은 것을 배우게 될 것 같다.

밤늦게 마우이에 도착한다. 람 다스는 태평양이 내려다보이는 언덕 위의 널찍한 집에 살고 있다. 간병인들도 그곳에 함께 살고 있고, 오랜 친구들이 찾아와 묵고 있을 때가 많다. 계단을 오르내리기 위해 설치된 의자 엘리베이터와 탁 트인 마루는 람 다스가 휠체어를 타고 이동하기 쉽게 설계되었다. 거기에는 항상 신선한 꽃들과 낮잠을 즐기고 있는 고양이들이 있다. 모두 자고 있어서 나도 곧장 잠자리에 든다. 잠이 가물가물 몰려오는 가운데, 천장의 선풍기가 미세하게 쉬쉭거리며 내는 소리가 들리고, 창문으로 불어오는 무역풍에 하누만과 가네쉬가 그려져 있는 염색 직물(바틱)들이 너풀거린다.

몇 달 만에 다시 이곳에 와서 이제 다음 날 아침이면 람 다스를 만나게 된다니, 마음의 고향으로 돌아온 것처럼 가슴이 설레인다. 아침 식탁에 앉을 때마다, 그는 휠체어에서 내가 오랫동안 알고 지내던 익숙한 시선으로 나를 바라본다. 나는 그 시선에 빨려 들어가고, 그 즉시 내 몸 전체를 휘감는 행복감을 느낀다. 우리는 포옹을 하고, 더 깊이 포옹을 한다. 기쁨이 넘쳐난다. 그래, 그래, 그래요. 그는 계란 세 개와 토스트를 먹으며 내 남편 E. J.와 람 다스 자신의 대자代子이자 나의 외아들인 오웬, 그리고 세상에 태어나자마자 자신이 축복했던 내 손녀 달리아에 대해 안부를 묻는다. “모두들 건강합니다. 손녀 소식을 물으니 엉덩이가 들썩거리네요.” 그리고 나는 달리아가 내게 해주었던 말을 그에게 전한다. “할매, 할매는 늙지 않았어요. 늙으면 고장이 나고, 고칠 수가 없어요.”

람 다스가 웃는다. 그가 비타민과 약 몇 알을 꺼내면서 말한다. “우린 늙지 않은 것 같아요. 우리는 아직 고쳐지고 있는 중이거든.”

★

내면으로 들어가기

아침 식사 후, 우리는 위층으로 올라간다. 거기에는 람 다스의 침실, 욕실, 그리고 사무실이 있다. 그의 사무실에는 벽을 둘러싸고 있는 책들, 친구들의 사진들, 마하라지의 사진이 걸려 있는 제단, 전화기, 인터폰 등이 있다. 람 다스를 돌보는 락슈만이 휠체어에 앉은 람 다스를 크고 편안한 리클라이닝 의자로 옮기고 담요를 덮어준다. 아침 성가 속에 타오르는 백단향 향기가 아래층에서부터 올라와 방 안에 퍼져 나간다.

나는 곧바로 질문 속으로 뛰어든다. "당신은 이전에 죽음에 대해 많은 것을 쓰고 말했습니다. 점점 더 가까워지고 있는 죽음에 대해 새롭게 이해된 것이 있나요?"

람 다스는 눈을 감고 한참 동안 말이 없다. 나는 그가 뭐라고 말할지 전혀 알 수 없다. "나는 마하라지가 아주 가깝게 느껴져요. 나는 점점 더 내 몸으로부터 거리를 두려고 해요."

"어떻게 그렇게 하는 거지요?"

"나는 지켜보는 자이고, 의식이며, 영혼입니다. 육체는 끝나가고 있지만 영혼은 계속 계속 계속 이어질 것입니다. 나는 계속해서 영혼 속으로 들어갈 것입니다."

"예전과 달라진 건가요?"

"지금 내 몸은 죽어가고 있지만, 내가 죽어가고 있다고는 느껴지지 않아요. 나는 내 몸이 어떻게…그렇게 하고 있는지, 매료되었어요."

우리 둘 다 웃음을 터뜨린다.

그가 말한다. "여러 해 동안, 죽음이라는 현상에 대해 생각해왔지만, 나 자신의 죽음에 대해서는 아니었어요. 스티븐 레빈, 엘리자베스 퀴블러 로스, 프랭크 오스타세스키, 데일 보글럼, 보디 베, 조안 핼리팩스, 잘만 샤흐터 샬로미 등과 함께 죽음에 대해 이야기했고, 죽음에 대한 거장들과 다른 사람들의 글을 읽어왔습니다. 이제, 내가 그것을 지적 헤아림이 아닌 가슴으로 조각을 맞추어 볼 때, 나 자신을 '사랑의 의식'과 동일시할 수만 있다면, 나는 두려워할 것이 아무것도 없습니다. 이제는 그것을 알 것 같아요. 죽음은 나의 수행의 마지막 단계일 뿐이지요. 나의 죽음… 나의 죽음….”

람 다스는 바다를 바라보며 오랫동안 말이 없다. 우리는 예전에 죽음에 대해 이야기한 적이 있지만, 이렇게 직접적이고 개인적인 것은 아니었다. 마음속에 있는 것을 소리 내어 말하고 나면, 상황이 달라질 때가 많다.

“바다를 오랫동안 바라보고 있노라면, 바다를 일종의 상징으로 보게 됩니다. 그것은 사랑의 바다이고, 난 그냥 그 위를 떠다닐 수 있습니다. 그것은 무한합니다. 나는 무한함에 익숙해지고 있어요. 시간은… 시간은 그냥 움직이고 있고, 나는 시간으로부터 멀어지고 있습니다. 나는 오늘이 무슨 요일인지, 몇 월 몇 일인지, 몇 년인지, 묻곤 합니다. 하지만 지금이 어떤 순간인지는 절대 묻지 않아요. 아, 지금 이 순간. 아… 나는 ‘뇌졸중’으로 쓰러진 사람의 역할을 해왔어요. 나는 수행의 과업을 행하고 있습니다. 과거를 소환하여 그것을 사랑하는 일을 하고 있습니다.”

“그것을 사랑하는 일이라고요?”라고 내가 묻는다.

“생각으로서 그것을 사랑하는 일. 후회는 내려놓고, 과거를 있었던 그대로, 그리고 있는 그대로 사랑하는 일. 기억에 매달리는 것과 현재 의식으로 그 기억을 소환하여 다시 경험하는 것은 다릅니다. 다 생각일 뿐이지요. 핵심은 가슴에 머무르는 것입니다. 그저 계속해서 사랑하고 또 사랑하십시오.”

뼈아픈 진실

그날 아침, 잠시 휴식 시간을 가진 후에, 우리는 데이비드 와이트David Whyte가 '현실의 대화적 속성'이라고 한 것에 대해 탐구하면서 람 다스의 방에서 다음 세션을 시작한다. 피곤한데도 람 다스와 함께 있는 것이 너무 행복해서 피곤을 거의 느낄 수 없다. 흐리고 산들바람이 부는 날씨에, 그는 담요로 다리 부분을 덮고 리클라이너 의자에 자리를 잡는다. 그의 또 다른 간병인인 루시안은 우리에게 계피 차를 가져다준다.

전날, 람 다스는 그곳의 한 오두막에서 혼자 수련하고 있는 브라질 여성과 자리를 함께 했었다. 그녀는 람 다스에게 거의 추락할 뻔한 비행기에 탔던 일과 곧 죽을 것 같았지만 어떻게 죽지 않았는지에 대해 이야기했다. 그는 "많이 흔들렸군요."라고 말했다. 그 경험을 한 후 그녀는 죽음과 더 친해진 것 같다고 했다. 람 다스는 "사나운 은총이네요."라고 말했다.

람 다스는 항상 삶을 성장의 여정으로서 바라보고, 우리에게 일어나는 모든 일들이 배우고, 깨우고, 성장할 수 있는 기회라고 강조한다. 그러니 찐한 경험일수록 위대한 선물이라는 것이다. 그렇다면 비행기가 추락할 뻔한 위기를 경험하지 못한, 그런 행운을 누리지 못한 사람들은 어떻게 해야 죽음에 대한 두려움을 극복할 수 있을까? 람 다스와 나는 거기에 대해 이야기하기 시작한다.

람 다스가 말한다. "우리는 모두 죽어가고 있지만 아무도 선뜻 그 사실을 인정하려고 하지 않아요. 알기는 해도 영원히 살아갈 사람들처럼 생각하고 행동하지요. 사람들은 늘 장수를 원합니다. 삶만 알고, 죽음은 모릅니다."

"웨비 그레비Wavy Gravy가 한 말이 생각납니다. 그는, 미국이 영국의 식민지였을 당시 버지니아

의회에서 '자유가 아니면 죽음을 달라'고 연설을 했던 패트릭 헨리를 언급하면서, 그에게 죽음은 두 번째 선택이었다고 말했지요."

람 다스는 웃으며 머리를 절레절레 흔든다. 60년대의 아이콘이자 엔터테이너, 평화 운동가인 웨비는 아무리 힘든 시기에도 항상 우리를 웃게 만들었다.

람 다스가 말을 이어간다. "죽음은 뼈아픈 진실이지요. 그러나 죽음도 생각일 뿐입니다. 라마나 마하리쉬는 말했지요. '당신의 생각을 믿지 말라. 내가 몸이라는 것은 생각일 뿐이다. 내가 마음이라는 것도 생각일 뿐이다. 내가 행위자라는 것도 생각일 뿐이다. 걱정 또한 생각일 뿐이다. 두려움도 생각일 뿐이다. 죽음도 생각일 뿐이다.'"

우리는 우리 모두가 품고 있는 두려움에 대해 이야기한다. 두려움은 우리의 어린시절부터 시작되며, 우리로 하여금 한 종種으로서 살아남도록 도우미 역할을 해왔다. 호랑이에게 잡아 먹히곤 했던 시절의 두려움이 이제는 자동차 사고에 대비하여 늘 안전벨트를 매고 다녀야 한다는 두려움으로 바뀌었다. 우리는 미지의 것을 두려워한다. 테러리스트가 공항을 폭격하면 어떡하지? 미래의 불확실성 앞에서 두려움은 늘 증폭된다. 안전벨트를 늘 매야 한다는 식의 두려움에 대한 구체적인 대비책은 우리의 생존에 도움이 될 수 있다. 그러나 죽음 자체를 두려워하여 '심장박동이 멈추면 어떡하지?' 같은 근심 걱정이나 불안은 심신을 약화시킬 수 있다. 근심 걱정이나 불명료한 마음은 우리로 하여금 사물을 있는 그대로 보지 못하게 하여, 나쁜 선택을 하게 한다.

나는 나의 언니가 죽어가고 있을 때의 두려움에 대해 이야기한다. "문득 이런 의문이 들더군요. 치매가 이미 그녀의 기억력에 큰 영향을 미쳤는데, 도대체 어떤 두려움이 남아 있단 말인가? 그래서 언니에게 물었지요. '죽는 것이 두려워? 사랑하는 자녀들을 남겨두고 죽는 게 두려워?' 그녀는 그렇다고 간단히 대답했습니다. 그녀는 나에게 자신의 종양을 보여주었는데, 간이 있는 자리 위의 피부가 부풀어 올라 있었습니다. 그녀는 그것이 무엇인지 몰랐습니다. 그녀는 피부가 그렇게 부풀어 오른 것이 자기 자신을 임신한 여자처럼 보이게 할 거라고 생각했지요. '이 나이에 임신을 한 것처럼 보이다니!' 하지만 그녀는 자신이 왜 두려워하는지도 말하지 않았고, 죽음에 대해서도 언급하지 않았습니다. 그녀는 그것이 중요하지 않은 것처럼 보이게 하려고 다른 곳으로 관심을 돌렸습니다. '그래, 모든 사람이 다 두려움을 가지고 있어.' 그러고는 두려워할 것은 정말로 아무것도 없다고 말하기도 했습니다. '만약 나에게 무슨 일이 생긴다면, 여기 요양원에는 달려올 사람들이 많아.'"

하지만 죽음을 부인함으로써 언니는 상황을 변화시키지 못했다. 언니는 죽었다. 우리는 모두 죽게 마련이고, 죽어가는 우리에게 부리나케 달려올 사람들도 우리의 죽음을 막을 수는 없는 일이다. 겔릭 린포체Gelek Rimpoche는 죽음을 두고 우리가 물러서고, 물러서고, 물러서서 마침내 우리의 부모님으로부터 우리가 받아 모은 것, 그 씨앗에서조차 물러서서, 우리의 가장 깊은 지점에 가 닿는 일이라고 묘사한다.

죽는다는 것을 기억하라Memento Mori

람 다스는 오늘날 매체들이 젊음을 한껏 미화하는 것에서부터 죽은 사람인데도 여전히 살아 있는 것처럼 여겨질 정도로 대중들에게 각인시키는 관행에 이르기까지, 우리 문화가 죽음에 대한 두려움과 부인을 어떤 식으로 지원해 왔는지에 대해 이야기했다. 우리는 마른 뼈를 보고 죽을 수밖에 없는 운명을 직시하는 일이 거의 불가능할 정도로 죽음과 차단된 상태에서 평생을 살아간다. 엄마들은 우리에게 '들어서 기분이 좋지 않을 것들'은 아예 입에 담지 말라고 단속한다. 죽음은 가족끼리 어우러져 살아가는 자연스러운 삶의 방식과는 거리가 먼 병원이나 요양원에서 가장 자주 일어난다. 의사들은 우리 모두 언젠가는 고장 나서 고칠 수 없으리라는 것을 너무 잘 알면서도 환자가 죽게 되면 건강과 생존을 보장해야 하는 자신의 할 일을 다하지 못하여 실패한 것이라고 간주하는 경우가 적지 않다. 죽음에 대해 단순한 솔직성을 발휘하는 사람은 거의 없다.

1989년, 의학 전문가들을 위한 수련회에서 람 다스는 다음과 같이 말했다.

> 죽음을 의료의 실패라고 이야기하는 풍토에서, 죽음을 삶의 자연적인 한 부분으로 이야기하고 죽음에 대한 두려움을 다루는 방법을 솔직하게 터놓고 이야기하는 것은 우리 모두를 성장시키는 일이며, 과거의 의료 모델에서 벗어나는 출발점입니다. 의료인 여러분은 아주 조금씩 변화되어 왔습니다. 그래서 나의 제안은 여러분 스스로 바뀌도록 노력해야 한다는 것입니다. 여러분은 여러분 자신의 죽음을 직시하고, 거기에 대해서 스스로 작업을 해야 합니다. 그래서 여러분이 더 밝고 가벼운 마음으로 죽음을

We have to get close to what we FEAR so we know it.

Know our attachments, and let them go.

We have to be willing to look at Everything.

우리는 자신이 두려워하는 것에 가까이 다가가야 합니다. 그래야 그것에 대해 알게 됩니다. 자신의 집착을 알아차리고 놓아주십시오. 모든 것을 편견 없이 바라볼 수 있어야 합니다.

대하게 되면, 여러분의 동료들은 여러분의 변화에 관심을 갖게 될 것입니다. 그들은 여러분의 말에 귀를 기울이기 시작할 것입니다. 그들은 실패의 두려움에 사로잡혀 탈진해 있을지도 모릅니다. 왜냐하면 의료계의 문제는 모든 환자가 죽는다는 바로 거기에 있기 때문입니다. 늦든 빠르든, 누구나 다 죽을 것입니다. 내 말은, 의료계는 본질적으로 모순을 시스템에 이미 내장하고 있다는 뜻입니다. 그러면 지속적인 실패에 어떻게 대처해야 할까요? 여러분은 계속해서 "그래, 의료 기술이 아직까지 궁극에 이르도록 발전하지는 않았지만, 결국 우리는 죽음의 시계를 멈출 수 있을 거야."라고 말할 것입니까?

서양의 종교 전통들은 "우리는 결국 죽게 된다는 것을 기억하라"Momento Mori고 말한다. 사굥 미팜 린포체Sakyong Mipham Rinpoche 는 『샴발라 프린시플Shambhala Principle』에서, "삶에 불만족하면, 우리는 세상의 것들을 탐욕스럽게 소모하느라 죽음 같은 것은 까맣게 잊어버린다."라고 말한다.

람 다스는 말한다. "우리는 자신들이 두려워하는 것에 가까이 다가가야 합니다. 그래야 그것에 대해서 알게 됩니다. 우리의 집착을 알고, 그것들을 그냥 놓아주십시오. 우리는 모든 것을 편견 없이 바라볼 수 있어야 합니다. 죽음을 항상 멀리 떨어져 있는 것이라고 생각하면서 살아가는 것은 우리로 하여금 삶을 온전히 살지 못하게 합니다." 이어서 그는 말한다. "마하바라타Mahabharata에서, 현자 유디스티라Yudhisthira 는 '인생의 모든 것 중에서 가장 놀라운 것은 무엇인가?'라는 질문을 받았을 때, '자기 주위의 모든 사람이 죽는 것을 보면서도 자신만은 죽지 않을 것처럼 태연하게 살아가는 사람들'이라고 대답합니다. 모든 사람은 다 죽습니다. 우리 모두가 죽을 것입니다. 다만, 그때가 언제일지 모를 뿐이지요."

내가 말한다. "마하라지는 항상 진실을 말하라고 하면서, 그러면 아무것도 두려워할 것이 없을 것이라고 말했습니다. 그 말씀은, 우리가 우리 자신의 죽음의 진실을 들여다본다면 죽음을 두려워하지 않게 될 것이라는 뜻이라고 생각합니다.”

제임스 볼드윈James Baldwin은 이미 고전이 된 그의 책 『멋진 다음 세대를 위하여The Fire Next Time』에서 “우리들 문제의 모든 근원, 인간의 문제는 우리 삶의 모든 아름다움을 희생하고 토템, 금기, 십자가, 피의 희생, 첨탑, 모스크, 인종, 군대, 깃발, 국가에 우리 자신을 가두는 일일 것입니다. 자신이 죽는다는 사실을 회피하고 부정하기 위해서.”

기회의 창문

람 다스는 두려움과 죽음을 회피하고 부인하는 것에 대해 자신이 발견한 것을 자주 글로 쓰고 말로 표현했다. 그는 우리가 두려움을 줄여 나갈 때 에고와의 동일시에서 벗어나서 영원한 영혼과 연결될 것이라고 썼다. 우리가 물질을 소유하려는 욕심을 포기하고, 대신 모든 것과 상호 연결되어 있는 하나라는 진실을 음미해 보면 우리는, 우리 자신을 광대한 하나oneness, 우주를 이루는 사랑의 직물 중 한 가닥으로 보게 될 것이라고 말했다.

그는 죽음과 더불어 존재하는 가장 좋은 방법은 자기 자신을 에고가 아닌 영혼과 동일시하고, 그리하여 집착을 버리고 사랑의 자리에서 살기 시작하는 것이라고 말해 왔다. 죽음을 직면하는 것은 깨어날 수 있는, 믿을 수 없을 정도로 멋진 기회이다. 그것은 '기회의 창문'이다. 에고를 모시고 살아왔던 메커니즘이 자연스럽게 무너지기 시작하고, 그러한 무너짐과 더불어 빈 공간이 생겨난다. 우리는 우리의 내적, 외적 집착을 포기함으로써 그 공간을 확장할 수 있고, 그리하여 사랑의 의식 자체인 광대한 공간 안에서 죽을 수 있게 된다.

마하라지는 언젠가 우리의 형제 크리슈나 다스Krishna Das에게 말했다. "몸은 썩기 쉽다! 이것은 그냥 희미하게 알려져 있는 무엇이 아니라, 절대적인 진실이다. …옷이 닳아지고 찢어지면, 그대는 그것을 버리면서도 전혀 기분이 나쁘지 않다. 몸이 죽을 때도 마찬가지다. 누구도 다른 사람을 위해 죽어줄 수 없다. 모든 사람은 홀로 죽어야 한다. 누군가가 죽으면 모두가 울고 슬퍼하고 애통해 하지만, 며칠만 지나면 아무 일도 없었다는 듯이 먹고 마시며 즐거워한다. 그런데 왜 삶에 집착을 하게 될까?"

우리가 다시 대화를 시작하기 전에, 나는 람 다스가 얼마전에 했던 두려움에 대한 이야기를 듣기로 한다. 나는 크고 편안한 의자에 자리를 잡고 이어폰을 꽂는다.

> 부처님은, 두려움이란 무지의 결과라고 말씀하셨습니다. 우리는 아무것도 모르는 무지의 상태로 태어나기 때문에, 미분화된 의식을 가진 유아로서 인생을 시작할 때부터 자신이 누구인지를 배우게 됩니다. 우리 모두가 '에고'라고 부르는 그 구성요소는 매우 연약한 구조입니다. 단단해 보이지만, 사실은 매우 연약하기 짝이 없습니다. 그것은 학습된 신경 패턴들로서, 마음이 만들어낸 것입니다. 에고는 우리의 '충동적인 삶'과

사회를 연결하는 장치로서, 충동으로부터 사회를 보호하기 위해 고안되었습니다.

당신에게 틀이 아직 만들어지지 않았을 때, 당신 자신이 누구라는 생각이 없었을 때, 당신은 단지 우주의 일부에 불과했고, 두려움도 없었습니다. '나'라는 개념이 있어야 그것을 지키기 위한 두려움도 생겨납니다. 유기체가 유아의 어느 단계에서 주어진 상황 속에서 본능적으로 기능할 때, 항상성恒常性을 유지하려는 가운데 일어나는 각각의 변화들, 조화와 균형이 이루어지는 가운데 일어나는 각각의 변화들은 단지 새로운 한 순간일 뿐입니다. 그것은 단지 유기체가 반응하는 새로운 한 순간일 뿐입니다.

에고나 두려움 같은 것들을 해석하는 것은 매우 복잡미묘한 일입니다. 왜냐하면 우리는 우리가 자리하고 있는 곳에서 해석하는 경향이 있고, 그럼으로써 주변에 마음으로 구조들을 쌓고 발전시켜 왔기 때문입니다. 하지만 만약 당신이 그 작동 방식을 감지할 수 있다면, 당신은 내면에 두려움의 강력한 충동을 느끼는 한편, 그러한 두려움을 일으키는 외부의 강력한 힘을 알아차릴 수 있고, 그러면 당신은 전체 구조 속에서 자신이 매우 연약한 존재임을 느끼기 시작할 수 있습니다.

두려움의 뿌리는 당신 자신의 내면에 존재하는 분리의 느낌입니다. 두려움은 바로 거기에서 시작됩니다. 분리감이 존재하면, 바로 그 관점에서 내면이나 외면의 모든 것을 처리하게 됩니다. 그리하여 당신의 안과 밖을 움직이는 강력한 힘이 자리잡게 되어, 당신은 점점 더 상처받기 쉬운 상태가 되어갑니다.

영적 변화 과정은, 당신을 단절시키고 당신을 작고 연약한 사람으로 만들어왔던 분리의 모델 뒷마당으로 가서 당신의 본래적인 순수함을 다시 깨우는 일입니다. 우리 자신이 연약한 존재라는 느낌에서 벗어나게 되면 강력한 힘이 생겨납니다.

사회 구조를 살펴보면, 얼마나 많은 사회 제도가 인간의 조건 안에 자리한 연약함의 느낌을 바탕으로 삼고 있는지 알 수 있습니다. 사회 제도는 사실 두려움에 기반을 두고 있습니다.

"그 사람이 무섭다."라고 말하는 것은, 당신이 그 사람으로부터 사회적으로 수치심을 받는 것을 두려워한다는 뜻일 수도 있습니다. 사회적으로 수치심을 느끼는 것은 고통스러운 일이지만, 우리는 여전히 여기에 있습니다. 폭력을 두려워하고, 실제로 폭력이 일어난다면, 물론 무섭고 고통스럽겠지만, 두려워하는 그 뒤쪽에는 여전히 우리가 있습니다.

두려움은 두려움 자체에 오히려 먹이를 주는 일이 많고, 우리는 대부분 두려움을 두려워합니다. 그리하여 두려움은 두려움에 더 큰 힘을 부여합니다. 하지만 우리는 단지 우리 자신을 연약하다고 생각하기 때문에 두려워하는 것일 뿐입니다.

두려움 직면하기

그날 오후, 우리는 다시 만나 차를 마신다. 람 다스가 말한다. "뭔가 두려운 느낌이 들면, 나는 가능한 한 거기에 가까이 다가가서 내가 무엇인가에 저항하고 있다는 것을 알아차립니다. 저항은 두려움을 더 강화시키기 때문에, 나는 저항하고 있는 나 자신을 그냥 알아차리기만 하려고 합니다. 저항이 두려움을 강화한다는 것은 의심할 여지가 없는 일이에요. 무엇인가가 두렵다면, 그 두려움에 가까이 다가가 그 내용물을 알아차리고, 그 두려움과 함께 있으면서 그런 나 자신을 있는 그대로 바라보십시오. 아무것도 하려고 하지 말고, 밀어내려고도 하지 말고, 단지 알아차리기만 하십시오."

나는 어머니가 50년 동안 피웠던 담배를 끊으신 직후 폐암 진단을 받았던 것을 기억한다. 그런데 진단을 받은 지 얼마 지나지 않아, 엄마는 다시 담배를 피우기 시작했다. 자신이 죽어가고 있다고 생각했고, 그래서 인생을 즐기기로 한 것이다. 엄마는 가족들에게 숨겼지만, 우리는 담배 냄새도 맡지 못할 바보들이 아니었다. 나는 람 다스에게 이 이야기를 한다.

"난 너무 괴로웠어요. 어떻게 그럴 수가 있지요? 그래서 저는 스티븐 레빈에게 내가 무엇을 어떻게 해야 할지 물었어요. 그는 필립 모리스 한 상자를 사서 엄마에게 주라고 하더군요."

람 다스가 웃는다. 그는 즉시 이해한다.

"그것은 저에게 불가능한 일이었어요. 나는 그렇게 할 수 없었지요. 너무 끔찍한 일이었거든요." 내 말에 람 다스는 "하지만 스티븐이 옳았어."라고 말한다.

"그래요. 실제로 나는 담배를 샀고, 그럼으로써 나는 두려움을 가까이 들여다보고 그것들이 무엇인지 알게 되었어요. 나는 엄마의 죽음을 부정하려고 했고, 그것을 통제하려고 하고 있었어요." 나는 말을 이어갔다. "크리슈나 다스는 버니 글래스먼과 아우슈비츠 수련회에 갔을 때 두려움을 가까이 들여다보게 되었다고 말합니다. 그는 다른 사람들에 대한 두려움, 힘든 상황에 대한 두려움을 그저 지켜보면서 거기에 대해 아무런 판단도 하지 않고, 고통과 끔찍한 두려움과 함께 그곳에 앉아 있었습니다. …붓다는 수도승들을 납골당으로 보내어 갓 죽은 시체, 썩어가는 시체, 해골, 그리고 뼈만 남은 시체 등 각기 다른 부패 상태의 시체들을 보게 했지요. 붓다는 수도승들이 죽음에 대한 두려움을 직면하고 들여다보기를 원했던 것입니다. 자신이 두려워하는 것에 가까이 다가가 들여다보는 일에는 용기가 필요합니다."

람 다스가 말한다. "그래요, 두려움의 뿌리가 에고와 자기 자신을 동일시하는 데에 있다는 것을 잘 들여다보아야 합니다. 자기 자신을 상처 받기 쉬운 연약한 존재로서 생각하는 한, 두려움은 계속될 수밖에 없기 때문입니다. 우리는 자신의 연약함을 약점이라고 생각하기 쉽지만, 실제로는 존재하려고 하는 강한 욕구도 연약함의 발로입니다."

내가 말한다. "오웬이 태어났을 때가 생각나네요. 아기가 울 때마다, 그 소리를 들을 수 있는 모든 어른이 아기를 보러 가서 도우려고 했습니다." 오웬은 사실 연약한 존재이면서도 그 안에 매우 강한 힘을 가지고 있었다.

방황하는 유령

"두려움을 물리치는 데에 도움이 될 만한 다른 방법은 또 없을까요?" 내가 묻는다. 람 다스는 아무 말이 없다. 그는 깜빡 잠이 든 것 같다. 그러나 그는 잠시 후 입을 연다. "인도. 강가로 어어지는 층계에서 불타고 있었던 시신들…."

람 다스는 인도에서 보낸 시간, 특히 바라나시에서는 죽음에 대한 자신의 이해가 달라지게 되었고 두려움을 없애는 데 큰 도움이 되었다고 말하곤 했다.

베나레스와 카시Benares and Kashi로도 알려진 바라나시Varanasi는 힌두교도들에게는 인도의 정신적인 수도로, 세계에서 가장 오래된 도시 중 하나이다. 1897년 인도를 사랑했던 마크 트웨인은 바라나시에 대해 "역사가 쓰여지기 시작한 때보다 더 오래되고, 전통이나 전설이 생긴 때보다 더 오래되고, 그것들을 모두 합친 것보다 두 배는 더 오래 되어 보인다."고 말했다.[2] 바라나시는 창조와 파괴의 신 시바의 신성한 도시이다. 힌두교도들은 갠지스강에서 목욕하는 것이 죄를 씻어 주고, 그곳에서 죽으면 영혼이 윤회의 굴레에서 풀려나게 된다고 믿는다. 그럼으로써 영원하지 않고 고통받는 이 세상으로 다시 태어나지 않게 된다는 것이다. 힌두교도들 중에는 죽기 위해 그곳으로 가는 이들이 많다.

람 다스가 말한다. "처음으로 데이비드 파두아와 함께 인도에 갔을 때, 우리는 바라나시에 들렀습니다. 거리를 걸으면서 병을 앓고 있는 사람들, 나병 환자들, 천 하나로 몸을 감싸고 있는 바짝 야윈 사람들이 쪼그리고 앉아 있거나 거리에 누워 있는 것을 보았습니다. 충격적이었어요. 나는 우월감을 느꼈고, 서양인으로서 그들에게 동정심을 느꼈습니다. '여기에는 병원도 없나? 왜 아무도 이 사람들을 돕지 않을까?' 참을 수가 없었습니다. 견디기가 어려웠어요. 호텔로 돌아왔을 때, 나는 실제로 침대 밑에 들어가 숨어 버렸습니다. 그러다가 마하라지를 만났고, 나는 생각이 달라지기 시작했습니다. 나는 혼자 바라나시로 돌아왔고, 그 이후로는 더 이상 그렇게 두려움에 사로잡혀서 살아가는 서양인이 아니게 되었습니다. 왜 힌두교도들이 죽기 위해, 그리고 자신들의 영혼을 풀어놓아 주기 위해 바라나시로 가는지를 이해할 수 있었어요. 그들이 거기에 있다는 것은 그들에게 큰 축복이었습니다. 나는 거리를 걸었고, 사람들의 눈을 쳐다보았고, 그들이 나를 불쌍히 여긴다는 것을 알게 되었지요! 그들은 자신들이 적당한 시간에 적절한 장소에 있다는 것을 확신하고 있었습니다. 거기에 비해 어디로 가야 할지를 모르는 나는 방황하는 떠돌이 유령이었습니다."

"떠돌이 유령이라고요, 람 다스? 당신이 방황하는 유대인과 허기진 유령이 교배하여 태어난 잡

종이란 말인가요?"

"바로 그거야!" 그가 웃는다. 힌두교도들이 야외에서 죽은 사람의 시신을 화장하는 신성한 장소인 갠지스 강둑을 따라 나 있는 돌계단을 언급하며, 그는 "나는 시신을 불태우는 것을 보면서 밤을 보내곤 했습니다"라고 말한다. "대기는 기도 소리, 구호, 음악, 향이 타는 냄새로 가득합니다. 때로는 어둠 속에서 시체들이 타오르는 모습을 보기도 했지요. 나는 그것들이 연기로 변해 가는 것을 보면서 밤을 새우곤 했어요. 살이 타는 냄새가 났어요. 시체가 다 타기 전에 상주는 두개골이 다 부서졌는지를 살펴보고, 아직 부서지지 않은 부분이 남아 있으면 대나무 막대기로 쳐서 부스러뜨립니다. 갇혀 있던 혼을 풀어주기 위해서라지요. 시바가 손을 내밀어 그 사람의 혼을 데려가는 것 같은 느낌이 들기도 했어요."

"인도는 죽음이란 것을 몰래 감추어두는 곳이 아니었습니다. 서양인들과는 달리, 인도인들은 죽음을 무서워하지 않는 것 같았어요. 그들은 대가족을 이루고 살아가는 자기들의 집에서 죽음을 맞이합니다. 그들에게는 장례를 위한 시설이 필요하지 않았어요. 가족 중 누군가가 죽으면, 시트에 싸서 인력거를 부른 다음 시신과 장작을 싣고는 거리를 가로질러 화장터로 쓰이는 강가로 갑니다. 그러고는 신의 이름을 부르며 성가를 부릅니다: 람 남 사티아 하이 Ram Nam Satya Hai [람의 이름은 진실입니다.] (아이들을 포함한) 모든 사람이 가족의 죽음을 다 알아차립니다. 그들은 죽음을 그렇게 삶의 자연적인 부분으로 받아들여 왔습니다. 누가 죽는다고 하여 그것이 잘못된 일은 결코 아니지요. 그들에게 죽음은 삶의 일부였습니다." 람 다스는 유람선에서 벌어지는 일들을 상상하고 있는 모양이다.

우리가 침묵 속에 앉아 있는 동안 람 다스는 바다를 바라본다. 멀리 유람선이 미끄러지듯 지나간다. 그가 웃으면서 말한다. "도박하고 술 마시고 도박하고 술 마시고 계속 계속 짐 싸들고 옮겨 다니면서."

내가 말한다. "우리도 옮겨가야 하네요. 저녁 식사 시간이 다 되었어요. 밥 먹고 이야기하고 밥 먹고 이야기하고, 우리가 옮겨 다닐 곳은 이곳뿐인가요?"

생명의 숨결

방으로 돌아간 나는, 침대에 앉아서 쉰다. 나는 죽을 준비가 되어 있는가? 나는 죽음을 두려워하는가? 정말이지, 나는 확신할 수가 없다.

80년대 초였던 것으로 기억된다. 언젠가 심장을 드릴로 뚫는 것처럼 가슴을 뛰게 했던 약을 복용한 적이 있었다. 심호흡을 하려고 했지만, 상황은 더 악화될 뿐이었다. 극심한 공포를 느끼기 시작했고, 내 마음도 심장의 속도로 뛰었다. 한 가지 생각뿐이었다. 나는 곧 죽을 것이라는 것. 죽음이 바로 여기에 있고, 죽음이 내 심장을 쾅쾅 두드리고 있다는 것. '아니, 아니, 아니, 나는 가고 싶지 않아.' 영원히 계속될 것 같은 통증에 그렇게 반응하고 있는데, 나는 여전히 거기에 있었고, 나의 가슴은 뛰고 있었다. 그러고는 어찌된 일인지 내 마음은 다른 생각이 떠오르는 것을 허용하고 있었다. '그래, 호흡에만 집중하는 거야. 들이쉬고 내쉬고, 들이쉬고 내쉬고…. 그러면 넌 진정될 거고, 안정될 거야. 넌 살 수 있어. 설령 죽는다고 해도, 훨씬 더 평화롭게 죽게 될 거야.' 살아온 날들이 떠오르기 시작했다. 남편 크리슈나, 친구들, 내가 하는 일 등등. 나는 그것들이 떠오를 때마다 작별 인사를 했다. 안녕 크리슈나, 안녕 수난다, 아나수야, 매기, 안녕 나의 동생 제인과 바바라, 안녕 바인야드 해변과 케임브리지에 있는 우리 집, 안녕 야외 캠핑 수련회, 안녕 별들과 달…. 하지만 여덟 살짜리 아들이 떠올랐을 때에는 오웬에게 작별 인사를 할 수 없었고, 살아남으려면 무슨 짓이든 해야 한다고 생각하기 시작했다.

나는 죽을 준비가 되어 있지 않았다. 나는 아이를 돌보기 위해서 해야 할 일이 더 있었고, 그 일을 하려면 더 살아야 했다. 죽음이 노크를 하고 있는데 거기에 저항한다는 것은 잘못된 일이고 쓸모없는 일이었지만, 그럼에도 지금은 죽음을 받아들일 때가 아니라는 것을 알고 있었다. 나는 숨쉬기에 집중했다. 들이쉬고 내쉬고를 반복하는 일뿐, 다른 할 일은 없었다. 거친 숨을 몰아쉰 후, 제대로 숨이 쉬어지기 시작했다. 나는 안정되었고, 살아남았다.

아나이스 닌 Anaïs Nin은 우리가 살아감으로써, 고통을 당함으로써, 실수함으로써, 위험에 도전함으로써, 주고 또 잃음으로써, 나날이 죽음을 연기해 간다고 말했다.[3] 나는 내 숨결을 지켜봄으로써 죽음을 연기했다. 다음 날, 나는 삶을 온전히 살아갈 수 있는 상태로 돌아왔다. 하지만 모든 것이 변했다.

★

두려움은 어떻게 시작되는가

야채와 신선한 빵을 곁들인 파스타로 저녁 식사를 마친 후, 우리는 죽음에 대한 첫 번째 기억에 대해 이야기를 나누기로 했다. 죽음을 두려워하는 마음이 어떻게 시작되는지를 알기 위해서였다. 다이닝 룸의 테이블 주위에는 진정한 친구이자 현명한 상담가인 다시Dassi와 람 다스의 젊고 튼튼한 도우미 루시안과 락슈만이 있다. 그들은 모두 람 다스가 삶을 제대로 꾸려갈 수 있도록 돕고 있다. 커다란 창문 너머로 태평양이 내려다보인다. 날은 이미 어두워졌고, 보름달이 떠오르고 있다.

다시가 이야기를 시작한다. 그녀는 필라델피아에 있는 가톨릭 학교 3학년 때에 7학년 소년이 자신의 사촌의 집에 불을 지른 이야기를 들려준다. 다시는 교회에서 장례식이 치러질 때 글라디올러스의 짙은 향기와 함께 열린 관 속에 세 아이가 누워 있는 것을 보고 느꼈던 두려움을 기억한다. 그녀는 또, 리타 마이클Rita Michael 수녀가 학생들을 일렬로 줄을 세워 수녀원에 데려가서는 세탁물을 아래층으로 떨어뜨리게 되어 있는 곳에서 아이들을 한 명씩 높이 치켜들고는 아래를 내려다보게 했던 때를 떠올린다. 수녀님은 아이들에게 그렇게 연옥으로 곧장 떨어지게 된다고 말했는데, 겁에 질렸던 그때의 기억이 잊히지 않는다고 한다.

우리는 모두 웃지만, 그 당시에는 결코 웃을 수 없었으리라는 것을 알고 있다.

대화는 계속 이어진다. 락슈만은 다섯 살 때 이모가 암으로 돌아가셨지만 아무도 그 사실을 자세히 설명해 주지 않았던 것을 기억한다. "애들 앞에서는 그 얘기를 하지 말라."고들 하는데, 그것이 오히려 미스터리하고 무섭게 만들었다고 한다. 금방까지 여기에 있던 사랑하는 사람이 어떻게 갑자기 다시는 여기에 없을 수 있을까? 궁금증을 풀 길이 없었다고 했다.

나는 아홉 살인가 열 살 때에 친구 월터의 아버지가 돌아가신 일에 대해 이야기한다. 월터의 아버지는 친구들과 배를 타고 낚시를 갔다가 번개가 금속 낚싯대를 강타했다가 입고 있던 재킷의 지퍼를 때리는 바람에 즉사하셨다. 나는 그 충격에서 헤어날 수가 없었다. 죽음은 예고 없이 찾아온다. 죽음이 닥쳐오기 전에, 우리 모두는 우리 자신이 누구인지를 알아야 한다.

람 다스의 차례가 되었다. 어린 시절의 그는 죽음에 대해 캄캄했다. 그의 가족 역시 아이들 앞에서는 죽음에 대한 이야기를 하지 말아야 한다고 생각했다. 그는 "나는 그런 식으로 보호를 받았습니다."라고 말한다. 그의 어머니가 돌아가셨을 때, 그는 캘리포니아에 있었다. 집에 돌아왔을 때 그는 관이 있는 방에 있었지만 아버지는 그가 모친의 시신을 보는 것을 허락하지 않았다. "아버지는 엄마가 다른 사람들이 자신을 보는 것을 원치 않을 거라고 말했고, 그 말을 듣고 나자 나 자신이 마치 아웃사이더처럼 느껴지더군요." 그리고 여러 해가 지난 후 그의 아버지가 돌아가셨을 때였다. 장의사들은 부친의 시신을 검은색 가방에 넣었다. "그들이 그렇게 시신을 다루는 방식… 그들은 마치 다른 사람들이 보아서는 안 되는 비밀스러운 일을 하고 있는 것 같았고, 오싹한 느낌이 들었어요. 나는 그 광경을 보아서는 안 될 것 같았습니다. 어쨌든 그때의 경험은 죽음에 대한 나의 두려움을 부채질했던 것 같아요. 죽음은 그렇게 내 앞에 그 정체를 감추고 있었습니다. 인도에서는 많이 달랐지요. 할머니 할아버지와 부모, 자녀, 이모, 삼촌 등이 모두 함께 사는 모습이 너무 좋아 보였습니다. 대가족이

어울려 살아가는 인도에서는 죽음이 자연스러운 삶의 일부였어요."

루시안이 말한다. "요즈음에는 시신을 운구할 때 영구차로 미니밴이 자주 사용되는 것 같아요. 장례 행렬이 지역사회에 방해가 되지 않도록 하기 위해서일 거예요. 죽음은 그만큼 뒷전으로 숨어들어 갔어요."

'포스트 모던 장례식이라…' 하고 나는 생각한다. 어쨌든 미니밴 영구차는 신성함을 불러일으키지 않는다. "내가 죽으면 제발 나를 미니밴으로 옮기지 마세요!" 나는 디저트 접시를 치우면서 어색하게 미소를 지어 보이며 말한다.

분리는 없다

다음날 아침, 우리는 다시 식탁에 앉아 있다. 람 다스는 아침 식사를 기다리는 동안 「마우이 뉴스Maui News」를 즐겨 읽는다. 대기 환경과 지역 축제에 대한 보도와 다른 여러 가지 국가적 뉴스가 실려 있다. 오늘은 죽을 권리에 대한 이야기가 실려 있다.

전립선암 4기 환자인 조Joe H.는 자신이 어떻게 죽을지 고민해 왔으며, 생의 마지막 날이나 몇 주 동안은 참을 수 없는 구토와 굶주림에 직면할 수도 있다는 것을 알고 있었다. 은퇴한 수의사인 조는 애완동물 주인이 자신의 고양이나 반려견에게 약을 먹여서 평화롭게 죽을 수 있도록 허용해주어야 하는 것과 마찬가지로 자기 자신에게도 똑같은 권리가 주어져야 한다고 믿고 있다. 불치병을 앓고 있는 성인 하와이 주민이 생을 마감하는 약을 처방받을 수 있도록 허용하는 법안에 대한 청문회가 열렸을 때, 그도 수십 명 중의 증언자 중 한 명이었다. 그는 말했다. "나는 멋진 삶을 살았습니다. 하지만 비참하게 죽고 싶지 않습니다."

람 다스가 미소를 지으며 말한다. "모든 사람이 우리의 주제에 대해 이야기하고 있어요. 누구나 고양이와 똑같은 권리를 가져야 합니다." 그는 소파에 누워 있는 자신의 고양이 쿠시를 바라본다.

죽을 권리에 대한 기사 바로 옆에는, 대통령 선거운동을 하고 있는 도널드 트럼프가 미국과 멕시코 사이에 장벽을 세울 것이라는 보도가 실려 있다.

내가 말한다. "트럼프는 자신에게 힘이 있다는 것을 느끼지 못하는 사람들, 분리감을 느끼는 사람들을 데리고 놀고 있어요. 그는 그들에게 그들이 멕시코인, 무슬림인, 시리아인과 정말로 분리되어 있다고 말하고 있어요. 이런 군중들 속에는 너무나 많은 분노가 있습니다. 그들은 '그 사람들을 잡아 가둬!'라고 외치고 있어요. 영적으로 생각하면, 모든 사람들이 두려움, 분리감, 사랑의 상실, 그리고 안전에 대한 갈망 속에서 살아가는 것 같아요. 낯선 사람은 무조건 위험하다고 지레짐작합니다. 어젯밤 우리가 시청한 올림픽은 너무 감동적이었어요. 경기가 끝나자마자 십종 경기 선수들은 몇 분 전에 서로 치열하게 경쟁했음에도 불구하고 서로를 껴안았지요."

람 다스가 "참 인상적이었지요."라고 맞장구를 친다. 몇 분 후, 그는 이렇게 덧붙인다. "죽음을 준비하는 일에 있어서 가장 중요한 것은, 분리감을 내려놓는 일입니다. 분리감이 들 때는, 매우 고통스럽지요."

그가 말을 이어간다. "사랑조차도 조건이 붙으면 두려움을 불러일으킬 수 있습니다. 우리가 다른

우리 자신을 영혼과 더 많이
동일시할수록, 두려움이 사라지고
신뢰가 커집니다. 영혼은 죽음을
두려워하지 않기 때문입니다.

인간 존재에게 집착을 하면, 머지 않아 두 사람 모두 사랑의 종착역을 피할 수 없을 것입니다. 그것은 진정한 사랑이 아니니까요. 사랑하는 관계에는 상실이 이미 내재되어 있어서, 우리는 사랑을 소중히 여기면서도 동시에 두려워합니다. 우리는 변하지 않는 것은 아무것도 없다는 것을 잘 알고 있습니다. 그리고 모든 것이 불확실합니다. 바로 그 점이 우리로 하여금 집착을 강화하게 되는 것입니다. …많은 사람들이 사랑에 대한 두려움을 가지고 살고 있습니다. 사랑을 잃어버리게 될 때의 아픔을 경험하고 싶지 않아서 사랑에 빠지게 될 것을 두려워합니다. 그러나 우리 자신을 영혼과 더 많이 동일시할수록, 두려움이 사라지고 신뢰가 커집니다. 영혼은 죽음을 두려워하지 않기 때문입니다. 분리는 없습니다. 영혼은 결코 죽지 않습니다."

내가 말한다. "마하라지께서 우리를 내보내셨을 때, 우리 중 한 사람은 마하라지와 함께 있기 위해서 다시 벽을 타고 넘어 돌아가려고 했지요. 기억나나요? 마하라지는 말씀하셨지요. '사람들은 이해하지 못한다. 그들은 단지 이 몸이 나라고 생각한다.'"

"그래요, 그랬지요."

사랑의 대양

우리는 람 다스의 방에서 창밖으로 바다를 바라보고 있다. 영원한 것은 없다. 모든 것은 무상無常하다. 파도는, 빛은, 계속해서 변화하고 있다. 모든 파도가 새롭다. 햇빛이 비치는 바다를 바라보면서, 우리는 두려움과 분리감을 내려놓고, 아무런 판단 없이, 죽음의 현실을 있는 그대로 받아들이는 방법에 대해 다시 이야기한다.

나는 선禪을 가르치는 교사이자 친구인 노먼 피셔Norman Fischer의 말을 인용하여 대화를 시작한다. 그는 불교에서 말하는 공空이 허망하다는 공허함이 아니라, 모든 한계와 경계가 없이 텅 비어 있다는 뜻이라고 한다. 그것은 모든 것이 열려 있는 상태이다. "활짝 열려 있는 상태에서는 나 자신과 다른 사람 사이에 경계가 없어져서 내가 곧 네가 되고 네가 곧 내가 된다. 그렇게 나와 다른 사람들과의 구분이 사라질 때에는, 사랑과 유대가 훨씬 쉽고 자연스러워진다."[4]

람 다스가 말한다. "그래요. 합일의 순간들을 저절로 경험하게 될 수도 있지만, 자비와 사랑을 실천함으로써 우리는 우리의 뜻과 의지에 따라 분리감을 변화시켜서 모두가 하나라는 연결을 경험할 수 있습니다. 우리가 '나는 영혼'이라는 의식 안에 살수록, 우리는 바라보는 모든 곳에서 사랑을 더 많이 보게 됩니다. 그 사람이 존재한다는 이유만으로 그 사람을 사랑할 수 있는 상태가 되는 것입니다. 나는 만나는 모든 사람들과 문자 그대로 사랑에 빠졌습니다. 당신과 내가 광대한 사랑의 자각 속에서 함께 쉴 때, 우리는 사랑의 대양에서 함께 헤엄치고 있는 것입니다. 언제나 바로 지금 여기에서. 거기에는 어떤 분리도 없고 두려움도 없습니다."

오래 살기

람 다스가 말한다. "마하라지는 어느 누구도 자신들의 시간보다 한 순간도 먼저 죽지 않으며, 어느 누구도 자신들의 시간보다 한 순간도 더 남아 있지 않는다고 말했습니다. 하지만 죽고 싶어 하는 사람은 없어요. 사람들은 누구나 오래 살고 싶어 합니다. 우리의 뇌가 그렇게 생겨먹었지요."

내가 말한다. "편도체에는 이렇게 입력되어 있을 거예요. '싸워라, 그렇지 않을 거라면 도망쳐라. 살아남아라.'"

불현듯 진시황이 생각난다. "기원전 200년경 중국의 첫 번째 황제인 진시황은 영원히 살기 위해서 애쓰다가 마침내 불로장생 약을 찾아냈다고 믿었지요. 하지만 진시황은 그 약을 먹고는 그만 죽고 말았지요. 알고보니 수은 중독이었다고 전해지지요."

람 다스가 웃는다.

나는 구글을 위해 명상 코스를 짜 준 적이 있는데, 그곳 실리콘 밸리의 엔지니어들이 장수에 많은 관심을 가지고 있다는 것을 알았다. 내가 그 이야기를 하자 람 다스가 묻는다. "그들은 오래 살기 위해 어떤 방법을 도모하고 있지요?"

"대개는 생화학 분야이지요."라고 내가 설명한다. "게놈 연구, DNA 재프로그래밍, 줄기세포 및 약물 연구. 몸을 고칠 수 있는 나노 로봇 공학. 그들은 그것으로 생명을 연장하고 죽음을 무너뜨릴 수 있을 거라고 생각하지요. 인텔은 인간의 두뇌와 같은 속도로 작동할 수 있는 '엑사스케일 컴퓨터' 개발에 박차를 가하고 있습니다. 그리되면 인간의 뇌를 다운로드할 수 있을 거라고들 합니다."

잠시 후, 내가 말한다. “얼마전, MIT의 한 과학자가 수명을 늘려주는 보충제를 내놓았다는 기사를 읽었고, 나도 한번 먹어봐야겠다고 생각했어요. 그 안에 무엇이 들어 있는지 이해하지 못했지만, 듣기 좋은 소리였습니다. 한 달 분이 60달러였어요. 물론 나는 아무런 변화도 느끼지 못했어요. 카페인처럼 금방 반응이 오는 것은 아닐 테지만, 어쨌든 다 먹고 나면 더 이상은 먹을 마음이 없네요.”

람 다스가 묻는다. “하루에 2달러 들여서 수명을 연장할 수 있다면, 괜찮지 않나요?” 내가 웃으면서 대답한다. “어쨌든 아닌 것 같아요.”

람 다스가 말한다. “모두 흥미로운 일이긴 하지만, 우리는 매 순간 순간을 충만하게 살아감으로써 수명을 연장할 수 있다는 것을 이미 알고 있습니다. 과거, 현재, 미래의 모든 것이 그 순간 안에 있기 때문에, 나는 시간 속에 갇혀서 나의 생명을 연장하고 싶은 마음은 없습니다.”

어떻게 되든 당신은 안전하다

우리는 한동안 잠잠했고, 나는 내 아이폰이 제대로 녹음을 하고 있는지 체크한다. 그런 다음, 람 다스에게 묻는다. “죽음을 받아들이고 두려움을 떨쳐버리게 된 계기가 있었는지요? 개인적으로 무엇이 당신에게 도움이 되었나요?”

람 다스가 곧바로 대답한다. “환자 곁에 앉아 있는 것. 호스피스 병원이나 요양원에서 사랑하는 사람이나 잘 알지 못하는 사람들이 죽어가는 것을 지켜보면서 그들의 침대 옆에 앉아 있는 것. 예전에는 가족이나 가까운 친족의 죽음을 집안에서 지켜보면서 자연스럽게 죽음에 대한 두려움을 떨쳐버릴 수 있었습니다. 죽음이 자연스럽게 삶 속에 자리잡고 있었는데, 이제는 그런 삶의 방식이 사라지고 없지요. 나는 그런 삶의 방식에서 많은 것을 배웠습니다. 내 영혼의 친구 임마누엘은 죽음의 과정이 완벽하게 안전하다고 말합니다(정창영 역, 『행복한 지구 생활 안내서』 참조: 역자). 죽음의 과정은 죽게 될 사람들과 그들을 곁에서 지켜보게 될 사람들을 위한 수행입니다. 자신의 두려움을 직면하고, 그것을 놓아버릴 수 있는 기회인 거지요. 그래서 나는 여러 해 전에 스티븐 레빈Stephen Levine, 데일 보글럼Dale Borglum과 함께 '삶과 죽음 프로젝트'를 시작했습니다. 도우미들은 카르마 요가[봉사의 길]를 행하고, 죽음을 앞둔 사람들은 에고로서의 정체성을 벗어던지고 영혼으로의 정체성을 되찾게 됩니다. 모두가 함께 수행을 하면서 두려움을 떨쳐버릴 수 있도록 서로 돕습니다. 내가 자리에 있을 때면, 멤버들은 나에게 두려움, 슬픔, 혼란, 고통을 몸과 마음으로 전해주었고, 내가 해야 할 일은, 마음을 열고 일어나고 있는 일에 사로잡히지 않는 것뿐이었습니다. 그들은 내가 거기에 있으면 한결 차분해지고 기운이 난다고 말했습니다."

나는 거기에 앉아, 람 다스가 가까이에 있음으로써 그 사람들이 얼마나 마음에 위안을 받고 차분해졌을지를 상상해 보았다. 메리 맥클레랜드Mary McClelland의 죽음이 떠올랐다. 그녀는 하버드 대학 사회심리학과에서 람 다스의 동료 교수였던 데이비드 맥클레랜드David McClelland와 결혼한 예술가로서, 우리 둘 모두에게 절친이었다. 메리는 위암에 걸렸고, 자신이 죽어가고 있음을 알았다. 내가 방문했을 때, 메리는 천장이 높은 방의 널찍한 침대에 누워 있었다. 마른 잎사귀처럼 야위고 창백한 얼굴에 대충 땋은 긴 회색 머리가 눈에 들어왔다. 침대 옆 테이블에는 데이비드를 위해서인 듯한 애거사 크리스티의 추리소설들과 메리를 위해서인 듯한 토마스 머튼의 책들이 쌓여 있었다. 죽음의 시간이 가까워짐에 따라 그녀의 의식은 오락가락하였고, 가끔 의식이 돌아올 때면 그녀는 우리에게 미소를 지어 보였다. 그녀는 이 세상과 저 세상을 오가는 것 같았다. 존 레논이 세상을 뜨던 다음 날, 우리는 여느 날처럼 그녀의 침대 주위에 앉았다. 오랫동안 눈을 감고 있던 그녀가 눈을 뜨고 우리를 바라보았다.

우리가 그녀에게 그곳이 어떠냐고 묻자 그녀는 "거기에는 지금 좋은 음악이 흐르고 있어요."라고 말했다.

나는 람 다스에게 말한다. "메리가 죽었을 때, 방안에는 너무나 익숙하면서도 신비로운 어떤 존재가 있는 것처럼 에너지가 느껴졌었지요. 아기가 태어날 때면 이런 신비감이 느껴졌었는데, 그때와 똑같았습니다. 긴장감이 전혀 없이 뭔가 말할 수 없는 에너지가 흐르고, 눈으로 볼 수는 없지만 누군가가 방에 있다는 것을 알 수 있었습니다. 어떤 존재가 가고 있는지 오고 있는지, 어쨌든 어떤 기척을 느낄 수 있었습니다. 그 느낌이 무섭지는 않았습니다. 완벽하게 안전하고, 친숙하고 친밀한 에너지가 현존하고 있었습니다. 그런 경험은 모두가 하나이며, 우리 모두는 동일한 하나의 부분들이라는 것을 알게 해주었습니다."

람 다스가 말을 이어간다. "분리는 없다는 것을 보여주는 아름다운 사례입니다. 우리는 모두 영 안에서 하나입니다."

내가 말을 받는다. "메리가 세상을 떠난 후, 우리가 가장 먼저 한 일 중 하나는 아이들(오웬과 찬드라)이 메리와 함께할 수 있도록 케임브리지 프렌즈 스쿨에 가서 데려오는 것이었습니다. 우리에게는 그것이 아주 자연스러운 일이었지요. 하지만 대개 어른들은 아이들에게 죽음의 현장을 보지 못하게 합니다. 설령 볼 수 있다고 하더라도, 대개는 병원이나 요양원 같은 낯선 공간에서이지요. 죽음에 대한 두려움은 그것과 마주하지 않으면 극복하기가 어렵습니다."

람 다스가 말한다. "죽음은 그렇게 숨겨져 왔고, 의료적인 일이 되었습니다. 의사들은 죽음을 자신들의 실패로 간주하는 경우가 적지 않습니다. 하지만 죽음은 실패가 아니라, 자연스러운 변화입니다."

"그래요. 메리가 죽은 후 그녀의 시신 옆에 앉아 있자니, 사람이 임종에 이르러 아무리 부서질 듯 허약해질지라도 죽은 상태와는 헤아릴 수 없이 큰 차이가 있다는 것을 배웠습니다. 많이 아플 수도 있고 거의 죽음에 다다른 상태일 수도 있지만, 활기 넘치는 건강과 연약함 사이에는 그렇게까지 큰 차이가 있는 것이 아닙니다. 그것은 연약한 상태이지만 아직 살아 있는 상태와 죽음의 차이에 비하면 사실 아주 미세한 차이에 지나지 않았습니다. 그녀는 도대체 어디로 간 것일까? 저로서는 헤아릴 길이 없었습니다. 마하라지 님은 말했지요. '내가 도대체 어디로 갈 수 있단 말인가?' 그 말이 더욱 더 의미심장하게 다가오기 시작했습니다."

마지막에 주고받는 것

람 다스는 조용히 창밖으로 바다를 내다보고 있다. 잠시 후, 내가 말한다. "최근에 미국인 의사 어툴 거완디Atul Gawande가 쓴 책 『어떻게 죽을 것인가Being Mortal』를 읽었는데, 그는 의대에서 많은 것을 배웠지만, 죽음을 어떻게 맞을 것이냐에 대해서는 배운 바가 없다고 고백합니다." 람 다스는 거완디에 대해 들어본 적이 없었지만, 죽음이 의료화되는 것에 대해서는 많은 생각을 해왔다. 뇌졸중으로 쓰러진 이후 고통을 완화하는 데 도움을 준 많은 의사들에게 감사의 마음을 품고 있었음에도 불구하고.

"나의 어머니가 돌아가셨을 때…" 그는 모친에 대해 생각하면서 말을 더듬거린다.

그는 이것에 대해 자주 이야기해 왔다. 나는 나의 노트를 훑어보다가 대중강연을 필사해 둔 부분을 찾는다. 나는 그가 모친에 대해 말했던 부분을 큰 소리로 읽는다.

저의 어머니 거트루드 레빈 앨퍼트Gertrude Levin Alpert는 1966년에 임종을 맞이하고 있었습니다. 나는 병원에 들러 잠깐씩 어머니 곁에 앉아 있었고, 병원에서는 죽음에 대해서 히스테리 상태라고 할 정도로 많은 신경을 쓰고 있다는 것을 잘 알 수 있었습니다. 환자가 죽어가고 있다는 사실을 부정하기 위해서 병원의 전 직원과 모든 방문객이 거대한 음모를 꾀하고 있는 것 같았어요. 어머니 옆을 지키고 있으면서, 병원에서 보기로 되어 있는 것보다 더 많은 것을 보게 되었습니다. 나는 의사와 간호사가 짐짓 전문가다운 명랑한 표정을 지으며 들어오는 것을 보곤 했습니다. "좋아 보이십니다. 수프를 좀 드셨나요? 아, 안색이 좋아졌군요. 치아는 괜찮습니까?"

그들은 이어서 어머니에게 "의사가 당신을 위한 새로운 치료법을 쓸 거예요."라고 말한 다음, 바깥 복도로 나가서는 자기들끼리 "그녀는 이틀을 더 버티지 못할 거야."라고 말하더군요. 어머니의 죽음이 가까워질수록 더 많은 바늘을 꽂고, 더 많은 튜브를 삽입했습니다. 어머니의 안색이나 행동거지들이 모두 다 죽음이 가까웠음을 분명히 보여주고 있었음에도, 그들은 생명의 마지막 숨결을 연기하기 위해 모든 처치를 다 했습니다. 백혈병에 걸린 여인은 비장을 제거한 후 체중이 36킬로그램으로 내려갔고, 이미 죽음의 안색을 띠고 있었습니다. 그러나 그들은 생명을 보호해야 한다는 히포크

라테스 선서 때문에 그것을 부인하기에 바빴습니다.

나의 어머니는 유대인 어머니로부터 몸을 받으셨습니다. 어머니는 훌륭한 유대인 어머니가 자랑스러워할 만한 가족을 원했습니다. 어머니는 우리가 자신의 열망에 부응할 때에만 사랑을 표현함으로써 자신이 원하는 가족을 만들기 위해 애썼습니다. 그것이 어머니의 사랑 사용법이었지요. 변호사였던 큰 형 빌리Billy와 피아노와 오르간을 공부하고 하버드대학교 경영대학원에 진학한 둘째 형 레오나르드Leonard는 어머니의 눈에 성공한 자식으로 비쳤습니다. 나는 항상 약간 어긋나 있었지요. 심리학은 법학이나 경영학만큼 중요하게 여겨지지 않았습니다. 내가 하버드를 떠나게 되자 어머니의 실망은 이만저만이 아니었습니다.

하지만 내가 병원에서 어머니 곁을 지키고 있을 때, 어머니는 나에게 가냘픈 목소리로 말했습니다. "얘야, 내가 죽음에 대해 이야기를 나눌 수 있는 사람은 너뿐이야. 아무도 거기에 대해 나에게 말하려고 하지 않을 거거든. 넌 죽음을 무엇이라고 생각하니?" 어머니와 내가 그런 대화를 나눈 것은 그것이 처음이었습니다. 그리고 그것은 우리가 죽음의 자리라 할 수 있는 아주 개인적인 공간에서 만났기 때문에 일어난 일이었습니다. 어머니는 자식에게 힘을 행사하여 자식을 통제하려고 하는 욕구를 어느새 다 내려놓고 있었습니다. 나는 어머니에게 말했지요. "그래요, 어머니, 제가 어머니를 바라보고 있노라니 집이 무너져 내리는 모습을 보고 있는 것 같습니다. 불 타고 있는 집처럼 보이기도 하고요. 하지만 어머니는 이층 안쪽에 계셔서 빠져나올 길이 보이지 않습니다. 몸은 그렇게 무너져내리고 있지만, 나는 어머니를 알아보고 있고, 어머니도 나를 알아보고 계세요. 그런 상황에서도 어머니와 나의 관계는 변한 것이 없습니다. 저

자신의 경험과 연구를 통해 제가 이해한 바에 따르면, 어머니는 아무 데로도 가시지 않습니다. 나는 그것을 깊이, 직관적으로, 확실하게, 느끼고 있습니다. 어머니의 몸은 무너져 내릴 것이지만, 어머니는 아무 데도 가시지 않으리라는 것을 저는 잘 알고 있어요." 나는 부분적으로는 믿음으로, 부분적으로는 내가 알고 있는 바에 따라 그렇게 말하고 있었습니다. 아마 그렇게 되기를 원하는 마음이 가장 컸을 것입니다.

어머니는 죽어가는 사람들이 늘 그러기 마련인 특징적인 말들을 쏟아냈습니다. "나는 속았어. 나는 단지 64세였고, 나의 어머니는 80세였지. 나는 …에게 부당한 대우를 받았어." 어머니는 신에 의해서라고는 하지 않았습니다. "…세상에 의해서."라고 말했습니다. 어머니는 이렇게 말하기도 했습니다. "나는 의사가 해내리라고 믿었는데, 그렇지 않았어." 어머니는 의사를 주술사를 믿듯이 믿고 있었습니다. 문제는, 그 주술사가 그만한 힘을 지니지 못했다는 것이었지요.

어머니는 요리하고 먹고 맛보는 것에 대해서라면 말이 많은 사람이었습니다. 죽을 때가 되면 그렇듯이, 후각과 미각이 어머니를 떠났을 때, 어머니는 끔찍한 우울증을 겪었습니다. 친척들은 어머니를 위해 쿠키와 별난 음식들을 가져다주었지만, 어머니에게는 모두가 다 같은 맛이었습니다.

어머니는 틀니가 맞지 않아서 통증이 너무 크다면서 틀니를 빼내곤 했습니다. 그러나 그럴 때마다 어머니는 부채로 얼굴을 가렸기 때문에 나는 이빨이 없는 어머니의 모습을 본 적이 없습니다. 어머니는 치아가 없는 자신의 모습을 보여주기가 너무 부끄러웠던 것입니다. 마하라지는 이빨이 세 개뿐이었지만 조금도 불편하게 생각하지 않았지요. "내 잇몸은 여러분들의 치아만큼 강합니다." 그는 이빨이 없는 자신의 모습을 사람들이 보든 말든 신경 쓰지 않았습니다.

그러나 어머니와 나의 두 영혼은 어머니가 죽음으로 가는 여정을 지켜보고 있었고, 서로를 신뢰하고 있었습니다. 우리의 영혼은 서로를 잘 알았습니다. 오직 두 영혼만이 그럴 수 있는 것처럼, 우리는 다시 함께 있었습니다. 물질적 성공은 더 이상 중요하지 않았습니다.

어머니는 중환자실에서 돌아가셨습니다. 병원 관계자들은 어머니의 심장을 마사지하는 등 병원에서 할 수 있는 바를 다했지만, 어머니를 살릴 수는 없었습니다.

장례를 치를 시간이 되자, 나는 제대로 준비해야겠다는 생각에 많은 양의 LSD를 복용했습니다. 장례식은 보스턴에서 가장 큰 사원 중의 하나에서 열렸습니다. 아버지가 이사회 멤버였기 때문에 수백 명의 조문객이 참석했습니다. 나는 어머니가 새처럼 날아다니는 모습을 계속해서 보았습니다. 어머니는 내 어깨 위에 착지했다가 다시 날아다녔습니다. 모두들 침울해 보였고, 관 위로 장미 한 다발이 덮여 있었습니다.

결혼한 지 44년째였던 부모님은 결혼기념일마다 빨간 장미 한 송이와 함께 서로 선물을 주고받으셨습니다. 우리가 서 있는 줄 옆으로 관이 옮겨질 때, 빨간 장미 한 송이가 맨 끝에 서 계신 아버지의 발치에 떨어졌습니다. 우리 모두 그것을 보았습니다. 매우 보수적인 공화당원이자 자선가이며 변호사였던 아버지, 역시 변호사였던 큰형, 자신이 그리스도라고 믿었던 나의 둘째 형, 그리고 LSD에 취해 있던 나. 우리가 그 장미를 보는 순간 우리에게는 그것이 달리 보였지만, 다른 사람들에게는 그것이 아무런 일도 아니었지요. 우리가 막 떠나려는 순간, 아버지는 몸을 굽혀 그 장미를 집어 들었습니다.

우리는 모두 검은색의 커다란 캐딜락에 탔습니다. 아무도 먼저 말을 꺼내지 않았습니다. 자신을 그리스도라고 생각하는 둘째 형이 결국 입을 열어 말했습니다. "어머니가 마지막으로 메시지를 보내셨나 봐요." 형수를 포함하여 차 안에 타고 있던 모든 사람이 동의했습니다. 집에 돌아왔을 때, 우주를 물질적으로만 바라보시던 아버지가 장미를 영구적으로 보존할 방법을 찾기 시작했습니다. 그 장미는 결국 모종의 액체가 들어 있는 유리 구체에 보관되었습니다. 몇 년이 지나자 보관 방법이 적합하지 않았기 때문인지 장미와 액체 모두가 변색되었고, 가족 중 누구도 그것을 어떻게 해야 할지 몰랐습니다. 장미는 장식장에서 장식장으로 옮겨졌습니다. 어머니는 떠나갔지만, 장미는 그렇게 살아남았습니다. 한참 후에 나는 아버지의 차고 뒤편에서 그것을 발견했고, 육신의 삶의 무상함을 늘 일깨우고 싶은 마음에 그것을 나의 제단 위에 올려놓았습니다.

우리는 잠시 멈추어서 생각에 잠깁니다. 얼마 후, 내가 말합니다. "나는 장미가 좋아요. …무하마드 알리의 죽음이 떠오르네요. '나비처럼 날아서 벌처럼 쏴라.' 그가 세상을 떠났을 때, 그의 가족은 비행기를 이용하여 그의 시신을 스코츠데일Scottsdale에서 루이빌Louisville로 운구해 갔습니다. 그를 집으로 데려가는 것은 옳고 좋은 일 같았습니다. 나중에 그들은, 자신들이 비행기를 타고 가고 있었을 때, 루이빌에 소재한 알리 센터Ali Center 밖에 있는 한 나무 위에 2만여 마리의 벌들이 날아와 웅성거렸다는 것을 알게 되었습니다. 그의 여동생은 무하마드 알리가 그 벌들과 연결되어 있는 것처럼 느꼈다고 합니다."

람 다스가 미소 짓는다. "병원에서 어머니와 나눈 대화, 그때 나는 마약에 취해 있었기 때문에 마

음이 아주 자유로운 상태였는데, 그것은 세렌디피티(뜻밖의 행운이나 예상치 못한 성공을 가리키는 말: 역자)였습니다. 나는 메이너드 퍼거슨Maynard Ferguson이 연주를 했던 뉴포트 재즈 페스티벌Newport Jazz Festival에 갔다가 돌아온 때였습니다. 나는 메스칼린이라는 환각제를 복용한 상태였고, 어머니는 병원 처방 약을 먹은 상태였습니다. 우리는 죽는다는 것이 무엇을 뜻하는지에 대해서는 별로 이야기하지 않았습니다. 우리는 그 순간의 상황에 대해 이야기를 나눈 거지요."

"그게 어머니에게 도움이 되었을 것입니다. 그렇지 않았겠습니까?"

"그래요. 우리는 찾아오는 분들이 죽음에 대해 얼마나 많이 불안해하고 걱정하는지를 잘 알고 있었습니다. 어머니와 나 사이에는 우리끼리만 통하는 무엇인가가 있었습니다. 우리는 증인들이었습니다. 의사들은 어머니를 살리려는 노력으로 계속 왔다갔다했지만 죽음에 대해서는 한 번도 언급하지 않았습니다."

★

지금 여기에 존재하기

우리는 오랫동안 말없이 앉아 바다와 하늘을 바라보고 있다. 구름 사이로 소형 비행기 한 대가 날아간다.

람 다스가 말한다. "지금 비행기가 지나가고 있고, 나는 그 비행기를 조종하고 있습니다. 조종사로서 나는 바쁘게 움직여야 합니다. 라디오, 다이얼, 조종 장치 들을 제대로 작동시키고 교통 상황을 살펴야 합니다. 비행기 안에 있을 때는, 구름이 비행에 방해가 되는 부정적인 것으로 보입니다. 내가 비행기 안에 있지 않고 여기에 있다는 것이 너무 기쁩니다. 구름을 보고 사랑하는 마음을 낼 수 있으니까." 람 다스는 만족스럽게 웃는다.

"당신은 조종사였고, 비행을 좋아했지요…."

"그래요. 끔찍이 좋아하고 사랑했지요. 하지만 나는 지금 여기에 있는 것이 좋아요."

"나도 그래요."

무엇이 기본의 기본인가

나는 이메일을 확인하기 위해 내 방으로 돌아갔지만, 집중할 수가 없다. 침대에 누워 천장을 바라본다. 나는 과연 어느 정도로 죽음을 두려워하고 있을까? 아무래도 확신할 수가 없다. 나는 내가 죽음을 그다지 두려워하지 않는다고 생각하지만, 달리아가 자라는 것을 계속 보고 싶어 하기도 한다. 어쩌면 나 자신을 속이고 있는지도 모른다. 나는 안절부절못하고 있다.

언니는 자기 자신을 돌보지 않고 술과 담배를 많이 하는 등, 나와는 전혀 다른 삶을 살았다. 언니가 세상을 떠난 후로, 나는 언니가 바로 그런 습관 때문에 현재의 나보다 더 어린 나이에 죽었다고 생각해 왔다. 나는 40년 동안 요가와 명상을 하고, 유기농 음식을 챙겨 먹고, 러닝머신과 아령으로 운동을 하고, 칼슘과 비타민 D를 섭취하고, 건강하게 살면서 죽음을 준비하는 등, 언니보다는 한결

나은 삶을 살아왔다고 생각했다. 언니의 삶의 조건은 내가 아닌 그녀 자신의 것일 수밖에 없다. 초장수의 비결과 다르마의 가르침에 대한 책들을 꾸준하게 읽어온 나와는 다를 수밖에 없다. 하지만 바르바라Barbara보다 겨우 여섯 살 어린 내가 언제 어떻게 죽을지 누가 알겠는가? 언니와 어머니는 암에 걸렸다. 담배를 피웠기 때문만은 아니었을 것이다. 어쩌면 나 역시 암에 걸릴지도 모른다. 나 또한 부정적인 성향이 많은 사람일 수도 있다. 칼루 린포체Kalu Rinpoche가 말했듯이, 명상에 더욱 매진해야 할 것 같다. 죽음이란 예고 없이 찾아오는 것이다.

오늘 아침 나는 페마 초드론Pema Chödrön이 쓴 글을 읽었다. "원점으로 돌아가라. 기본의 기본으로 돌아가라. 현재의 순간과 함께 쉬어라. 절망과 함께 쉬어라. 죽음과 함께 쉬어라. 모든 것이 끝나고 지나간다는 사실, 어느 것에도 '지속되는 실체'는 없다는 사실, 모든 것이 항상 변하고 있다는 사실에 저항하지 말라. 이것이 바탕의 바탕이 되는 메시지이다."[5]

람 다스는 종종 카를로스 카스타네다Carlos Castaneda의 책을 인용한다. 그 책에서 돈 후앙Don Juan은 언제나 죽음을 당신의 왼쪽 어깨 너머에 두라고 말한다. 삶과 죽음이 항상 여기에 있음을 깨닫고, 매 순간을 있는 그대로 살라고 한다. 돈 후앙에 따르면, 죽음은 우리가 가진 유일한 지혜의 조언자이다. 생명은 소중하다는 것을 기억하라. 소중하다는 것은 그것이 영원히 지속되어야 한다는 것을 의미하지 않는다. 한 순간이라도 그 현재 안에 있는 그것이 소중하다는 뜻이다. 순간에는 시간과 공간이 없지만, 거기에는 불멸이 있다. "침묵하면서 가슴의 고요한 부름에 귀를 기울여야 합니다. 그리고 무슨 일이든 일어날 수 있다는 것을 아십시오."[6]

우리는 변화에 저항한다. 우리는 미지의 것을 두려워한다. 그러나 파도, 구름, 그리고 우리 자신 등 모든 것이 항상 변하고 있다. 우리가 그 순간 속에서 조용하고 고요할 수 있다면, 우리는 변화를 목격하고 그것이 불가피하다는 것을 받아들일 수 있다. 우리는 모든 것을 내려놓고, 변화하는 그것과 친구가 되는 법을 배울 수 있다. 그렇다고 해서 고통을 덜기 위해 아무것도 하지 말라는 뜻은 아니다. 우리는 우리 자신이나 다른 사람의 암을 치유하기 위해 할 수 있는 모든 일을 다 하면서, 암이 거기에 있다는 사실을 부인하려고 하지도 않고 분노하지 않을 수도 있는 것이다. 우리는 그것을 인정하고, 우리가 가진 선택사항들을 살펴본 다음, 사랑의 방식으로 할 수 있는 바를 다할 수 있다.

★

고난이 은총이 될 때

그날 늦게, 점심 식사 후, 우리는 다시 만난다. 내가 부정성의 마음을 품고 있는 건 아닌지 헤아려보느라 조금은 지쳤지만, 람 다스는 20년 전에 뇌졸중으로 쓰러졌던 사람치고는 대단한 에너지를 지니고 있다. (의사들은 과다출혈로 그가 생존할 확률이 10퍼센트에 불과하다고 생각했다. 세 곳의 병원에서 수백 시간의 재활치료를 받은 후에야 그는 휠체어를 타고 집으로 돌아올 수 있었다.)

우리는 자리를 잡고 앉는다. 그가 담요를 정리하고, 편안하게 자세를 취한다. 밖에는 야자나무 잎이 오후의 햇살을 반사하고 있다. 우리는 갈 길이 멀지만, 급하다고 여기지는 않는다. 우리는 지금 여기에 있다.

나는 람 다스에게, 우리가 이 책을 쓰기로 한 이후로 죽음에 대한 두려움이 줄어든 것 같다고 말한다. "내 말은, 예전에는 두려움이 많았다는 뜻이 아닙니다. 물론 약간은 있었습니다. 그러나 나는,

고통은 나를 더 두렵게 만든 것이 아니라,
나를 더 '현재의 진실에 더 밀착된 사람'으로 만들어 주었습니다.

죽음과 함께 더 많이 앉아 있고, 그것에 대해 더 많이 읽고, 더 많이 수행을 할수록, 죽음을 더 많이 받아들이게 된다는 것을 알아차렸습니다. 가끔은 잠에 빠져들면서, 내가 죽어가고 있다고 상상하고, 부드럽게 놓아주는 연습을 했습니다. 죽음에 더 가까이 다가가도록 나 자신을 허용하면서 많은 것들이 달라진 것 같습니다."

그러고는 그에게 묻는다. "당신으로 하여금 두려움을 내려놓을 수 있도록 해준 일이 그밖에 또 있습니까?" 나는 내가 이미 답을 알고 있다고 가정하지 않고, 진정으로 열린 마음으로 질문을 하려고 애쓰고 있는 중이다.

람 다스는 오랫동안 침묵을 지킨다. 그동안 해왔던 많은 대답이 아닌, 지금 이 순간 자신이 생각하는 대답을 하려고 한다는 것이 느껴진다. "뇌졸중은 정말 저를 거의 죽음에 이르게 했습니다. 나는 그것을 보았고, 살아남았습니다. 그 고통은 두려움의 주머니들 중 몇 개를 깨끗이 비워 주었습니다. 고통은 나를 더 두렵게 만든 것이 아니라 나를 더 '현재의 진실에 더 밀착된 사람'으로 만들어 주었습니다. 그 후로 나는 마하라지와 더 가까워졌습니다. 영혼 대 영혼으로. 나는 이제, 영혼으로서의 우리는 변하지 않고 아름답고 완전히 깨어 있으며, 무슨 일이 있어도 계속 존재한다는 것을 압니다."

나는 그 이상 무엇을 더 질문할 거리가 있을까, 하고 생각한다.

람 다스가 말을 이어간다. "마하라지가 아직 살아 계셨을 때, K. K. 샤Shah와 나는 어느 날 밤 카인치 Kainchi에 있는 그의 사원에 간 적이 있습니다. 마하라지는 나를 가리켜 보이며 K. K.에게 '저 사람을 위해 내가 해줄 일이 있다'라고 말했습니다. 나는 그 일이 과연 무엇일지 오랫동안 궁금해했습니다. 뇌졸중 후 내가 바닥을 쳤을 때, K. K.는 나를 위해 무언가 해줄 일이 있다고 하셨던 마하라지의 약속을 상기시켜 주었고, 나는 그 무언가의 일이 뇌졸중인 것이 틀림없다고 생각했습니다. 뇌졸중은 그분이 나에게 준 선물이요 축복이었습니다. 내 생각이 그랬어요.

나는 그렇다고 생각했지만, 그 이후로 싯디 마Siddhi Ma [마하라지는 자신의 사트상을 그녀에게 주관하도록 맡겼지요.]는 다큐멘터리 영화 「사나운 은총Fierce Grace」을 보았는데, 거기에는 내가 뇌졸중이 마하라지의 축복이라고 말하는 장면이 나옵니다. 그것을 보면서 싯디 마는 말했다고 합니다. '람 다스는 부끄러워해야 해! 마하라지가 그에게 뇌졸중 따위를 선물로 주다니! 그럴 수가 있겠어? 뇌졸중은 자연스러운 거야. 뇌졸중과 함께 살면서 거기에서 배울 것을 배우게 된 은총이 마하라지의 선물이겠지.' 그 말씀을 전해 듣고서야 제정신으로 돌아왔지요.

한 번은 내가 마하라지와 함께 있을 때의 일입니다. 한 신도가 다가와서 울면서 '내 인생은 왜 이렇게 고통뿐인가요?'라고 말했습니다. 그러자 마하라지가 말했어요. '나는 고통을 사랑합니다. 그것은 나를 신께 더 가까이 데려다줍니다.' 우리는 조용히 거기에 서서, 어떻게 고통이 당신을 신께 더 가까이 데려다준단 말인가 하고 의아해했습니다. 하지만 어떻든 거기에 대한 직접적인 대답은 듣지 못했지만, 그 생각만으로도 나에게 큰 도움이 되었습니다.

뇌졸중—고통과 분노—은 영적인 치유를 위해, 나로 하여금 두려움을 끊고 신께 더 가까이 가도록 하기 위해, 거기 있었습니다. 나는 그것을 받아들이는 법을 배워야 했지요. 치유는 과거 상태로 돌아가기 위한 것이 아닙니다. 치유는 아프면 아픈 대로 살아가는 법을 배우는 것입니다. 지금은 나의 외부 생활이 근본적으로 바뀌었지만, 나는 나 자신을 뇌졸중의 희생자로 보지 않습니다. 나는 나 자신을 한 영혼으로 보지요. 나는 나의 에고가 아닙니다. 나는 한 영혼입니다. C. S. 루이스가 말했듯이, '나는 한 영혼을 가지고 있는 것이 아니라, 내가 한 영혼입니다. 내가 가지고 있는 것은 몸이지요.' 그리고 뇌졸중을 겪고 나니, 노화의 다른 부분은 전혀 나빠 보이지 않습니다. 난 두렵지 않아요. 고난은 은총입니다."

람 다스에게 있어서, 삶이란 발견의 과정이요, 덧없는 춤이요, 존재하는 유일한 춤이다. 우리는 오랜 세월 우정으로 지내왔는데, 떨어져 있다가 다시 만날 때면 늘 그동안의 변화를 함께 공유하곤 했다. 특히 우리 중 누군가가 새로운 수행이나 스승, 또는 신성한 장소를 탐색하고 경험했다면, 거기에서 배운 것과 그것이 우리가 진리라고 생각했던 것을 어떻게 바꾸었는지에 대한 메모를 비교해 보곤 했다. 버마에서 우 판디타U Pandita와 함께 있을 때는 어땠나요? 그가 정말로 당신에게 '당신은 잠이 들 때, 숨의 어느 부분에서 잠이 드는가요? 숨을 들이쉬면서 잠이 드는가요, 숨을 내쉬면서 잠이 드는가요?'라고 묻던가요? 알프스에서 3주 동안 금식을 할 때는 어땠나요? 출산할 때는 어떻던가요?

1997년, 『지금 여기에 살라』의 마지막 장을 쓰는 동안, 람 다스는 뇌졸중으로 쓰러졌다. 그리고 그것은 그의 인생을 바꾸었다.

몇 주 후 캘리포니아 발레이오의 카이저 재단 재활 센터에 있는 그를 방문했을 때, 그는 한쪽이 마비된 창백한 몸으로 병원 침대에 누워 마하라지의 사진과 하누만의 바틱 벽걸이를 바라보고 있었다. 하누만은 힌두교에서 바람의 신이자 숨의 정령인 바유Vayu의 아들이다. 긴 침묵이 흐른 후, 그는 무언가 말을 하려는 듯 손을 움직이더니, 마비된 옆구리를 가리키며 내가 듣고 싶어 할 무슨 말인가를 표현하려고 애쓰며 나를 바라보았다. 그 삭막한 방에서 눈물을 흘리면서도, 나는 모든 것이 매우 친숙하게 느껴졌다. 그런 다음, 그는 아주 천천히 자신의 팔 아래로 손가락을 움직거렸다.

"배우고 있어." 하고 그가 말했다. 긴 침묵이 이어지고, "배우고…, 인내하고, 인내…." 그런 다음 그는 눈을 감았다.

불교도들은 인내를 분노의 해독제라고 말한다. 람 다스는 뇌졸중에서 회복하는 과정에, 인내를 반복해서 학습해야 했다.

영혼은 죽지 않는다

마우이에 있는 자신의 방으로 돌아온 람 다스는, 실어증으로 인해 한 단어를 찾기 위해 큰 인내심을 갖고 애쓰기도 하지만, 꽤나 자유롭게 말할 수 있다. 그가 말한다. "두려움에 대해 좀 더 이야기합시다."

"그래요."

"당신이 자기 자신을 영혼으로서 바라보고 살게 되면, 죽음을 두려워하지 않게 됩니다. 영혼은 죽지 않기 때문이지요. 나는 지금 나를 영혼으로 보고 있어요. 나는 두렵지 않습니다."

"하지만 우리들 대부분은 두려워하지요." 내가 말한다. "오늘 아침 집에 전화를 걸어 E. J. 에게 불쑥 '당신은 무엇이 제일 두려워?'라고 물었습니다. 그는 '모르겠어.'라고 대답했어요. '글쎄, 생각해 봐.' '나는 그것에 대해 생각하고 싶지 않아. 왜 그런 것을 생각해야 해? 그런 생각만 해도 두려워지지 않겠어?' 그러고는 '난 그게 문제야, 안 그래?'라고 말했습니다."

람 다스와 나는 함께 웃는다.

람 다스가 말한다. "죽음은 덮개 아래에 감추어져 있어요. 우리는 그 덮개를 마하라지의 담요로 교체해야 합니다. 아무것도 두려워하지 말아라." 마하라지는 황동 물 주전자와 격자무늬 양모 담요 외에는 아무것도 가지고 있지 않은 것으로 유명했다.

언젠가, 람 다스는 두려움과 영혼에 대해서도 이야기를 한 적이 있다. 그는 이렇게 말했다.

우리는 우리의 정체성, 우리의 개성, 지식인으로서의 자아를 잃어버릴까 봐 두려워합니다. 물질 살림의 모든 것을 다 내려놓으면, 영혼을 알게 됩니다. 영혼을 안다는 것은 비의적인 어떤 것이나 알 수 없는 미지의 것에 접근하는 일이 아닙니다. 그것은 우리 자신의 분리감을 내려놓고, 전통적인 방식의 앎에 대한 필요성을 방면하는 일입니다.

영혼은 우리에게 두려움의 뿌리가 분리감에 있다고 가르칩니다. 자유롭고 싶다면, 분리감을 극복해야 합니다. 하지만 우리 모두는 대개 각자의 방에 갇혀 아우성치면서 살아가는 것 같습니다. 각자의 방에서 나가려고 하는 노력조차 그 방을 실재하는 것처럼 착각하는 것입니다. 나는 누구입니까? 마음이 지어낸 방입니다. 하지만 우리 모두는 아무런 두려움도 없고 방도 없는 시간을 때로 경험합니다. 자신을 잊어버리고 필요로 하는 일만을 행할 때, 에고에게는 위기가 찾아옵니다. 서퍼들에게는 물의 가공할 만한 힘과 균형을 이루는 순간이 에고의 위기입니다. 스키어에게는 균형이 완벽하게 이루어져 활강할 때입니다. 그러나 우리는 그런 상태를 무시하거나 그냥 지나쳐 버립니다. 우리는 각자 자신만의 방식으로 그 방에서 나오고 또 나옵니다. 그러고는 돌아서서, 자신이 밖에 있다는 것을 깨닫고는 패닉 상태에 빠집니다. 우리는 각자 자신의 방으로 돌아가서 문을 닫고, 헐떡입니다. 이제 나는 내가 어디에 있는지 알고 있다고 생각합니다. 나는 집으로 돌아왔습니다. 홀로, 안전한 집으로. 방이 아무리 누추하고 지저분해도 괜찮습니다.

삶의 기본 바탕 다시 쓰기

나는 람 다스에게 그런 칸막이 방이 불필요해지게 되는 때가 언제인지, 물어볼 생각을 하고 있다. 그는 "LSD."라고 말한다.

물론! 당연히 그럴 것이다!

"나는 사이키델릭(주로 환각제를 복용한 뒤에 생기는 심리적 황홀 상태: 역자)을 통해 죽음을 몇 번이나 경험해 보았지요. 그 시간들이 나에게 인생의 기본 바탕을 다시 쓰게 해주었어요."

예전에 들은 적이 있긴 하지만, 나는 람 다스가 경험한 것들에 대한 이야기를 듣고 싶어진다. 그는 사실, 사이키델릭 세계의 가장 위대한, 살아있는 탐험가 중 한 사람이라 할 수 있다. 미국 정부는 여러 해 동안 환각제를 아주 위험한 것으로 여겨왔지만, 존스 홉킨스 대학교, 뉴욕 대학교, 샌프란시스코의 캘리포니아 대학교 연구원들은 통제된 환경에서 사이키델릭을 이용하여 사람들이 두려움을 떨쳐버리고 죽음에 직면하도록 돕는 방법을 탐구하고 있다. 사이키델릭은 또한 사람들이 중독에서 회복하고 외상 후 스트레스를 극복하여 더 나은 삶을 살도록 돕는 데 사용되고 있다.

존 홉킨스의 실로시빈(psilocybin, 200종 이상의 버섯에 의해 생성되는 자연 발생의 환각 화합물: 역자 세션에 참여한 한 참가자는 "태초 이래로 만물이 하나로 연결되어 있다는 것을 깨달을 때와 마찬가지로, 그것은 죽음에 대한 두려움을 사라지게 해주는 것 같아요."라고 말했다.[7]

존 홉킨스의 이 프로그램 보조 안내자는 다음과 같이 말했다. "죽음 앞에서 우리가 집착하고 놓지 못하는 것은 이 에고이지요. 우리의 모든 기억들과 관계들을 놓지 못합니다. 실로시빈을 경험한 상태에서는, 이 모든 연결이 느슨해집니다. 실로시빈 여정을 통과하는 사람은 집착을 덜 갖게 되고, 죽음을 덜 두려워합니다."[8]

내가 말한다. "환각제를 복용한 상태에 대해서 말씀해 주셨으면 합니다."

"첫 경험은 뉴턴Newton에 있는 티모시 리어리Timothy Leary의 집에서였지요. 산도스Sandoz의 실로시빈을 복용했지요. 복용하고 나서 몇 시간 후 나는 팀(티모시)과 알렌 긴스버그Allen Ginsberg를 부엌에 남겨두고 거실로 갔습니다. 어둠 속에서 나는 2~3미터 정도 떨어진 곳에 한 사람이 서 있는 것을 보았지요. 조금 전까지만 해도 아무도 없었습니다. 나는 그것을 보았고, 그것은 모자를 쓰고 후드가 달린 가운을 입은 교수였습니다. 마치 나의 교수 부분이 나와 분리되어 거기에 서 있는 것 같았어요. 글쎄요, 저는 교수 자리를 얻기 위해 열심히 노력했지만, 그럴 필요가 없었다는 생각이 들었습니다. 그런 다음, 모습이 바뀌었습니다. 그것은 사교적이고 세련된 나의 일부로 바뀌어 있었습니다. '좋아, 그것도 보내버려.' 하고 나는 생각했습니다.

그 모습은 계속 바뀌었고, 나라고 생각했던 파일럿, 첼리스트, 연인의 모습이 모두 보였습니다. …나는 각 부분들이 필요하지 않다고 계속해서 나 자신을 안심시켰습니다.

그러자 그 인물은 나의 기본적인 정체성인 리처드 앨퍼트Richard Alpert가 되었습니다. 나는 그것이 없이도 살 수 있을지 확신할 수가 없었습니다. '어떻게 해야 하지? 팀에게 전화를 해야 하나?' 하지만 문득 이런 생각이 들었습니다. '대체 뭐야? 나는 리처드 앨버트인 것을 포기할 거야. 새로운 정체성을 얻게 되겠지. 나는 적어도 내 몸을 가지고 있잖아?' 그런데 아래를 내려다보니 내 몸이 점점 사라지고 있었습니다. '안 돼! 나는 지금 죽어가고 있음에 틀림없어. 나에게는 내 몸이 필요해!' 공포가 엄습했습니다. 그런데 친밀한 목소리가 아주 조용히 물었습니다. '하지만 그런다고 누가 신경이나 쓴대?' 나는 내가 나 자신이라고 알고 있는 모든 것이 사라졌음에도 불구하고, 여전히 의식이 완전히 작동하고 있음을 깨달았습니다. 깨어 있는 이 의식이 드라마 전체를 지켜보고 있었습니다. 의식은 현명했습니다. 그것은 진실을 말했습니다. 나는 그것과 하나였습니다. 이것을 깨달았을 때, 나는 전에는 경험하지 못한 심오한 평온함을 느꼈습니다. 진짜 나는 삶과 죽음 너머에 있었습니다. 내가 말할 수 있었던 것은, 나는 집에 왔고, 집에 있다는 것입니다. 여기, 집에 와 있다는 것입니다."

"놀라워요. 축복이에요." 더 많은 이야기가 있다는 것을 알기에, 나는 "더 말씀해 주세요." 하고 졸랐습니다.

"1962년, 팀 리어리와 나는 멕시코의 지후아타네호Zihuatanejo에 있는 카탈리나 호텔에 묵고 있었습니다. 그곳에서 우리는 팀이 '사이키델릭 여름 캠프와 유토피아 엿보기'라고 부르는 것을 만들었지요. '철학적 탐구와 개인의 성장을 위한 전통 기술의 현대적 버전을 발전시키는 개척자들'이라는 6주간의 커뮤니티 과정이었습니다.[9] 브로셔에는 '태양 아래에 감추어진 낭만적 보물'이라고 이름 붙여져 있었습니다. 팀은 그것을 '최후의 리조트 호텔 니르바나'라고 불렀지요.

"어느 날 밤, 나는 바다에서 수영을 하고 있었어요. 약간의 LSD를 복용한 상태였지요. 내 마음은 맑아졌고, 밤은 장관이었습니다. 그러나 나는 물에 반사된 빛 때문에 방향 감각을 잃기 시작했고, 안전관리요원은 눈에 띄지 않았습니다. 우리에게는 항상 안전관리요원이 있었습니다. 우리가 환각에 빠졌을 때 우리를 지켜줄 지상 감시원이었지요. 나는 그가 나를 잊어버렸다고 느꼈습니다. 큰 파도가 거칠어 보이기 시작했고, 나는 그 파도 안에 있었으며, 모든 힘이 작동하고 있음을 느낄 수 있었습니다. 파도에 휩쓸려 끌려 내려가면 어느 쪽이 위인지 모르기 때문에 다시 떠오르지 못할 수도 있다는 것을 알았습니다. 내가 과연 여기에서 빠져 나올 수 있을지 확신이 서지 않았습니다. 익사할지도 모른다고 생각했지요. 하지만 내가 죽을지도 모른다고 생각했을 때, 내가 생각할 수 있었던 것은 내 죽음의 사회적 파장뿐이었습니다. 가까운 친구들이 모여들어 슬퍼했지만, 시간이 흐르고 나자 나에 대한 기억은 서서히 희미해져 갔습니다. 나는 어린 소녀가 어머니에게 '리처드 앨퍼트가 누구였지?'라고 묻는 장면을 보았습니다. 소녀의 어머니는 전혀 몰랐겠지요. 나는 내가 어떻게 될 것인지에 대해서는 아무 생각도 하지 않은 채, 내가 없어지면 다른 사람들이 어찌 생각할 것인지에 대해서만 몰두하고 있었습니다. 하지만 아무것도 하지 않았는데도, 상황이 바뀌기 시작했습니다. 나는 불안을 떨쳐버리고, 나의 죽음을 '자연이 조화와 균형을 위해 변화되는 것'으로만 받아들이고 있었습니다. 한 그루 나무가 쓰러지는 것처럼. 나는 단지 바다의 일부였을 뿐입니다. 에너지의 변형이 이루어진 것뿐이었습니다. 나는 내가 죽어가고 있다고 생각했지만, 다 괜찮았습니다."

"환각 여행이 끝났을 때는 무슨 생각을 했는지요?" 내가 묻는다.

"나는 영혼이 내 몸 안에 있는 것이 아니라는 것을 배웠습니다. 내 몸이 죽어도 의식은 계속된다는 것을 알았지요."

마하라지가 세상을 떠난 후, 람 다스는 LSD로 인한 죽음과는 또 다른 죽음을 맞이했다. 람 다스는 캔자스주 살리나에 있는 미드아메리카 호텔에서 있었던 기이한 경험에 대해 들려주었다. 콜로라도주 볼더에 있는 나로파 연구소(Naropa Institute, 현 나로파 대학교에서 지낸 첫 번째 여름의 일이었다. 거기에서 그는 초감 트룽파 린포체Chögyam Trungpa Rinpoche의 새로운 교육 사업을 지원하기 위해 강의를 했다.

> 나는 약간의 LSD를 가지고 있었는데, 마하라지는 내가 조용한 장소에 혼자 있으면서 평화를 느끼고 내 마음이 신을 향해 있다면 '그 약'을 먹어도 괜찮다고 말했습니다. 그런데 그 모든 조건이 미드아메리카 호텔에 있었지요. 그래서 나는, 나중에 내가 나 자신을 만났을 때 스스로에게 묻고 싶은 질문들을 적어 놓고, 텔레비전 위로 마하라지의 사진을 테이프로 붙여 놓았어요. 향과 양초로 아름답게 꾸며놓고, 옷도 훌훌 다 벗고 나니 개운해지고 따뜻해졌어요. 그런 다음 약을 먹었습니다.

글쎄, 그것은 생각보다 강했습니다. 성냥 꼬투리만큼만 복용하라고 되어 있었지만, 나는 아주 굵은 성냥을 사용했습니다. 어쨌든 복용 규칙을 지킨 것은 지킨 것이지요. 나는 그런 과학자입니다! 어느 순간, 나는 무슨 일이 일어나고 있든 너무 과했다는 것을 깨달았습니다. 나는 내가 죽게 될 거라고 생각했습니다. 나는 서둘러 문으로 달려가 매니저를 불러서 나를 병원으로 데려다 달라고 해야 했습니다. 문 위로 손을 올려놓았을 때, 나는 그 시나리오가 펼쳐지는 것을 보았습니다. 벌거벗은 대머리 아저씨가 125호실에서 뛰쳐나와 '오 신이시여! 오 신이시여!' 하고 외쳐대는 꼴이라니! 내가 죽을 수 있는 모든 방법 중 아무래도 이것은 바람직하지 않다는 결정을 내렸습니다.

그래서 나는 방으로 돌아왔습니다. 죽지 않을 방법을 필사적으로 찾았지만, 생각할 수 있는 모든 방법이 다 죽음으로 끝났습니다. 공포가 엄습해 왔습니다. 나는 결국 마하라지의 모습을 보고 그에게 말했습니다. '출구가 없어요. 연장하고 싶지는 않습니다. 나는 죽고 싶습니다. 제발 지금 죽게 해주세요.' 그리고 나는 죽으려고 누웠습니다. 나는 내 생각이 점점 더 느려지는 것을 보았고, 한 생각 한 생각이 일어났다가 머물다가 사라지는 것을 보았습니다. 생각 사이의 빈 공간을 보았고, 그 공간으로 들어갔습니다. 그리고 그 다음 생각은 이랬습니다. '자, 이제 다음 번에는, 내가 원하는 것이 무엇이든 나는 그것이 될 수 있어. 죽게 될 유일한 것은 내가 누구인지에 대한 내 생각뿐이기 때문이지.' 그리고 여행이 끝났습니다.

그 후로도 나는 마하라지와 함께 있으면서, 명상하는 법을 배우고, 라마크리슈나와 다른 사람들의 위대한 가르침을 읽어 왔습니다. 이제 나는 죽음이 적이 아니라는 것을 잘 압니다. 내 안에서는 평온감과 현존의 느낌이 자라나고 있습니다.

두려움의 해독제는 사랑

내가 묻는다. "내가 아직 나를 영혼과 완전히 동일시하지 않고 그래서 두려움이 자연스럽게 없어진 상태가 아니라면, 분리된 느낌을 어떻게 멈출 수 있을까요?"

"우리는 자비와 사랑을 실천함으로써 분리되어 있다는 우리의 생각과 느낌을 변화시키고 상호 연결의 경험을 초대할 수 있습니다. 우리가 사랑 속에 살수록, 우리는 우리가 보는 모든 곳에서 사랑을 더 많이 보게 됩니다. 분리도 없고, 두려움도 없습니다. 우리는 펼쳐지는 모든 것을 신뢰할 수 있습니다. 그것을 잊지 마십시오. 고요한 마음으로 사랑의 흐름 속으로 들어가, 모든 것을 자신의 부분으로 보십시오. 이것이 진정한 자유입니다."

"그렇군요." 나는 그 말들을 잠시 동안이나마 온 존재로 흡수하고 싶어진다.

잠시 후, 람 다스가 말을 이어간다. "마하라지는 모든 것이 완벽하다고 말했습니다. 고통 속에서도, 죽어가는 가운데에서도, 우리가 안식할 수 있는 곳이 있다는 뜻일 것입니다. 저는 그렇게 받아들입니다. 모든 것이 두려움이 아닌 사랑 안에서 정확히 펼쳐지고 있다는 믿음으로 말입니다. 나는 마하라지에 대한 깊은 믿음이 있고, 당신도 그러합니다. 우리는 또한 영혼 안에서 안식할 때, 우리 자신에 대한 믿음을 가질 수 있습니다. 우리는 가장 깊은 진실이 있는 곳인 의식과 사랑에 대한 우리의 능력을 믿을 수 있습니다. 우리 안에 있는 그 능력은 개인적인 것이 아니라 보편적인 것입니다. 우리 모두는 그것을 공유합니다. 우리는 그러한 진리가 우리를, 삶을 통하여 죽음으로 인도해 줄 것이라고 믿을 수 있습니다.

마하라지의 가르침은 사랑입니다. 우리가 마음을 열수록, 우리는 사랑을 더 많이 받습니다. 그 사랑은 당신이 어디에 있든 당신과 함께 있습니다. 당신이 죽어가고 있을 때에도 마찬가지입니다. 사랑은 시작이요, 중간이요, 끝입니다. 사랑은 '하나'로 가는 입구입니다. 그리고 사랑은 모든 사람이 사용할 수 있습니다. 프랭크 오스타세스키Frank Ostaseski가 나에게 말했듯이, '사랑은 출입이 제한된 커뮤니티가 아닙니다. 모든 사람이 들어올 수 있습니다.'"

이제는 분명해진 것 같다. 그가 가리켜 보인 것은 감정으로서의 사랑 이야기가 아니라 존재 방식으로서의 사랑에 관한 이야기인 것이다. 두려움에 대한 해독제. 그것은 항상 사용할 수 있으며, 아무런 제한이 없다. 우리 친구 밥 샤피로Bob Shapiro는 최근 어느 수련회에서 통찰을 얻었다고 한다. 그는

나에게 말했다. "사랑은 바이러스다. 사랑은 전염된다." 사랑은 공중 보건의 문제인 것이다.

람 다스는 말한다. "우리 모두는 사랑할 능력이 있습니다. 우리는 생활 속의 수행을 통해 사랑으로 성장해 갈 수 있습니다. 지금 여기에 있고, 집착을 내려놓는 법을 배우고, 자비와 자애를 기르고, 자기를 죽이고 사랑의 의식으로 들어가는 연습을 반복, 반복해서 하는 겁니다. 친절과 사랑의 수행을 한다고 해서 '행위'에 초점을 맞출 필요는 없습니다. 늘 깨어 있는 사랑의 의식 안에 머물면서 '행함이 없이' 행해야 합니다. 사랑은 행위의 방식이 아니라 존재의 방식입니다. '존재의 방식'이니, 어려울 것이 없습니다. 사랑 안에 있는 것. 사랑의 현존.

에고에서 영혼으로 자기 정체성을 바꾸면, 사람들을 볼 때마다 사람들 모두가 나에게 영혼으로 나타나게 됩니다. 내가 '나의 뇌'라는 생각에서 '영적인 가슴'으로 정체성이 바뀌면, 직관의 사람이 되고, 사랑의 의식 자체가 됩니다. 그것은 세속적인 외적 동일시에서 영적 내적 동일시로의 변화입니다."

"'사랑의 의식'으로서 사는 법을 어떻게 연습하시는지요?" 내가 묻는다.

"누구나 언제든지 연습할 수 있습니다. 가슴 한가운데에 있는 영적 가슴에 집중하십시오. 가슴으로 숨을 들이쉬고 내쉽니다. 다음과 같이 반복하세요. '나는 깨어 있는 사랑의 의식입니다. 나는 깨어 있는 사랑의 의식입니다. 나는 깨어 있는 사랑의 의식입니다.' 당신과 내가 이 자각 속에서 함께 쉴 때, 우리는 사랑의 대양에서 함께 헤엄치는 것입니다. 항상 여기에 있다는 것을 기억하십시오. 고요한 마음으로 사랑의 흐름 속으로 들어가십시오.

나는 사랑으로 현존하는 것이 죽음을 위한 최선의 대비라는 것을 깨달았습니다. 갈 곳도 없고, 두려워할 것도 없고, 그저 깨어 있는 사랑의 의식 자체. 내 주변의 모든 것은 시시각각 변하지만, 그것은 변하지 않습니다. 바로 지금 여기에 있기, 왜냐하면 불멸은 그 순간 안에, 지금, 그리고 죽음의 순간에도 있기 때문입니다."

이제 저녁을 먹을 시간이다. 사랑하는 무언가를 함께 나누는 시간.

★

죽음을 당신의 어깨 너머에

다음날, 우리는 그의 방에 함께 있다. 밖에서는 일꾼들이 도랑을 청소하고 있다. 그들은 그것을 '도랑 치우기 요가'라고 부른다.

람 다스는 곧바로 우리의 주제로 뛰어든다. 우리는 죽음을 왼쪽 어깨 너머에 두는 것, 두려움과 부정성을 내려놓는 일, 죽음에 익숙해지는 방법에 대해 더 많이 이야기하기로 입을 모은다. 나는 그에게 암으로 거의 죽을 뻔했던, 내가 아는 배관공에 대해 이야기한다. 그는 누군가에게 헤어지는 인사를 할 때마다, 자신이 죽어가고 있다고 생각했을 때 그랬던 것처럼, 그것이 마치 마지막 인사인 듯이 사랑을 가득 담아 하고 있다고 상상한다.

"멋지군요."라고 람 다스가 말한다. "사형수들이 갇혀 있는 교도소에 간 적이 있어요."

람 다스가 그 이야기를 들려준다. 그는 교도소 교목이자 우리의 친구인 얼 스미스Earl Smith가 '미국에서 가장 위협적이고 무서운 감옥'이라고 불렀던 샌퀜틴San Quentin에 초대되었다. 샌퀜틴에는 화이트컬러 및 블루컬러 범죄자, 강간범, 아동 성폭행범, 살인자, 연쇄 살인범 등이 수감된다. 1852년에 지어진 이 교도소는 샌프란시스코 금문교에서 북쪽으로 19km 떨어진 마린 카운티에 위치한다.

람 다스가 그 감옥의 철문을 통과해 들어갔다는 것은, 그가 죽음의 행렬 속으로 들어갔다는 뜻이다. 그곳에는 60일에서 90일 이내에 죽게 될 남자 사형수들이 대부분이었다. 그들은 암울하고 우중충해 보이는 존재들이었다. 람 다스는 새장 같은 감방으로 올라가서 각 방의 '배식구를 통해' 수감자들과 악수를 했다. 35명 중에 5명을 제외한 모든 남자들이 '열린 마음으로, 분명하게, 조용히, 의식적으로' 그를 맞아 주었다. 그는 수도원을 방문하고 있는 것 같은 느낌이 들었고, 그들은 감방에 있는 수도사들 같았다. 이 사람들은 죽음을 마주하고 있었다. 그들은 '자신들의 멜로드라마에서 완전히 단절되어, 바로 여기에 있었다.'

명상을 인도하고, 우주의 모든 존재에게 사랑과 평화를 보낸 후, 람 다스는 너무 감동을 받은 나머지 떠나기가 어려웠다. '그들의 눈에서 빛이 쏟아져 나오고 있는' 것 같았다.

죽음과 슬픔에 관해 선구적인 연구를 한 정신과의사 엘리자베스 퀴블러-로스Elisabeth Kübler-Ross는 나중에 그에게 이렇게 말했다. "람 다스, 우리는 모두 죽음의 행렬 속에 서 있는 거예요." 우리는 그것을 기억하기만 하면 된다. 그럼으로써 우리는 자신이 죽어가고 있지 않은 척할 수가 없고, 그럼으로써 우리에게 주어진 시간을 더 진지하게 활용할 수 있는 것이다.

어떻게 해야 우리는 죽어가고 있지 않은 척하지 않을 수 있을까?

내가 람 다스에게 말한다. "오웬이 두세 살이었을 때, 그애를 스태튼 아일랜드에 있는 자크 마르쉐 티베트 예술 박물관Jacques Marchais Tibetan Art Museum에 데려간 적이 있습니다. 맨해튼으로 돌아가는 페리호에서 그애에게 그곳이 어땠는지 물었어요. 그 순진한 작은 얼굴이 우리를 바라보더니 이렇게 말했어요. '부처님은 척하지 않아요.'"

어떻게 해야 우리는 붓다처럼 될 수 있을까?

마우이의 품에 안겨

그날 오후, 레이오후 라이더Lei'ohu Ryder가 들렀다. 람 다스가 쉬는 동안이어서 그녀와 나는 밖에 나와 앉아서 마우이에 대해 이야기를 나눈다. 하와이 원주민인 레이오후는 영적 지도자이자 비전가, 치유자, 싱어송라이터, 교육자이다. 그녀는 람 다스의 수련회가 열릴 때마다 파트너인 메이딘 이아오Maydeen 'Iao와 함께 개회식과 폐회식을 인도한다. 나는 람 다스와 내가 '삶의 앞과 뒤에 자리잡고 있는' 죽음에 대한 글을 쓰고 있으며, 치유의 섬 마우이에서 갖고 있는 우리의 대화를 위해 그녀가 도움을 준다면 영광스럽겠다고 말한다.

나는 람 다스가 이곳으로 이사하기 전까지는, 하와이의 다른 섬들에는 가 보았지만 마우이에서 시간을 보낸 적은 없었다. 나에게는 오아후에서 태어나고 자란 친구들이 있었고, 폴리네시아 항해 협회의 네이노아 톰슨Nainoa Thompson은 빅아일랜드에서 가졌던 수련회에서 우리에게 항해를 위해 별을 보는 방법을 가르쳐 주었다. 나는 몰로카이에 묵을 당시, 케알로하 하우스에서 쿠푸나Kupuna 훌라와 로노Lono의 구식 음악을 즐겨 들었다. 하지만 마우이에 대해서는 잘 몰랐다.

레이오후는 정원이 내려다보이는 베란다의 의자에 앉는다. 그녀는 구릿빛 피부에 약간 곱슬인 갈색 머리를 지녔다. "그는 마우이의 품에 안겨 있어요."라고 그녀가 말한다. "마우이가 그를 불렀습니다. 할레아칼라산에는 이 행성의 포탈이 있지요. 람 다스는 저의 선생님이자 장로인 마힐라니 포에포Mahilani Poepoe 아줌마가 임종을 맞은 바로 그 시각에 오셨습니다. 그 이후로, 마우이는 그에게 성지였습니다. 내가 그를 사원이자 빛의 세계로 가는 출입구인 쿠쿠이푸카 헤이오Kukuipuka Heiau에 데려갔을 때, 그는 울었습니다. 그는 자신이 마우이에 온 이유가 바로 그것 때문이라고 말했지요.

마우이는 영혼 대 영혼으로서 람 다스를 자신의 가족으로 끌어들였어요. 영혼에서 영혼으로 연

결된 것이지요. 모든 사람이 그와 함께하기 위해 이곳에 옵니다. 알로하(aloha: 사랑, 평화, 연민, 상호 연결)의 가르침이 그의 에너지와 빛 안에 스며들어 있습니다. 그 에너지는 어디로든 갈 수 있고 누구에게나 스며들 수 있습니다. 대지가 그를 먹여 주었고, 그래서 그는 다른 사람들을 먹일 수 있습니다."

내가 말한다. "우리는 마하라지가 모든 사람을 사랑하고 모든 사람을 섬기라고 하셨다는 것을 자주 이야기합니다. 하지만 그는 모든 사람을 사랑하고 모든 사람들을 다 '먹이라'고도 곧잘 말씀하셨지요."

레이오흐가 내 말을 받는다. "미라바이, 사랑을 주는 것은 영적인 양식을 먹이는 것이지요. 람 다스는 알로하의 뿌리와 연결되어 있습니다. 마우이는 그의 에너지를 강화시키고, 그래서 그는 어디에서나 사람들에게 다가갈 수 있고, 사람들은 사랑에 마음을 열게 됩니다. 여기에서 그는 바람을 느끼고 자연의 소리를 듣습니다. 그리고 그는 알로하의 바다에서 안전하게 존재할 수 있습니다."

"그는 매주 바다에서 수영을 합니다."

"나는 그에게 항상 바다를 내다보라고 했어요. 바다에 있는 가족들인 고래와 거북이, 물고기들은 그에게 끊임없이 말을 걸어옵니다."

내가 말한다. "마우이는 사람을 변화시켜 줍니다. 람 다스는 항상 사랑하고 있었지만, 이제 그는 사랑 자체입니다."

"마우이는 여성성을 지닌 영이어서, 우리들 내면의 남성과 여성을 통합하고 균형을 잡도록 도와줍니다. 여기서 별들은 이 세상 너머에 있는 것들과 통하는 문이기도 합니다. 그 문을 통하여 많은 소통이 이루어지고 있지요."

"그럼 이 집을 받치고 있는 대지는 어떻습니까?"

"여기에는 예로부터 원주민들이 사용했던 바다로 이어지는 길이 있었습니다. 신들을 모시는 사당이 있었고, 어부들이 이곳에서 낚시를 하곤 했지요. 조상들이 이 집을 에워싸고 그를 축복해 주고 있어요."

에고에서 영혼으로

다음날, 내가 람 다스의 방으로 걸어 들어갔을 때, 그는 의자에 등을 기대고 알로하의 바다를 바라보고 있다. 고양이 쿠시는 몸 전체를 쭈욱 쭉 펴면서 스트레칭을 하고 있다. 람 다스는 평안해 보인다. 그는 즉시 다음과 같이 말한다. "죽음이란 에고에서 영혼으로 이사가는 것입니다. 몸을 떠나 영혼이 되는 것이지요. 나는 '영혼'이라는 단어를 여러 방식으로 사용하고 있습니다. 그런데 당신은 '영적 자아'라고 하고, '영혼'이라는 말은 잘 쓰지 않지요."

"글쎄요, 가톨릭 신자들은 영혼을 믿지만, 그들 중 일부가 영혼이라는 말을 잘 쓰지 않지요. 나는 그들이 왜 그런지 알 것 같아요. 나는 가톨릭을 믿는 소녀였고, 유치원에서부터 조지타운 대학원에 이르기까지 가톨릭 학교를 다녔습니다. 우리는 볼티모어 교리문답을 공부했습니다. 거기에서 첫 번째 질문은 '하나님은 왜 나를 만드셨습니까?'였습니다. 그 대답은 이렇습니다. '하나님이 나로 하여금 하나님을 알게 하시고 사랑하게 하시고 이 세상에서 당신을 섬기도록 하기 위해, 다음 세상에서 당신과 함께 행복하게 살도록 하기 위해 나를 창조하셨습니다.'"

람 다스가 말한다. "와우, 와우! 알고, 사랑하고, 섬기십시오. 마하라지처럼. 아주 좋군요."

"그러나 다음 세상에서 그분과 함께 행복해지는 것은 쉽지 않을 것 같습니다. 우리 영혼은 죽을 때 순수해야 합니다. '영혼'에 대한 가톨릭의 공식적인 정의는 '인간 존재의 영적 섭리'라는 것입니다. 영혼은 몸과 함께 죽는 것이 아니라 마지막 부활 때 몸과 재결합하여 죄에 따라 천국이나 지옥에서 영원히 살게 됩니다.

저는 교리문답에 나오는 첫 번째 그림을 기억합니다. 세 개의 우유병이 그려져 있는데, 하나는 비어 있는데 어둡고(원죄), 다른 하나는 우유로 가득 차 있으며(세례 후 하나님의 은혜를 받음), 또 다른 하나는 흰 우유에 검은 얼룩이 있습니다(죄). 저는 항상 내 영혼을 우유병이라고 생각했고, 죄책감 때문에 검은 얼룩이 진 우유병이라고 느꼈습니다."

람 다스가 웃고 있다.

"당신이 영혼에 대해 이야기할 때 가톨릭 신자들이 쉽게 호응하지 않는 이유가 바로 이 때문일 것입니다." 내가 미소를 지으며 말한다. "하지만 불교인들은 어떤가요?"

"불교인들인 샤론 잘츠버그Sharon Salzberg와 조안 할리팍스Joan Halifax는 저를 힘들게 합니다. 그들은 '영혼'이라는 단어를 쓰려고 하지 않아요."

나는 샤론과 조안이 영혼에 관한 이야기를 하면서 람 다스를 짓궂게 괴롭히는 것을 보았다. 람 다스와 나는 여러 불교 스승들과 함께 공부했기 때문에, 불교에서는 모든 것이 무상하고 모든 것이 서로 연결되어 있으며, 우리의 모든 행위가 우리의 미래에 영향을 미친다고 말한다는 것을 잘 알고 있다.

내가 말한다. "불교인들은 모든 인간과 생명체의 핵심에 '영혼' 즉 '아트만'이라 불리는 영원하고 본질적이며 절대적인 어떤 것이 있다는 것을 믿지 않습니다. 그러나 그들은 우리가 본성으로서 불성佛性, 즉 '모든 선한 자질'을 가지고 있어서 언제든 깨어날 수 있다고 믿습니다."

"그게 바로 영혼인 것처럼 들립니다."

"글쎄요, 당신이 그런 식으로 생각하고, 당신 자신을 그것과 동일시하려고 한다면, 그렇겠지요. 그러나 불성은 태어남, 죽음, 시간, 공간뿐만 아니라 자아와 정체성에 대한 모든 개념이 텅 빈 상태라고 합니다. 실제로 그것은 산스크리트어로 '아나트만'이라고 불리는데, 무아無我를 뜻한다고 합니다. '영혼'에 대한 당신만의 정의를 말해 주시지 않겠어요?"

람 다스는 기침을 한다. "그래요." 그가 말한다. "좋아요. 나는 당신에게 이러한 개념을 말해주고 싶네요. 개별적인 인격체는 지바트만jivatman이고, 본질적인 영혼, 최고 영혼은 아트만atman입니다. 지바트만은 유한하고 조건지어진 반면, 아트만은 무한하고 영원하며 파괴할 수 없는 신성한 존재입니다. 아트만이 신, 구루, 자아를 포함한다는 것도 사실입니다. 영혼으로서의 나는 아트만의 일부이기도 하지만 개인이기도 합니다. 나는 내 영혼이지만 여전히 몸을 지닌 별개의 개체입니다. 이 3차원에서 궁극의 단계는, 내가 대양 속으로 뛰어들어 전체와 하나가 되는 것입니다. 삶의 끝에서 내 영혼은 아트만과 완전히 합쳐져 하나가 될 것입니다."

내가 말한다. "토머스 머튼이 말했듯이, 하늘나라에 관해서 한 가지 확실한 것은, 거기에서는 '나', '너' 하는 구분이 거의 없을 거라는 것입니다."

람 다스는 미소를 지으며 말을 이어간다. "영혼은 신으로부터 직접 오는 것으로, 나는 나 자신을 영혼과 동일시하고 있습니다. 나는 모든 것을 사랑하지만, 우주는 내 인식 안에서 나와 분리되어 있습니다. 하지만 그보다 높은 단계는, 개체성을 내려놓는 것입니다. 당신도 알다시피, 죽음이란 자신을 에고와 동일시하는 상태에서 영혼과 하나 되는 완전한 변형입니다. ('의사 선생님, 저를 살려주세요'라고 애원하는 것은 에고를 자신의 전부라고 여기는 상태에서만 생기는 일이지요.)"

람 다스는 누군가 다른 존재의 말을 듣고 있는 듯이 잠시 멈추더니, "와우!"라고 감탄한다. 그러고는 이렇게 덧붙인다. "영혼은 방금까지 살아왔던 삶에서 배움을 얻고서 계속해서 나아갑니다."

"윤회전생의 모든 과정이 끝났을 때에만 비로소 아트만과 합쳐지나요?" 내가 묻는다.

"글쎄요, 마하라지는 이번 생에서 아트만과 하나였습니다. 그리고 그는 한 영혼이기도 했습니다."

"우리는 그걸 어떻게 이해해야 하죠?" 내가 묻는다.

"마하라지의 영혼은 아트만과 합쳐졌지만, 육체 또한 가지고 있었습니다. 우리는 마하라지가 이번 생에 깨달은 것인지 그 이전에 깨달은 것인지 알 수 없습니다. 그는 싯다 요기 Siddha yogi 였습니다."

내가 말한다. "그는 소위 보살이라고 할 수 있지요. 보살이란, '모든 중생이 고통에서 벗어날 때까지 열반에 드는 것을 스스로 유예하는 깨달은 이'라고 할 수 있습니다. 그들은 그리스도와 붓다가 그와 같은 존재들로서, 이원성의 세상에 존재하면서도 만물과 하나인 상태에서 살아간다고 말합니다. 선형적이고 합리적인 사고방식에 길들여진 우리로서는 생각할 수가 없습니다. 우파니샤드는, 죽을 때 '영혼은 더 큰 의식 안으로 들어간다'고 말합니다."

"예, 예, 예…."

"그렇다고요? 영혼으로서 당신은 죽음 이후에 '하나'로 합쳐지지만, 당신의 카르마를 끝내고 더 이상 개별 영혼이 될 필요가 없어질 때까지는 여전히 개별 영혼입니다. 그렇게 마하라지처럼 모든 과정을 다 끝내고 나면, 당신은 두 세계를 모두 원활하게 유지할 수 있게 될 겁니다."

람 다스가 말한다. "그래요. 그런데 사람은 사이키델릭을 통해서도 '하나'의 의식으로 미끄러져 들어갈 수가 있어요."

"당신은 환각 상태에 빠져 있을 때면 우리에게 말하곤 했지요. '집 주소를 잊지 말아야 해. 안 그러면 그 산에서 떨어질 수도 있으니까.'"

람 다스가 다시 웃는다. "마하라지는 두 상태 모두를 동시에 수용할 수 있었고, '하나' 속에 있으면서도 지금 여기에 살면서 감자 가격 같은 것도 확실히 말할 수가 있었지요. 와우!" 람 다스는 진심으로 경이로움이 담긴 목소리로 말한다.

"어떤 이들은 스티브 잡스의 마지막 말이 '와우!'라는 감탄사였다고 하더군요." 내가 말한다.

"아, 맞아요!" 람 다스는 웃으며 자신의 허벅지를 몇 차례 때린다.

에고: '누군가'로 사는 일에 길들여지기

도랑은 이제 깨끗하게 치워져서, 외부에서 들리는 소리라고는 처마에 달아놓은 풍경소리와 보트끼리 서로 부딪히는 소리뿐이다. 죽음에 대한 본질적인 가르침은 육체와 에고는 죽지만 영혼은 죽지 않는다는 것이기 때문에, 우리는 영혼에 대해 더 명확하게 하는 것이 중요하다는 데에 동의한다.

"람 다스, 나는 당신이 영혼과 에고에 대해 강연한 자료를 찾았습니다. 내가 읽어 볼게요."

'나'라고 하는 것은 애초에 없습니다. 우리는 무한한 존재들입니다. 에고는 세계를 조직화시키는 마음의 구조로서, 특히 분리를 기반으로 하는 관계를 중심으로 설정할 때 생겨나는 것입니다. 그것은 분리의 개념에 뿌리를 내리고 있습니다. 그것은 분리된 개체로서의 당신이 이 우주 안에, 이 세계 안에, 이 차원 위에서 살아남아 기능하고 있는 조종 메커니즘입니다. 그러나 들판의 백합이나 무조건적인 연인처럼 모든 것을 주고도 전혀 신경 쓰지 않고 조화와 균형을 이루면서 흐르고 있는, 융합하는 당신의 다른 부분도 있습니다. 이 둘 사이에는 긴장이 있습니다.

영혼으로서 나에게 일어난 일은, 내가 좋은 가정에 태어나서 가족들이 나를 정말 잘 사회화시켰다는 것입니다. 그들은 이번 생에서 내가 잘 적응하도록 하기 위해 일종의 우주복이라 할 수 있는 소프트웨어를 내 컴퓨터에 설치했는데, 소위 에고라고 불리는 것입니다. 나는 내가 누구인지, 당신이 누구인지, 이 차원에서 살아남을 수 있도록 기능하는 방법에 대해서 하나의 모델을 발전시켰습니다.

곤란은, 그 과정에서 내가 몸을 입고 태어난 영혼이라는 것을 잊었다는 것입니다. 나는 나에게 장착된 컴퓨터 프로그램을 나라고 생각하기 시작했습니다. 30년 동안 나는 내가 누구인지를 잊고 살았습니다. 나는 내가 생각하기에 '나'라고 여기는 사람, 모든 사람들이 내가 그런 사람이라고 훈련시킨 '나'를 살기에 바빴습니다. 그들은 내가 '누군가'로서 살도록 길들였고, 내가 '누군가'로서 충분히 길들여진 순간, 나는 '특별한 누군가'가 되는 훈련에 돌입했습니다. 나는 당신들이 그렇듯이 특별한 누군가가 되었습니다. 당신은 당신이 생각하는 '자기 자신'의 존재를 진지하게 받아들이기 시작합니다. 당신은 당신이 진짜라고 생각합니다. 그것이 우리 대부분이 대부분의 시간 동안 갇혀 있는 곤경입니다.

팀 리어리는 나에게 변화를 가져다준 사람입니다. 그는 자신이 사랑하는 사람인 내가 실로시빈 버섯psilocybin mushroom을 경험하기를 원했고, 나는 내 안에 설 수 있는 또 다른 장소가 있다는 것을 알았습니다. 그로써 나는 내가 '리처드 앨퍼트'의 정체성 게임을 하고 있다는 것을 알게 되었지요. 그것은 아름다운 게임이었지만, 내가 생각하고 있는 내가 진짜 나는 아니었습니다. 나는 내가 누구이고 당신이 누구인지가 우리가 하고 있는 게임보다 훨씬 더 흥미롭다는 것을 깨달았습니다. 나는 영혼이었습니다. 그러나 나는 여전히 내가 그동안 익숙해져 온 존재 방식에 집착했고, 영혼 중심의 현실관이 아닌 에고 중심의 관점으로 자꾸만 뒷걸음쳤습니다. 그러나 러시아 철학자 구르지예프가 말했듯이, "감옥에서 탈출하고 싶다면 우리가 가장 먼저 깨달아야 할 것은 자신이 감옥에 갇혀 있다는 사실입니다. 자신이 갇혀 있다는 것을 모른다면 탈출할 길은 없습니다." 나는 내가 자유롭지 않다는 것을 알았습니다. 나는 모든 것을 다른 관점에서 보았습니다. 영혼의 관점을 얻기 위해 노력한 거지요. 그리고 그것이 나를 마하라지에게로 이끌었던 것입니다.

우리가 게임을 실행하는 데 필요한 이 중앙 컴퓨터인 에고를 발전시킬 때, 문제는 에고 자체가 아니라 내가 어떻게 에고와 나를 동일시하는지 하는 것입니다. 영적 진화 과정에서, 우리는 에고를 파괴하는 것이 아닙니다. 자신을 에고와 동일시하는 일을 멈추는 것일 뿐입니다. 우리는 에고를 하나의 기능적 단위로 보게 됩니다. 예를 들어 봅시다. 그것이 기능적으로 작동할 수 있어야, 내가 당신과 이야기할 때, 내가 있고 당신이 있어서 우리가 이 차원에서 이야기를 나누고 있다는 것을 알게 됩니다. 그와 동시에, 내가 내 영혼과 연결되어 있다면, 나는 내가 나 자신에게 말하고 있다는 것을 압니다.

에고는 형편없는 주인이지만 훌륭한 하인이기도 합니다. 주인 노릇을 하는 에고를 하인으로 바꾸는 기술이 있어야 합니다. 라마크리슈나는 마부가 맨 위에 앉아서 말을 이끌어가는 마차에 대해서 이야기한 적이 있습니다. 말은 욕망이고, 마부는 에고입니다. 마부는 자신이 모든 것을 이끌고 있다고 생각합니다. 그러나 깨어난 상위자아인, 마차 안에 있는 남자가 유리창을 두드리며 "여기에서 좌회전해"라고 말하자 마부는 "당신은 도대체 누구이기에 나에게 그런 말을 하는 거야? 거기서 뭐하고 있는 거야?"라고 말합니다. 상위자아는 "내가 마차를 소유하고 있는 주인이고, 당신은 나의 하인이야."라고 말합니다. 그러면 에고는 말합니다. "뭐라고? 지옥에나 가라!"라고 외칩니다. "이 쇼를 하고 있는 것은 나야, 나! 살아남으려면 당신에겐 내가 필요하다고!"라고 항변하는 것 같습니다. 에고를 훈련시키는 것은 쉽지 않은 일입니다.

에고는 사랑 위에 지어져 있지 않습니다. 그것은 살아남지 못하는 것에 대한 두려움을 바탕으로 하고 있으며, 에고를 곧 당신이라고 생각한다면, 당신은 항상 두려움 속에서 살 수밖에 없습니다. 그리고 두려움 속에서 살아간다면, 당신은 안전을 위해 힘이 많이 들 수밖에 없고, 당신을 다른 사람들과 더욱 더 분리시키는 결정을 내릴 수밖에 없습니다. 그것은 본래의 자기 자신과 점점 더 멀어지는 길입니다.

수피들은 말합니다. "사람은 죽기 전에는 살아야 하지만, 진짜 살 수 있으려면 먼저 죽어야 한다." 진정한 삶을 살기 위해서는, 욕망을 내려놓아야 하고, 행위의 열매에 대한 집착을 놓아버려야 합니다. 우리가 원하는 삶이 아니라, 삶 자체를 있는 그대로 살려면, 우리가 통제할 수 없는 것을 통제하려고 하지 않고, 올더스 헉슬리가 '벌거벗은 존재의 기적'이라고 불렀던 것과 더불어 단순히 '있는 법'을 배워야 합니다.

람 다스가 말한다. "좋게 들리네요. 뉴욕 타임스의 은퇴한 기자가 나에게 쓴 편지가 생각납니다. 그는 「계간 부고Obituary Quarterly」라는 잡지를 이제 막 시작한 참이었습니다. 그 잡지를 통하여 사람들은 자신이 실제로 사망하기 전에 자신이 원하는 방식으로 자신의 사망 기사를 쓸 수 있었습니다. 많은 사람들이 날마다 부고를 읽게 됩니다. 부고가 진짜 실감나게 쓰여졌기 때문이라고 생각합니다. 그는 나에게 내 부고를 써달라고 부탁했지만, 나는 별로 하고 싶지 않았습니다. 조금쯤은…, 음, 영리해 보이는 기획 같아 보였어요. 하지만 얼마 후에 나는 그의 부탁대로 내 부고를 썼습니다. 나는 '내가 태어나서 교육받은 내용, 아버지, 어머니 등에 대한 것, 대학에서 공부하고 가르친 내용, 출판된 책들' 등등, 사람들이 늘 하는 방식에 따라 썼습니다. 그런 다음엔 이렇게 썼지요. '인생의 중반쯤에 이르렀을 때, 그는 자신이 잘못된 방향으로 가고 있다는 것을 깨달았다. 그는 누군가가 되기에 바빴지만, 사실 그 게임은 어느 누군가가 아니게 되는, 특별한 누군가가 아니게 되는 것으로 막을 내려버린다. 이 부고가 알려지게 된다는 사실이 바로 그가 실패했다는 증거이다.'"

나는 웃는다. "아주 좋아요! 조지 오웰은 말했지요. '가면을 쓰다 보면 서서히 그러나 나중에는 완벽하게 내 얼굴에 착 달라붙어서, 본래의 얼굴과 구별이 되지 않을 정도가 되어버린다.'"

"그래요. 그것이 바로 우리 대부분이 하는 일입니다. 하지만 운이 좋으면 도道, 즉 흐름의 일부가 된다는 것이 어떤 의미인지를 깨닫기 시작하고, 내가 때로 그랬던 것처럼, 특별한 역할을 하고 있을 때에도 '나'라는 존재가 특별한 존재가 아님을 알게 되지요. '람 다스'는 기억 속에 잠시만 머뭇거릴 것입니다."

람 다스는 잠시 멈추고 나서 말한다. "'오지만디아스Ozymandias'…."

"셸리의 시 말인가요?" 내가 묻는다.

"그래요."라고 그가 말한다. "어떤 사람이 광야, 척박한 사막을 걷고 있다가 땅 위로 불쑥 튀어나와 있는 커다란 돌에 글이 쓰여 있는 것을 발견합니다. 그것을 깨끗이 닦아내고 보니 거기에는 이렇게 씌어 있었지요. '나는 왕들 중의 왕 오지만디아스다. 내가 이룩한 위업을 보라, 그대 강자여, 그리고 절망하라!'"

내가 말한다. "오지만디아스는 특별한 사람이었지요. 오지만디아스는 이집트의 가장 강력한 파라오(람세스 2세)였으니까요. 그런데 결국 그 비석이 그가 남긴 전부였네요."

'하나'에 녹아들기

우리는 하얀 뭉게구름이 떠 있는 푸른 하늘 아래 바다를 바라본다. 나는 지금 이 순간 알래스카 코디악의 해변에도 이 대양의 파도가 철썩이면서 부딪치고 있다는 것을 알고 있지만, 바다는 그렇게 머나먼 해변 같은 것은 가지고 있지 않다는 듯이, 시침을 떼고 그저 철썩이고 있다. 내 생각에, 바다는 시작도 끝도 없고, 해변도 없고, 지도도 없는 위대한 '하나'이고, 아트만이고, 큰 영혼이다.

"바다는 나로 하여금 '하나'에 녹아들도록 도와줍니다."라고 람 다스가 말한다. "모든 것을 내려놓고 '하나'에 녹아드는 연습을 하는 것, 진짜 내려놓는 일이 필요하게 될 때, 삶과 죽음의 문제에 직면했을 때에 대비하여 모든 것을 내려놓는 연습을 하는 것. 나는 대양을 바라보면 충족감을 느끼곤 합니다. 대평화이지요. 지금 바다는 '하나' 그 자체입니다. 내가 보고 있는 것이 바로 그것입니다."

나는, 한 달 전 시바난다 요가 베단타 센터에서 나와 함께 가르쳤던 내 친구 고피 칼라일Gopi Kallayil이 사용한 은유에 대해 그에게 말한다. 우리는 요가에 대해, 그 단어가 어떻게 '하나됨'을 의미하는지, 개인 의식과 더 큰 보편 의식, 신성, 우주, 아트만과 하나가 될 수 있는지에 대해 이야기했다. 고피는 우리 자신을 차갑고 매끄러운 질감을 가진 청백색의 정육면체 각얼음으로 생각해 보라고 했다. 우리는 우리 자신을 항상 섭씨 0도를 유지하고 있는 각얼음과 동일시하곤 한다. 그러나 우리가 바다에 떨어지면, 우리의 제한된 정체성은 바다의 광대함 속에 녹아들어 바다와 하나가 되고, 우리의 얼음은 사라지고 우리의 본질만 거기에 남아 있게 된다. 우리는 '하나'의 일부가 된다.

람 다스가 "아주 좋은 비유군요."라고 말한다.

욕실에 가야 할 필요가 생긴 그는 인터콤으로 락슈만에게 연락을 한다. 잠시 후, 락슈만은 람 다스를 텅! 하는 소리와 함께 안락의자에서 들어올려 휠체어에 앉힌다. 그러고는 그를 화장실로 데려다준다. 그는 약 15분 동안 자리를 비운다. 람 다스는 가장 기본적인 기능조차 혼자 할 수 없고 다른 사람의 도움을 받아야 한다. 나는 그의 그런 처지를 생각하면서, 책장에 꽂혀 있는 책들을 살펴본다. 『인피니트 비전Infinite Vision』, 『깨어남의 기쁨Awakening Joy』, 『지혜의 여인들Women of Wisdom』, 『삶 이전의 삶Life before Life』, 『누가 죽는가?Who Dies?』…. 람 다스가 돌아오고, 락슈만은 그의 발을 뜨거운 물에 담가 준다.

내가 말한다. “발이 부러졌다가 회복되던 때가 생각납니다. 도움을 요청하는 것이 너무 어려웠어요. 나는 누워서 방 건너편에 있는 꽃병을 바라보며 그것들을 재배치하고 싶은 마음을 어쩌지 못하고 참 답답해 했었지요. 사소하고 중요하지 않은 일이었지만, 그 생각은 나를 미치게 만들었고, 누구에게도 그것을 해달라고 부탁할 엄두가 나지 않았습니다. 그런 일들까지 부탁하자면, 일이 너무 많아질 것 같았습니다. 그래서 나는 불쌍하게도, 데이지꽃만 하염없이 바라보며 누워 있었지요.”

“아, 알아요, 알아요, 알아요.” 람 다스가 말한다.

나무처럼 나이 들어가기

람 다스가 자리를 잡고 나서 말한다. “노인이 된다는 것은 이런 것입니다. 자기 이미지에 집착하는 사람에게는 어려운 일일 것입니다. 미련을 갖고 과거에 집착하는 사람….” 그는 말을 멈추고 침묵에 잠긴다. 자신이 방금 말한 내용의 진실을 새김질하고 있는 것 같다. 우리는 한동안 말없이 앉아 있다.

“책 속에 노화에 대한 내용도 포함시켜야겠지요?” 내가 묻는다. “내가 알기로는, 당신은 이미 『성찰 Still Here』이라는 책에서 그것에 대해 많이 썼습니다만.”

“글쎄요, 어제는 어떤 기자가 전화 인터뷰를 요청해 왔는데, 다자간 통화를 통해 내 친구가 나를 도와줬어요. 내가 단어를 찾아 헤매면, 그 친구가 내 문장을 완성해 주었습니다. 그 순간, 나는 나 자신이 노인네라는 것을 분명히 확인했어요. 나는 자신을 노인네라고 생각한 적이 거의 없었어요. …망할 놈의 노인네." 람 다스의 눈이 활짝 밝아져 있다.

나는 웃음을 참을 수가 없다. 내가 말한다. "우리 모두는 '오래된 영혼'(old soul, 여러 생을 거듭 살아온 탓에 지혜가 무르익어 해탈이 가까워진 혼: 역자)이 되는 것은 개의치 않지만, 노인네가 되는 것은 다르지요!" 우리는 둘 다 웃고 있다.

람 다스가 말한다. "나이가 들어간다는 것은 순전히 공짜예요. 집착이 점점 적어지지요. 나는 대머리가 되는 것을 걱정하면서 머리를 빗곤 했는데, 이제는 상관하지 않고, 별 생각 없이 머리를 빗어요." 람 다스는 활짝 미소를 짓는다.

그가 말을 이어간다. "변화를 겁먹지 않을 수 있어야 합니다. 변화와 함께 있고, 변화와 함께 일하되, 동시에 본질적으로는 텅 비어 있다는 인식, 그 광대함에 대한 자각, 명료성을 기르십시오. 이것이 심오한 영적 수행입니다.

수행의 첫 번째 단계는 자신을 한 영혼으로 보는 것입니다. 당신은 윤회전생하는 존재도 아니고, 당신의 몸도 아닙니다. 예이츠는 말합니다. '노인이란 쓸모없는 존재에 지나지 않는다. …영혼이 손뼉 치며 노래하지 않는 한.' 몸과 자신을 동일시했던 그 마음에서 당신 자신을 구출해 내십시오.

우리는 존재의 질을 함양하는 대신 지나치게 물질 위주인 사회에서 자라났습니다. 동양에서는, 많은 사람들이 나이듦과 죽음을 준비하며 일생을 보냅니다. 서양에서 우리는 나이듦과 죽음을 부정하며 일생을 보냅니다. 나이가 들수록 수행을 하기가 더 어려워집니다. 아침에 죽으면, 밤에 죽어야 할 필요가 없습니다. 간디는 총에 맞았을 때 만트라를 외우고 있었답니다. 그는 그 이후에 일어날 일에 대비했던 거지요."

우리는 잠시 동안 침묵을 지키고 있다. 잠시 후, 람 다스가 놀랍게도 이렇게 말한다. "나는 나무에 대해 생각하고 있어요."

나는 눈을 깜박거리며 그 방을 돌아본다.

그는 계속해서 말을 이어간다. "우리의 몸이 펼쳐가는 삶을 자연스럽게 받아들이면, 우리는 자신이 젊다거나 늙었다는 느낌을 그다지 받지 않게 됩니다. …한 그루 나무처럼…."

나무들이 자신들의 우아한 손바닥, 수많은 녹색을 흔들고 있다. 그들은 노화에 대해 걱정하지 않는다.

내가 말한다. "한 번은 E. J.가 어딘가에 갔다가 돌아온 나를 공항으로 데리러 왔어요. 아마도 여기 하와이였을 거예요. 내가 말했지요. '아, 너무 피곤해. 여행을 이렇게 많이 하기엔 내가 너무 늙어가는 것 같아.' 그러자 그가 말했지요. '미라바이, 늙어가고 있다고? 당신은 늙어가고 있는 것이 아냐, 당신은 이미 늙었어!'"

우리 둘 다 웃는다.

나는 내가 좋아하는 폴 사이몬Paul Simon의 생일 노래를 흥얼거려 본다. "창조 이전에도 주님이 계셨다는 것을 생각해 봐. 하나님은 늙으셨어. 우리는 늙지 않았어. 하나님은 늙으셨어. 하나님이 그 틀을 만드셨지. 옷을 다 벗어버려, 아담과 이브처럼."

람 다스가 웃는다. "내가 마하라지보다 나이가 더 많아지고 있다는 것이 나에게는 너무 이상했어요…."

"지구 나이로 말이지요?"

"그래요. 내가 늙었다는 느낌."

"당신은 대부분의 사람들이 늙는 것처럼 늙지 않았어요. 당신은 뇌졸중으로 갑자기 나이가 들었으므로, 그 이후로 일반적인 나이 표시는 의미가 없다고 생각해요. 달리아는 주름살이 늘고 더 현명해지는 것이 늙음의 징표라고 말해요. 당신은 더 현명해졌어요."

"나는 뇌졸중을 앓고 난 후 영혼으로서의 나를 살게 되었습니다. 뇌졸중은 나로 하여금 내면으로 파고들게 해주었어요. 그때부터 나는 완전히 새로운 인식을 하기 시작했습니다. 그 일이 일어났을 때, 나는 처음에는 그것이 마하라지의 은혜라는 것을 이해하지 못했어요. 그런데 병실에서 나를 지켜보던 사람들이 모두 쯧쯧거리고 걱정하고 있을 때, 나는 마하라지의 사진을 올려다보았고, 그가 미소를 지으며 말하더군요. '기다려 봐.'라고요. 나는 기다렸고, 보았습니다. 이제 나는 죽음을 기다리고 있습니다. 그러고 나서 보게 될 것입니다."

락슈만이 들어와서 람 다스의 발을 대야에서 꺼낸다. "잠시 동안 말리겠습니다. 나중에 뜨거운 물을 더 가져오지요." 그가 람 다스의 발을 드라이로 말리면서 말한다. "이제 다 말랐습니다. 다시 대화를 하셔도 됩니다."

그러나 우리는 쉴 준비가 되어 있다. 람 다스는 발이 자유로워진 상태로 의자에 등을 기대고 있다. 나는 나의 노트와 녹음기를 챙겨 들고 계단을 내려간다.

화장실에 들어가 거울을 보니, 늙어가는 얼굴이 보인다. 사람은 왜 나이가 들어감에 따라 더 아름다워지지 않을까? 그래, 나는 알아. 알고 말고. 나이가 들어감에 따라 더 아름다워지는 사람도 있긴 해. 조지아 오키프도 그랬고, 엘라 피츠제럴드도 그랬어. 하지만 우리들 대부분은 그렇지 않지. 그래서 나는 안경을 벗고 다시 살펴본다. 놀랍게도 피부가 보티첼리 마돈나처럼 보인다. 우리는 우리가 보고 싶은 것을 볼 수 있도록 우리의 삶을 조작한다. 받아들이기 힘들지만, 사실이다. 늙어서 늙어 보인다는 것은 이제 내가 곧 죽게 된다는 뜻이다. 그 사실을 더 자주 생각하는 것이 좋을 것 같다.

그렇게 하는 것이 좋은 까닭은, 지금의 이 얼굴이 내 영혼의 얼굴은 아니라는 것을 기억하기 위해서이다.

아, 참, 보습제를 좀 더 발라주는 것도 좋을 것 같다.

망각에 대하여

방에서 차를 마시며, 나이듦에 대해 좀 더 생각을 전개시켜 본다. 노화를 두려워하는 것은 왜일까? 스스로에게 묻는다. 아무것도 떠오르지 않는다. 나는 기분이 좋다. 나는 에너지가 넘쳐나는 기분이다. 나는 이마에 깊게 패인 주름이 싫지만 별로 신경쓰지 않는다. 하지만 잠깐, 망각이란 것은 무엇일까? 경험한 것을 잊는 것과 같은 큰 망각은 문제가 아니다. 태어나서 세상을 처음으로 만날 당시의 경험 같은 것은 기억에 남아 있지 않고, 그것은 문제가 되지 않는다. 단기적인 망각이 문제다. 트루디의 전화번호를 내 아이폰에 저장했던가? 선글라스를 어디에 두었지? 에살렌 피정 센터에서 가르쳐 달라고 했는데, 응답을 했던가?

언제나 가지고 있었던 능력을 잃는다는 것은 꽤나 두려운 일이다. 방금 전에 한 일을 잊어버리는 것은 특히 더 무섭다. 내가 칼슘제를 먹었던가? 나는 아침에 멀티비타민을 먹으면서 자문자답한다. 아직 이른 시간이고 여전히 졸리고 아직 커피를 마시지 않았어. 하지만 내가 더 젊었고 졸릴 때에도 그런 일이 있었던가? 아닌 것 같다. 하지만 도대체 기억이 나지 않는다!

한동안 나는 나 자신에게 핑계를 대고 있었다. '열쇠를 어디에다 두었는지 잊어버린 것은 군인들을 위한 수련회에 누구를 강사로 세울지 생각하느라 골몰했기 때문이야.' 어느 날 밤엔, 침실에서 창밖을 내다보았는데, 명상실에 환하게 불이 밝혀져 있는 것을 보았다. 나는 촛불을 끄지 않은 채로 나왔던가? 기억이 나지 않았다. 내가 촛불을 켜두었다면? 다 타도록 놔둔다면, 불이 날 수도 있는 것이 아닌가? 나는 읽고 있던 소설책을 덮고 푹신한 베개에 파묻고 있던 몸을 일으켜 아래층으로 내려간 다음 신발을 신고 밖으로 나가 판석 길을 따라 사무실을 지나 명상실로 가고 싶지 않았다. 하지만 나는 결국 몸을 일으켜서 움직였고, 명상실에 들어섰지만 촛불 같은 것은 없었다! 우리의 반려견인 나딘을 위해 쳐둔, 보이지 않는 울타리에 장착된 배터리의 작은 주황색 표시등만이 주변을 밝히고 있다. 바로 그거였다. 나는 마당을 가로질러 다시 걸어가 불을 모두 끄고 침대로 돌아왔지만, 잠은 이미 활짝 깬 뒤였다.

대부분의 망각은 그다지 심각하지 않다. 정말 중요한 일을 잊어버릴까 봐, 가스레인지 불을 끄는 것을 잊어버릴까 봐, 집에 가는 방법을 잊어버릴까 봐, 내가 누구인지 잊어버릴까 봐 하는 두려움들. 나는 그래서 꼬박꼬박 비타민과 보충제를 복용하고, 요가와 에어로빅 운동을 하고 있다. 러브 서브 리멤버 재단Love Serve Remember Foundation이나 명상 컨퍼런스 같은 프로젝트를 위해 기금 모금 편지를 쓰는 것과 같은 일들로 두뇌를 계속 작동시키고 있다. 그밖에 다른 것들은 기억이 나지 않는다! 아, 맞다, 달리아를 위해 수학 게임을 찾아주고, 바른 생활에 대한 강연을 위해 글을 쓰는 것. 너무 많다! 내가 일일이 다 기억하지 못하는 것도 당연한 일이다. 나는 일흔일곱 살에도 잔다르크처럼 일하고 있다. 나는 아마도 기억의 여신이자 탈리아(희극의 여신!)의 어머니인 므네모시네에게 충성을 바쳐야 할 것 같다.

나는 내가 죽어가고 있다는 것을 기억하고 싶지 않다.

죽는 것은 한 순간이다

다음 날, 람 다스는 루시안에게 우리와 함께하자고 요청한다. 루시안은 20대로, 콜로라도에서 자랐다. 그의 아버지는 학자이다. 그가 우리와 함께한다는 것이 기쁘다. 람 다스와 나는 주로 중년이나 노년기에 맞게 되는 죽음에 대해 생각해 왔다. 하지만 죽음은 젊은 나이에, 심지어 아주 어린 사람들에게도 찾아오게 마련이다. 나는 90년대에 빌 모이어스Bill Moyers와 함께 "뜻대로 죽기On Our Own Terms"라는 제목으로 죽음에 관한 프로그램을 돌린 적이 있다. 주로 죽어가는 사람이 어디에서 어떻게 죽을지 선택할 수 있는 권한에 대해서 다루었다. 나는 그 프로덕션 스태프들이 호스피스 병동에서 죽어가는 사람들을 촬영할 때에 두려움과 만날 것에 대비하여, 프랭크 오스타세스키Frank Ostasesk와 함께 그들에게 몇 가지 명상 기술을 가르쳤다. 하루종일 계속된 만남이 끝나고 당시 뉴욕 대학교 티쉬 예술대학에 재학 중이었던 내 아들 오웬과 이스트 빌리지에서 만나 저녁식사를 함께했다.

나는 그에게 우리가 하고 있는 일에 대해 말했지만, 그는 그다지 관심이 있는 것 같지 않았다. "그래, 넌 죽음이라고 하면 어떤 것들이 생각나?" 내가 아들에게 물었다.

"에이즈AIDS, 총기 사고, 기후 변화."라고 아들이 대답했다. 아들의 머릿속에서 즉각적으로 재구성된 죽음에 대한 이미지들을 들어 보니, 내가 가지고 있는 암묵적인 편견이 드러난 것 같은 느낌이었다. 죽음이라는 보편적인 경험에 대한 생각조차 뉴욕의 20대와는 너무나 많이 다르다는 것을 깨달았다. 한번은 뉴욕 대학교 근처의 서점에서 한 학생이 그 주제에 대해 하는 말을 우연히 들은 적이 있다. "어느 날 우리 모두가 죽게 될 거라는 것, 그것이 우리가 아는 삶에 대한 진실의 전부야."

이런 배경에서, 나는 우리들의 대화에 젊은 루시안이 참가하게 된 것을 기꺼이 환영하는 마음이다.

루시안이 말한다. "우리가 죽음에 대해 생각하기가 어려운 것은, 우리 모두 언젠가 죽을 것이라는 것은 알고 있지만 죽음 이후에 일어날 일에 대한 경험적 데이터가 없기 때문입니다. 임사체험을 한 사람들은 적지 않지만, 실제로 죽은 사람의 경험은 아닙니다…. 어떤 선생님이 죽음 요가에 대해 이야기해 준 적이 있습니다."

"그게 뭐지?" 내가 물었다. "다운 독(Down Dog, 개가 기지개를 펴는 모양: 역자) 자세로 한 시간 동안 있는 것 같은 것인가?"

"죽음에 초점을 맞추는 것인데요, 내 친구는 탄트라 요가를 하는 편이 더 낫겠다고 하더군요. 적어도 한 번 이상은 할 수 있으니까요!" 죽음이란 바로 그런 것이다. 리허설이 없다는 것. 죽으면 그만이라는 것. 그래서 대비가 필요한 것이다.

람 다스는 말한다. 우리가 지금껏 그래 왔듯이, 죽음에 대해 이야기하는 것 자체가 아이러니하게도 죽음을 위한 최선의 준비를 하지 못하게 하는 것이 아닌가 싶다고. 지금 이 순간을 사는 것이야말로 죽음에 대한 최선의 준비일 것이므로.

루시안이 묻는다. "그러면 지금 여기에서 할 일을 다하면서 삶을 온전히 영위하는 상태에서 죽음의 순간을 맞이할 수 있으려면 어떻게 해야 할까요?"

람 다스가 대답을 하기 전에, 죽음에 관한 경험담이 끼어든다. 루시안은 어린 시절 애완 동물의 죽음을 기억한다. 여덟 살 때, 그에게는 뮤티라는 고양이가 있었다. "어느 날 아버지가 차로 뮤티의 다리를 치셨습니다. 부모님은 뮤티를 병원으로 데려갔고, 의사들은 뮤티의 다리에 깁스를 해주었습니다. 부모님은 집에 와서 나에게 그 소식을 알려주었고, 한밤중에 나는 부모님에게 나를 다시 병원으로 데려가 달라고 졸랐습니다. 나는 너무 흥분한 상태였어요. 나는 깁스가 되어 있는 뮤티의 작은 다리를 쓰다듬었습니다. 그때 나는 뮤티를 사랑한다는 것을 깨달았지요. 그러나 결국, 우리 모두가 뮤티를 내려놓아야 했습니다. 그것은 비극이었습니다. 여전히 슬픈 일입니다."

우리 모두가 슬픔에 잠긴다.

잠시 동안 뮤티에 대한 애도의 시간을 가진 후, 람 다스가 말한다. "죽음은 한 순간이다. 우리가 매 순간 우리의 삶을 사는 방식이 곧 우리 자신의 죽음에 대한 리허설이고 '지금 여기에 있어라.' 바로 이 순간… 바로 이 순간… 바로 이 순간…. 지금 이 순간을 잘 살펴보면, 그것이 사실은 존재하는 모든 것임을 알게 되지. 그게 전부야. 우리는 시간 속에 살고 있고, 원숭이 같은 마음은 과거와 미래를 뛰어다니기에 바빠. 그것이 바로 우리의 마음이야. 하지만 우리는 여기에 있어. 죽음 또한 한 순간

잘 죽는 비결이 곧 잘 사는 비결이다.
그리고 삶은 지금이 순간에만 존재한다.

의 일일 뿐이지.

죽음은 종종 예고 없이 찾아오지만, 우리는 죽음의 반대가 삶이 아니라 탄생이라는 것을 깨달음으로써 죽음을 이해하기 시작할 수 있어. 시작과 끝은 신성한 두 사건이며, 그 사이에 일어나는 모든 일은 영원하지 않아. 생명은 매 순간, 숨을 쉴 때마다 일어나고 사라지지. 그러나 우리 안에는 의식이 있어. 의식은 무조건적이고 영원하지.

아나가리카 무닌드라Anagarika Munindra는 나에게 이렇게 말했어. '모든 호흡은 처음이자 마지막입니다.'라고."

"무닌드라가 누구죠?" 루시안이 묻는다.

내가 말한다. "그는 우리가 부다가야에 처음 도착했을 때 만난 벵골의 위파사나 명상 스승이야. 그는 고엔카와 가까운 사이였지. 아나가리카는 '다르마에 집중하기 위해 집착 없이 떠도는 생활을 하는 사람'을 뜻한다고 해."

람 다스가 말을 이어간다. "우리는 죽음을 선물로 볼 수 있어. 대개는 이런 식으로 보지 않지만, 죽음에 대한 인식은 우리의 삶을 근본적으로 변화시키지. 죽음을 의식하면서 삶으로써 우리는 살아가는 법을 터득할 수 있어. 그리고 요가난다가 말했듯이, 죽음에는 커다란 역설이 존재해. 죽음을 통하여 우리는 우리가 죽을 수 없다는 레슨을 배우게 된다는 것이지."

"우리가 죽을 수 없다니요? 그게 무슨 뜻이죠?" 루시안이 묻는다.

람 다스가 대답한다. "네가 살고 있는 이 몸과 너 자신을 이 몸이라고 생각하는 에고는 낡은 자가용과도 같은 거야. 몸이나 에고는 너의 영혼이 육화를 통해 여행하도록 해주는 기능적 개체일 뿐이야. 그러나 그것들은 다 쓰게 되면 죽게 된다. 그것들이 평화롭고 자연스럽게 죽도록 내버려두는 것은 인간으로서 품위 있는 일이야. 죽음 이후에도 영혼은 계속 살아가게 된다. 결국 이번 생을 통해

할 일을 다 마치고 나면, 우리의 영혼은 다시 '하나'로 합쳐지게 되지. …하나님께 다시 돌아간다고 할 수도 있고, …아트만, 곧 '무한의 세계'로 돌아간다고 할 수도 있겠지. 그동안 우리의 영혼은 몸과 에고, 우리 자신의 개성을 사용하여 우리가 다른 생들을 통하여 쌓아온 카르마에 따라 일하는 것이지."

루시안이 묻는다. "영혼이 영원히 산다면 왜 우리는 죽음을 두려워하는 거죠?"

"에고는 살아남지 못하는 것에 대한 두려움에 기반을 두고 우리가 지어내는 거야. 에고를 자기 자신이라고 생각하는 사람은 두려움에 사로잡혀 살아갈 수밖에 없어. 에고는 이렇게 생각하지. '그 순간을 즐기지 않을 이유가 어디에 있겠어? 언젠가는 죽을 테니 먹고, 마시고, 즐기고 보는 거야.' 하지만 우리가 지금 여기에서 이 순간에 살고, 매 순간 삶의 소중함을 발견한다면, 우리는 에고가 아니라 영혼으로서 시간 밖에서 살고 있는 것이지."

루시안이 말한다. "알 것도 같습니다. 하지만…."

람 다스는 야생 딸기에 대한 이야기를 들려준다. "어느 날, 광야를 걷고 있던 한 남자가 사나운 호랑이와 마주쳤어. 그는 도망치다가 높은 절벽 끝에 다다랐어. 호랑이한테 잡아먹혀서는 안 되니까 절벽 아래로 뻗어 있는 덩굴을 보고는 덩굴을 타고 내려가는데, 아래를 내려다보니 밑에는 독사들이 우글거리고 있었어. 올라가지도 못하고 내려가지도 못하고 덩굴에 매달려 있는데, 절벽 틈에 까만 쥐가 한 마리 기어 나오더니 덩굴을 갉아먹기 시작하는 거야. 잠시 후 까만 쥐가 들어가니까 이번에는 또 하얀 쥐가 다른 쪽에서 기어나와서 덩굴을 갉아먹는 거야. 그러던 중 그는 자기가 매달려 있는 근처에서 잘 익은 산딸기를 발견했어. 손을 뻗어 산딸기를 따먹기 시작했지. 믿을 수 없을 정도로 맛이 있었어!

그 남자는 자신이 곧 죽게 될 것이라는 것과 그럼에도 자신이 할 수 있는 일은 아무것도 없다는 것을 알고 있었어. 산딸기는 그가 인생을 즐길 수 있는 마지막 기회였지. 그래서 두려움과 좌절로 마지막 순간을 보내버리느니, 최선을 다해 자신에게 주어진 남은 시간을 즐기기로 했지."

우리가 그 이야기를 음미하는 동안 람 다스는 잠시 차를 마신다. 이야기와 차, 그것으로 지금 여기에서 모든 것이 충만하다.

잠시 후, 그가 말을 이어간다. "그것이 태어남과 죽음 사이의 시간만이 주어져 있는 몸을 입은 생명들의 곤경이라고 할 수도 있어. 우리는 항상, 매 순간, 호랑이와 독사들 사이에 있고, 잘려 나갈 덩굴을 붙잡고 있고, 바로 여기에는 항상 딸기와 그 달콤함이 있지. 그 순간에 현존하는 것은 딸기맛뿐이야. 이미 일어난 지난 일이나 앞으로 일어날 일에 대한 두려움에 자기를 팔아버리지 않는 한 딸기를 즐길 수 있어.

잘 죽는 비결은 잘 사는 비결이야. 그리고 삶은 지금 이 순간 속에만 있어. 다른 시간은 존재하지 않아. 죽음의 순간에 이르러, 고통이 크고 그 고통을 밀어내느라 바쁘다면, 우리는 고통에 완전히 압도되고 말 거야. 우리 자신이나 우리가 사랑하는 사람들에 대해 알지 못하고 있다는 것에 대한 두려움이 너무 크다고 해도, 그 순간을 잃어버리고 놓치게 되지. 죽음에 대한 대비책의 전부는, 죽음의 시간이 닥쳐올 때, 올더스 헉슬리처럼 말할 수 있게 되는 거야. '맙소사, 저것 좀 봐! 너무 이상해! 몸이 떠나가고 있어. 너무 흥미롭군 그래. 그래, 바로 우리는 지금 여기에 있어. 우리는 지금 여기에 있어.'

모든 사람을 사랑하라

온 우주가 사랑에서 나왔고,
만물은 사랑으로 돌아간다.

따이트리야 우파니샤드

사랑이 전부다

오늘 아침, 람 다스는 섭씨 38도의 고열이다. 우리는 그의 요로 감염이 재발했을지도 모르겠다고 걱정한다. 오후가 되자 그는 상태가 괜찮아졌지만, 발을 위로 하고 누워 있어야 한다.

그는 세상에 차이를 만드는 것에 대해 그의 조언을 듣고 싶어 하는 나의 두 친구를 만나기로 동의했다. 두 친구는 실리콘 밸리에서 일한다. 그들이 람 다스의 방에 도착했을 때, 그는 반듯이 누운 자세였고, 내 친구들은 그의 안락의자 끝에 있는 두 개의 의자에 앉는다. 웬지 어색한 조합인 것 같지만, 람 다스는 그들을 환영한다. 하지만 잠시 후엔, 모든 것이 괜찮아 보이기 시작한다.

그들은 '행함'doing 과 '있음'being의 차이에 대해 함께 이야기한다. 두 친구는 모두 테크놀로지 분야에서 성공을 거두었으며, 이제는 둘 다 영적 수행을 하고 있다. 람 다스는 애쓰지 않았는데도 어떻게 『지금 여기에 살라Be Here Now』라는 책이 세상에 나오게 되었는지에 대한 이야기를 들려준다. 믿음을 갖고 내려놓는 일과 즐기는 것에 대한 이야기다.

"60년대에 인도에 가서 마하라지를 처음 만나고 명상과 요가를 배운 후 돌아왔을 때, 사람들이 그 이야기를 듣고 싶어 하여 뉴욕에서 여러 차례 강의를 했지요. 법정 속기사였던 릴리언 노스 Lillian North 가 나도 모르게 속기 메모를 했고 나중에는 그것을 타이핑까지 했습니다. 내가 뉴욕을 떠날 때, 그녀가 종이뭉치를 내밀며 강연 내용을 기록한 거라고 하더군요. 나는 그것을 내 차 뒤칸에 놓아두었어요.

그런데 얼마 지나지 않아, 에살렌에 가게 되었습니다. 도착한 후 어느 부부의 집에 방을 배정받았고, 집까지 가방을 들어주던 사람이 그런 것이 있는지를 묻더군요. 그는 작가였는데, 정원 일을 돕고 있었습니다. 내가 마침 강연 내용을 기록한 것이 있다고 말했지요. 그는 자신이 그것을 재구성하고, 편집하고, 어떤 이야기가 가치가 있는지를 골라서 추천해 줄 수 있다고 말했습니다. 나는 동의했지요.

그 후 나는 타오스 Taos 근처에 있는 영적 공동체인 라마 재단Lama Foundation에 갔고, 친구인 스티브 더키Steve [Nooruddeen] Durkee가 '그게 뭐죠?'라고 물었습니다. 내 대답을 듣더니, 그는 커뮤니티의 주민들이 텍스트를 편집하고 그림을 그리고 레이 아웃을 해줄 수 있다고 제안했습니다. 나중에, 나는 여섯 명의 예술가와 함께 큰 테이블에 둘러앉아 그 스토리를 읽었습니다. 그들은 그림을 그리기 위해 각기 이야기 하나씩을 골랐습니다. 라마 재단은 소책자 세트를 한 상자에 담아 출판했지요. 그것이 첫 번째 판입니다. 나중에 크라운 출판사에서 일했던 스티브의 친구인 브루스 해리스가 이 소책자들을 책의 형태로 출판했습니다. 지금까지 200만 부가량 팔렸습니다.

나는 사실 아무것도 한 게 없어요. 섭리가 그 모든 것을 했습니다. 플랜이 있으면 섭리에 맡겨놓으십시오. 섭리가 알아서 하시도록 가만 놔두세요."

나의 친구들이 다른 질문을 한다. "당신에게 무제한의 자원이 있다면, 당신은 더 나은 세상을 위해 어떤 일을 어떻게 하실 겁니까?"

나는 람 다스가 세바 재단Seva Foundation에서 했던 경험에 대해 이야기해 줄 것이라고 기대하지만, 그는 거기에 대해서는 말하지 않고, 이렇게 말한다. "나는 단지 나 자신과 내 가족을 위하고 의무적으로 내가 해야 할 일만 할 것입니다. 아시다시피, 이제 나는 늙었고, 다른 것들은 다 내려놓았어요. 나는 수행을 위해서는 시간을 쓸 것입니다. 무엇을 행하든, 차이를 만들어내는 것은 우리 자신의 존재 자체입니다. 우리는 몸이나 다른 무엇이 아니라 영혼이라는 것을 배워야 합니다. 사랑으로 배우십시오. 모든 것은 다 사랑에 관한 것입니다."

내 친구들과 함께한 지가 어느덧 한 시간 정도 지난 것 같다. 람 다스가 피곤해 보이지는 않지만,

나는 그가 지쳤을 거라고 생각한다. 나는 그에게 '사랑의 알아차림 명상'을 인도해 달라고 부탁한다.

"'나는 사랑의 의식입니다.'라고 조용히 반복하면서, 숨을 들이쉬고 내쉽니다." 그의 목소리는 힘이 있으면서도 부드럽다. "나는 사랑의 의식입니다. 나는 사랑의 의식입니다." 그것이 끝나자, 그는 한 사람 한 사람을 가만히 바라보면서 말한다. "나는 당신을 사랑합니다. 나는 당신을 사랑합니다. 나는 당신을 사랑합니다." 그는 '사랑'이라는 단어를 정성스레 진심을 담아 발음한다.

나는 친구들과 함께 아래층으로 내려간 후, 서로 껴안는다. 우리 모두 조금은 변화된 것 같다. "이것이 바로 내가 바랐던 내 존재 상태야."라고 한 친구가 말한다. "널 사랑해."라고 다른 친구가 말한다. 나는 "캘리포니아에서 다시 만나."라고 작별 인사를 한다. 그들은 쏟아지는 빗속으로 걸어 나간다.

내가 위층으로 올라가자, 람 다스의 고양이 쿠시가 다시 그의 무릎에 앉아 담요 사이로 발을 넣어 그를 툭 툭 건드리고 있다. 그는 쿠시를 쓰다듬어 주려고 손을 뻗는다.

우리는 다음 날엔 사랑과 죽음의 관계에 대해 이야기하기로 한다.

★

사랑은 죽음보다 강하다

사랑은 무한에서 비롯되며, 영원토록 이어질 것입니다.

사랑을 찾은 구도자는 탄생과 죽음의 사슬에서 벗어납니다.

루미

아침에, 람 다스는 기분이 좋다. 나는 그의 회복력에 다시 한 번 감탄한다.

내가 말한다. "어제는 정말 인상적인 하루였습니다. 대단한 충언이었어요. 사랑이 되라, 사랑으로 존재하라."

"인생은 결국 모든 것이 다 사랑과 관련되어 있습니다. 마하라지는 저에게 가르쳐주셨어요. '람 다스, 모두를 사랑하십시오. 진실을 말하십시오. 모두에게 봉사하십시오. 간디처럼 되십시오. 신을 기억하십시오.' 나이가 들어감에 따라 '모두를 사랑하라'는 말씀이 가장 와 닿았습니다. 나는 모든 사람과 모든 것을 사랑하는 것이 나로 하여금 영혼으로서의 나를 살아가게 해준다는 것을 계속해서 경험하고 있습니다. 영혼으로 사는 한, 개인적인 욕망은 없게 됩니다. 있는 그대로 현존하게 되고, 주어진 대로 만족합니다.

우리 모두가 하나입니다. 서로 이야기하고 있을 때에도 사실은 우리 자신에게 이야기하고 있는 것입니다. 에고의 차원, 영혼의 차원, '하나'의 차원이 있습니다. 계속 나아가고 또 나아가면, '당신'은 하나를 향해 끌리게 됩니다. 자비는 우리의 하나됨을 깨닫는 데서 옵니다. 다른 사람이 괴로워하면, 당신도 괴로워합니다. 당신이 그 사람을 도울 때, 당신은 당신 자신을 돕고 있는 것입니다. 어떤 사람을 사랑한다는 것은 곧 자기 자신을 사랑하는 것입니다."

"그래요, 마하라지가 '사랑은 죽음보다 강하다'고 말씀하신 뜻은 어디에 있다고 생각하시는지요." 내가 묻는다.

"몸은 죽고, 생각하는 마음은 죽고, 집착은 사라집니다. 그러나 가슴 속의 깊은 사랑, 영혼의 사랑은 계속됩니다. 마치 사랑과 죽음이 밀접하게 얽혀 있는 것처럼. 당신이 사랑하는 누군가가 죽어도, 사랑은 계속 이어집니다. 새로운 방식으로 서로를 만나면 됩니다. 사랑의 의식 속에서 쉬는 연습을 할 수 있다면, 영혼과 영혼으로서 만날 수 있을 것입니다."

잠시 뜸을 들인 후 람 다스가 말을 이어간다. "남편을 떠나보낸 한 여인이 나를 찾아와서 그와 접촉하고 싶다고 했습니다. 나는 그녀에게 말했지요. '당신이 먼저 해야 할 일이 있습니다. 당신 자신을 영혼으로 생각하십시오. 당신을 영적 자아로서 인식하십시오. 그러면 당신의 사랑스러운 생각들이 당신의 남편을 당신에게 데려올 것입니다. 그는 당신을 영혼으로서 사랑하고 있기 때문입니다.' 며칠 후, 그녀가 다시 나에게 와서, 내가 옳았다고 말했습니다. 하지만 내가 한 것이 아니라 그 두 사람의 사랑이 그렇게 한 것입니다."

어린 딸이 자전거를 타다가 사고로 죽게 된 우리의 친구 라메쉬가 한 말이 생각났다. "내 마음이 고요해질 때면, 나는 딸아이가 옆에 있다는 것을 느낄 수 있어. 마하라지께서도 마찬가지로 내 옆에 계시다는 것을 느끼곤 해. 삶과 죽음은 어떻게 하나의 연속체가 될 수 있을까? 사랑이 연결고리가 되어 삶과 죽음의 장벽을 허물고 서로를 이어주는 것 같아." 나는 그 이야기를 람 다스에게 했다.

"영혼들은 서로 서로 사랑합니다."라고 람 다스가 응답한다. "차원과 차원이 서로 이어지는 것입니다. 마하라지가 떠났을 때, 사랑은 더욱 커졌습니다. 마하라지는 내 삶 속에서 나와 가장 가까운 존재입니다. 나는 그분과 매일 매일 함께합니다. 나는 날마다 진리 자체와 살고 있는 셈입니다. 인도에 갔을 때, 지도를 읽을 줄 아는 사람을 찾고 있었습니다. 마하라지는 지도를 읽지 않았지요. 그분이 지도였고, 그분이 영토였으니까요. 그리고 그분이 그분의 모습 안에 있지 않다는 사실은 그분이 자신의 형상 안에 남아 있을 때보다 훨씬 더 깊이, 나로 하여금 그분을 이해하게 해줍니다. 그분의 형상은 나로 하여금 거리감을 느끼게 했습니다. 우리가 지금 만나는 사랑은 내 안에 있는 것입니다⋯. 우리가 음미했던 사랑의 진실.

마하라지는 나의 길이요 수행입니다. 첫 만남에서, 나는 풀밭에 그분과 아주 가까이 앉아 있었고, 그분이 내 생각을 알고 있다는 것을 느꼈습니다. 이분이 내 생각을 알고 있다니! 나는 당황했습니다. 나에게는 그분에게 알리고 싶지 않은 것들이 있었습니다. 그러고 나서 그분의 눈을 올려다보았고, 그분은 한 번도 본 적이 없는 나를 바라보고 있었습니다. 그분은 무한한 사랑이 담긴 눈으로 나를 바라보고 계셨습니다. 나는 누구로부터도 그런 사랑을 받아본 적이 없었습니다. 모두가 다 나에게 무언가를 원했습니다. 부모님, 선생님, 친구, 모두가 다 그랬습니다. 그런데 그분은 나를 아무 조건 없는 사랑으로 바라보고 계셨습니다. 그 순간이 내 인생을 바꾸었고, 지금 이 순간까지 사랑의 사슬로 연결되어 있습니다.

그 이후로 그분은 여러 방식으로 나와 함께했습니다. 처음에는 한 번도 사랑받지 못한 나를 사랑해주시는 인도의 훌륭한 스승님이라고 생각했는데, 그분의 사랑에 흠뻑 젖어가게 되면서 그분을 감성적으로 보고 있었습니다. 나는 그분을 인격체로 받아들이려고 애썼지만, 그렇게 되지 않았습니다. 그분의 사랑은 그 무엇도 그 흐름을 막을 수가 없었습니다. 서서히, 나는 그분의 사랑을 인간성을 초월한 무조건적인 것으로 받아들이기 시작했고, 애초에 상상했던 것보다 더 큰 사랑임을 실감하기 시작했습니다. 그분은 나를 다른 사람들보다 더 많이 사랑하지 않았습니다. 그분은 우리 모두를 완전히 사랑했습니다. 그분은 사랑의 바다였습니다.

그분이 돌아가신 후, 그분은 나에게 눈에 보이지 않는 사랑의 동반자가 되었습니다. 그분은 여전히 나를 무조건적으로 사랑해주는 상상 속 영감의 원천이자 장난꾸러기 놀이 친구였습니다. 나는 그분과 함께 산책을 했습니다. 그분과 긴 대화를 나눴습니다. 그분은 내가 사랑의 렌즈를 통해 세상을 보도록 도와주셨습니다. 누군가 나에게 말했습니다. '당신의 구루와 이야기를 나누신다고요? 그것이 당신의 상상이라는 것을 모르십니까?' 그래요, 바로 그것이 그분이 나에게 오시는 방식입니다. 상상을 통해서 말입니다. 아인슈타인은 지식보다 상상이 더 중요하다고 말했습니다. 지식은 우리가 지금 알고 이해하는 모든 것으로 제한되지만, 상상은 전 세계를 두루 포함하고, 앞으로 알고 이해해야 할 모든 것이 될 것입니다. 시간이 지날수록, 그분이 나와 분리되어 있지 않고 하나라는 것을 더 자주 경험하기 시작했습니다. 내 의식 안에는 그분과 내가 만나는 방이 있습니다. 우리는 거기에서 사랑으로 함께 어울리면서 놀고 있습니다."

람 다스는 마하라지를 생각하면서 웃고 있다.

"당신 자신의 죽음에 가까워지고 있는 지금, 당신은 마하라지가 당신과 하나일 뿐만 아니라 그분의 현존을 더 친밀하고 생생하게 느끼고 계시는 것 같습니다. 요즈음은 어떠신지요?" 내가 묻는다.

"마하라지는 영혼의 세계에 계시고, 나도 영혼의 세계에 있습니다. 그런데 지금 마하라지는 당신과 함께 합치자고 부르십니다. 나는 아직 거기에 있지 않은 것 같습니다. 나는 여전히 그분과 하나가 되기를 열망하고 있습니다. 나는 우리를 나누어 놓는 내 에고의 부분을 없애야 합니다. 그러나 길이 곧 목표이기 때문에 서두르지는 않습니다. 나는 박티 요가의 길을 따르고 있습니다. 그것은 사랑의 길, '하나임'을 열망하는 길입니다. 나는 구름과 바다와 바람과 이 순간…과 하나됨을 통하여 그 길을 찾아가고 있습니다.

마하라지는 북극성과도 같이 항상 영원히 거기에 계십니다. 마우이 주변을 떠도는 구름들처럼. 그러나 마우이는 늘 여기에 있는 것처럼."

그분은 진실 안에서 사랑으로 나를 알아보신다.

내가 누구인지를, 무엇인지를 알아보신다.

그분이 진실 안에서 나를 알아보실 때,

그분은 나의 현존 안으로 들어오신다.

바가바드 기타

사랑 안에서 그대 자신을 잃어버려라

우리가 다시 만났을 때, 람 다스가 말한다. "사랑은 모든 것을 하나가 되게 합니다. 우리는 거기에 도달할 수 없습니다. 우리의 존재 상태가 '그것'이어야 합니다. '그것'으로 존재해야 합니다.

사랑은 판단하지 않습니다. 사랑은 아무런 한계가 없습니다. 우리는 해변 위에 서서 우리의 신발과 에고를 내려놓고 사랑의 바다 속으로 다이빙합니다.

사랑을 잘 하면, 잘 죽을 것입니다. 죽음과 더불어 평화롭게 지내고 그 순간에 충만하게 머무르는 것은 우리로 하여금 사랑 안에서, 아름다움에 대한 사랑 안에서, 신의 현현에 대한 경외심 안에서, 우리 자신과 타인에 대한 사랑 안에서, 그리고 다른 모든 것들에 대한 사랑 안에서, 곧 즐거움은 물론 고통과 고난까지도 사랑하는 마음 안에서, 우리 자신을 잃어버리도록 허용합니다. 우리는 언제 죽을지 알 수 없으며, 알지 못한 채 살아가려면 모든 판단을 다 내려놓고 위대한 섭리에 내맡겨야 합니다. 우리의 희망과 두려움을 모두 내려놓고 삶에 가슴을 열고 연민과 자비심을 키울 수 있어야 합니다. 그러면 죽음이 찾아올 때, 우리는 사랑 속으로, 빛 속으로, 신께로 기꺼이 나아갈 수 있습니다."

내가 말한다. "마하라지는 저에게 '사랑이 없는 곳에는 가지 말라.'고 하셨어요. 그분은 나에게 미라바이라는 이름을 지어주었습니다. 정말 행복한 일이었습니다."

90년대에 미얀마에 갔을 때의 기억이 떠오른다. 나는 컴퓨터를 켜고 파일을 찾아서 람 다스에게 나의 일기 중 한 대목을 읽어 준다.

나는 오두막 바닥에 숄을 펴고 방석 위에 앉는다. 눈을 감고 자애 명상을 시작한다. 숨을 들이쉬고 내쉬며 반복한다. "내가 행복하기를. 내가 평화롭기를." 나는 눈을 뜨고 마하라지의 사진을 본다. 그는 딱딱한 침대 위에 격자무늬 모포를 두른 채 앞을 응시하고 있고, 나는 그분에게 기대어 팔짱을 끼고 바닥 위에 앉아 있다. 그분은 우리에게 거의 말을 하지 않았고, 짤막하게 "여러분 모두 사랑합니다."라고 말씀하셨다. 처음 도착했을 때에는 궁금한 점이 많았다. 직접적인 응답을 다 받은 것은 아니지만, 궁금증들이 저절로 떨어져 나갔다. 그분과 함께 사진을 찍었던 그 주에 그분이 나에게 이름을 주셨다. 미라바이Mirabai. 미라바이는 16세기 인도의 공주로, ('산을 들어 올리는 자'라는 뜻인 기리다르Girdhare로 알려진, 크리슈나의 형상을 한) 신과 사랑에 빠졌고, 궁전과 그녀의 모든 세상 소유물을 아무런 미련 없이 떠나 사랑의 시를 지어 그에게 노래 불러 주었다. 그녀는 힌두교에서 사랑의 신을 자신의 연인으로 삼은 에로틱한 박티의 화신으로 알려져 있다. 그녀는 사랑을 통해 자유를 찾았다. 그녀는 노래했다. "미라의 사랑은 반은 사자이고 반은 사람이네. 그녀는 자신의 모든 것을 다 그에게 바쳤네."

힌두 전통에서, 구루가 누군가에게 이름을 준다는 것은 그 이름이 뜻하는 대로 살면서 수행을 하고, 그 이름에 의해 영감을 받고, 그 이름에 의해 도전을 받고 깨어나라는 뜻을 가진다. '람 다스'는 '신의 종'을 의미한다. 그래서 나의 수행은 미라처럼 살아가는 것이지만, 21세기 방식으로 말하자면, '사랑에 미쳐서' 사는 것이다.

미라는 노래했다. "산의 기운을 밤낮으로 찬양합니다. 나는 인간들이 세세토록 추구해 온 황홀경의 길을 걷습니다." 그래서 나는 여기에 있다. 사랑에 미쳐서 살아가는 법을 배우면서. 나의 다른 모든 부분은 스러져가도록 내버려둔 채. 그리고 신을 사랑하는 일이 유신론자여야만 가능한 것은 아닐 것이다. 신을 사랑하는 일은 곧 우주 만물을 사랑하는 일일 수도 있다.

"멋져요."라고 람 다스가 말한다. "미라바이는 당신에게 딱 맞는 이름입니다."

몇 분 후, 그가 계속해서 말을 이어간다. "우리 자신이 곧 사랑입니다. 나는 이제 모든 것을 사랑으로 봅니다. 누군가가 나를 찾아오면, 나는 사랑을 봅니다. 내가 나무에게 말을 걸 때, 나무는 사랑입니다. 바다는 사랑입니다. 마룻바닥에 깔린 카펫도 사랑입니다. 내가 나의 내면에 있는 사랑의 장소로 들어가고 당신이 당신 자신의 내면에 있는 사랑의 장소로 들어가면, 우리는 사랑 안에서 함께 있는 것입니다. 거기에는 당신도 없고, 나도 없습니다. 사랑만이 있습니다. 우리는 곧 사랑입니다. 그것이 '하나임'의 입구입니다."

그 방에는 사랑이 많다. 람 다스, 나, 마하라지, 고양이 쿠시. 그냥 그대로 충분하다. 나는 "차를 좀 마십시다."라고 말한다. 인터콤으로 연락을 하자, 락슈만이 뜨겁고 김이 나는 향긋한 민트 차를 가져온다. 얼마나 멋진 선물인가!

치유하는 사랑

람 다스가 말한다. "사랑은 마음을 아프게 할 수 있지만, 마음을 치유할 수도 있습니다. 사랑은 우리를 치유하여 또 다른 종류의 온전함에로 이끌어갑니다."

"그래요."라고 말하면서, 나는 나의 어린 시절을 떠올린다. "아버지가 제 마음을 아프게 하셨지요. 아버지는 내가 일곱 살 때 집을 떠나셨어요. 울고 또 울었지요. 아버지를 너무 사랑했기 때문에 그만큼 가슴이 아팠어요. 예전처럼 다시 온전해질 수 있을까 싶었는데, 마하라지 님을 처음 뵈었을 때 마하라지 님은 내가 마치 세상에 하나밖에 없는 사람이라도 된다는 듯이 사랑을 듬뿍 담아서 저를 보고 계시는 것 같았어요. 나는 온전히 치유되었고, 완전히 사랑받는다고 느꼈습니다. 아마 그곳의 모든 사람들이 그것을 느꼈을 것입니다. 놀라운 일이었어요."

"사랑은 우리를 하나 되게 합니다."

"하지만 우리 둘 다, 하나가 아닌 많은 사랑을 경험했습니다."라고 내가 말한다. "처음에는 좋아하다가 다음에는 괴로움이 되어 버립니다. 우리 안에는 커다란 결핍감과 갈증이 도사리고 있어요. 사랑을 다른 사람들에 의해 주어지는 것이라고 생각한다면, 당연히 빼앗길 수도 있게 됩니다. 당신은 관계에 대해서 강의를 하신 적이 있지요. 기억나나요?"

"그럼요."라고 람 다스가 대답한다. "우리 사회에서 가장 자주 축하받는 사랑은 우리 모두를 하나 되게 하는 그런 사랑이 아닙니다. 우리 문화와 미디어에서 주목받는 대부분의 사랑은 낭만적인 사랑, 조건부의 사랑입니다. '첫눈에 반하는 사랑', '나도 당신을 사랑하고 당신도 나를 사랑하는' 상대적인 사랑을 진실한 사랑이라고들 합니다. 우리는 사랑이라는 것을 찾을 수 있고 붙잡을 수 있는 것, 거기에 빠지거나 빠져 나올 수 있는 것이라고 생각합니다. 하지만 진실은 어떤가요? 우리는 누군가에게 사랑을 받을 수도 없고 줄 수도 없습니다. 우리 자신이 사랑입니다. 때로는 다른 사람이 그것을 깨닫도록 도울 수도 있고, 우리가 다른 사람을 도울 수도 있겠지요. 우리 자신이 곧 사랑임을 깨닫는 것은 아주 중요한 경험입니다."

잠시 침묵을 지킨 후, 람 다스가 말한다. "우리는 때로 다른 사람을 사랑하게 될 것을 두려워하기도 하고, 사랑받지 못할까 봐, 거부를 당할까 봐, 버려지게 될까 봐, 상처를 입게 될까 봐 두려워합니다. 그 모든 것은 '나'라는 것을 개체성을 지닌 에고로 여기고 그 에고를 유지하려는 마음 때문에 생기는 것입니다."

내가 그의 말을 받는다. "사랑과 집착 사이는 경계가 얇아서 분간하기가 어렵습니다. 제 생각에, 두려움 때문에 선뜻 사랑하지 못하는 경우가 많은 것 같아요. 상처를 받을까 봐, 사랑을 받지 못할까 봐, 어리석게 보일까 봐, 내가 누구인지 정체가 드러날까 봐, 홀로 남겨지게 될까 봐 두려워합니다. 그런 두려움을 극복해야만, 사랑할 수가 있습니다."

"가슴 아프게 될까 봐 두려워하지요."라고 람 다스가 말한다. 그가 그렇게 말하는 순간, 내 가슴이 아파진다. 두 팔에 힘이 빠지는 것 같다. 우리는 잠시 침묵 속에 앉아 있다.

이윽고 그가 입을 연다. "전통적인 관계에서는, 인간관계가 어떠해야 한다는 고정 관념에 집착합니다. 사랑하는 사람이라면 의당 이러저러해야 한다는 특정한 방식에 집착하고, 그런 기대와 집착이 어그러지면 실망하고 사랑에서 멀어집니다. 그것이 함정입니다. 우리는 마치 허기진 귀신처럼 삶을 살아가는 것 같습니다. 우리 모두의 깊은 곳에서는 사정이 이러합니다. 누구나 다 사랑을 필요로 하고, 더 많이 얻을수록 더 좋다고 생각하고, 얻지 못하면 상실감과 박탈감에 시달립니다. 사랑을 마치 쟁취하는 것처럼 생각합니다. 아시다시피, 성공을 향해 달려가는 사람들은 무언가를 성취하는 순간 그것이 무의미해져 버리는 경험을 하게 됩니다. 그러면 그는 또 그보다 더 높은 목표를 정해 놓고 달려가고, 이렇게 다음, 그 다음을 향해 달려가느라 멈출 줄을 모릅니다. 조건부 사랑의 곤경은, 그것이 친절과 보살핌과 감사에 우리의 마음을 열게 할 수는 있지만, 무조건적인 사랑에 온전히 거하는 법을 배우지 못하는 관계에 사로잡힐 수 있다는 것입니다. 연인이 떠나고 나면, 우리는 다시 배가 고파집니다. 우리는 그것이 그 사람에 대한 굶주림이라고 생각하지만, 실제로는 영원한 평화에 대한, 본향으로 돌아가 안기고 싶은 굶주림이요 하나됨에 대한 갈망입니다. 사랑하는 사람과 사랑 받는 사람이 영원히 합쳐지는 곳에 대한 그리움입니다. '영원한 하나' 안에 안기고 싶은 허기입니다. 지금 이 순간을 충만하게 살고자 하는 갈망입니다."

나는 웃기 시작한다. "아무리 애써도 사랑하기 힘든 사람들을 떠올리려고 해보았지만, 아무 생각도 떠오르지가 않네요."

람 다스가 말한다. "그래요. 세무사, 사업가, 정치가는 어떻습니까?"

도널드 트럼프가 이제 막 대통령에 당선된 때였다.

람 다스가 말을 이어간다. "아무튼 흥미로운 일이네요. 기억나나요? 산속에서 농사를 지으면서 살아가는 마야인들과 전쟁을 벌였던 과테말라 군대를 내가 얼마나 미워했는지."

"그럼요."

"한 번은 우리가 멕시코로 피난 갔다가 돌아온 난민들과 함께 비행기를 타고 과테말라 산속의 작은 마을로 가던 중이었습니다. 그들은 모든 것을 다 잃었고, 마침내 재건을 시작할 참이었습니다. 모두 네 명이 소형 비행기를 타야 했습니다. 군용기는 아니었지만, 조종사들은 대부분 전직 군인이었습니다. '맙소사, 무서운 과테말라 군인과 함께 이 작은 비행기를 타고 간다고?' 비행기를 타려면 전체 탑승객의 무게가 가늠되어야 했습니다. 그런데 비행기의 무게 균형을 잡으려면 내가 조종사 옆 앞좌

석에 앉고, 다른 세 사람은 뒷좌석에 앉는 것밖에 다른 방법이 없었습니다!"

람 다스가 더 크게 웃는다.

"하지만 어쨌든, 구름 위로 날아 올라갈 때는 너무 좋았습니다. 비행기 안에서 내다보는 풍경은 아름다웠습니다. 조종사가 나를 돌아보며 말했지요. '직접 조종을 해보고 싶지 않아요?' 내가 고개를 흔들며 대답했어요. '난 하지 못해요.' 그러자 그가 말했습니다. '자, 조종간을 잡으세요. 해보세요.' 조종사는 저에게 5분가량 조종법을 설명해 주었습니다. '내가 여기 있으니, 안심하고 해보세요. 여기 앉아서 해봐요.' 그래서 나는 조종간을 잡고 비행을 했고, 정말 짜릿했지요! 나는 내가 이렇게 살아서 날아가고 있다는 사실에 감격했습니다! 한참 후 조종사가 조종간을 다시 잡았고, 나는 팔을 둘러서 그를 껴안았습니다. '정말 감사합니다! 너무 좋았어요.'"

람 다스와 나는 둘 다 웃고 있다.

"그때 나는 군인들이 얼마나 부도덕하고 무자비하기 짝이 없는 짓을 저지르는지를 잊고 있었던 것은 아니지만, 그 조종사가 방금 나에게 친절을 베풀어준 것에서 알 수 있듯이, 나처럼 한 인간이라는 것을 알게 되었습니다."

람 다스가 말을 이어간다. "그리스도의 사랑, 신의 사랑은 조건에 의존하지 않는 사랑입니다. 그것이 깨어 있는 사랑이요, 자비이며, 아가페입니다. 무조건적인 사랑은 우리들 각자 안에 존재합니다. 우리는 우리의 머리가 가슴과 조화를 이룰 수 있도록 삶의 속도를 늦출 필요가 있습니다. 사랑에는 사실 아무런 한계가 없습니다."

나는 이번 대화를 위해 수집해 온 인용문들을 찾기 위해 나의 노트에 손을 뻗는다. "버크민스터 풀러Buckminster Fuller는 이렇게 말했어요. '사랑은 모든 것을 두루 포함합니다. 사랑은 우리가 우리 자신이라고 생각하는 에고를 넘어 점점 더 영묘한 세계로 퍼져 나아가 더 이해가 깊어지고 부드러워지고 자비로워지게 해줍니다.' 그의 장례식 후 피로연이 케임브리지에 있는 우리 집에서 열렸었지요. 기억나나요? 흥미로운 점은, 그와 그의 아내가 함께한 지 50년이 지난 후 두 사람이 24시간 이내에 세상을 떠났다는 것입니다. 에고를 초월하여 서로가 서로에게 스며들어서 그렇게 살았던 것 같습니다.

바가바드 기타에 좋은 인용문이 있습니다. 크리슈나는 아르주나에게 '너의 머리와 가슴을 나에게 주면, 너는 내게로 오리라.'라고 말합니다. 마치 그가 나를 향해 '항상 나를 생각하고, 항상 나를 사랑하면, 내가 너의 가슴과 행동을 인도할 것이다.'라고 말씀하시고 있는 것 같습니다. 우리가 가슴의 길을 따른다면, 우리의 사랑과 헌신이 우리를 인도하게 됩니다. 생각하는 우리의 머리는 가슴과 균형이 이루어져야 합니다."

람 다스를 보면서, 내가 말한다. "사랑은 힘을 북돋워줍니다. 사람들은, 람 다스, 당신과 함께 있고 싶어합니다. 당신이 사람들을 사랑하기 때문입니다. 그들은 당신에게 새로운 힘을 충전받고 갑니다. 많은 사람들이 그렇게 말하는 것을 들었습니다. 사랑받는다는 것은 힘을 북돋워줍니다. 마하라지와 함께 있을 때면 당신이 그렇듯이."

"그래요."

"수백, 아니 수백만 명의 사람들이 당신의 말에 끌리는 것은, 마하라지가 당신을 사랑했기 때문입니다. 수백만 명의 사람들이 말입니다!"

"글쎄요, 오늘 오후 우리의 인터넷 방송을 시청하실 분들은 무언가 인생의 이정표 같은 것을 찾고 계시는 구도자들일 것 같아요."

아, 참, 인터넷 방송! 그제야 일정표가 생각난다. 그리고 그 순간, 음향 담당자들이 들어온다. "음향을 체크할 시간이에요."

람 다스가 나에게 말한다. “당신도 옷을 갈아입는 게 낫겠군요.” 그러고는 주위를 둘러보며 모든 것이 제대로 돌아가고 있는지 확인한다. 나는 스케줄을 깜박 잊어먹고 평소 입는 대로 낡은 티셔츠를 입고 있었다. 얼른 옷을 갈아입고 다시 와야 할 것 같다. 그가 말한다. “나는 하와이 사람들이 좋아하는 꽃무늬 셔츠를 입을 거예요.”

나는 람 다스와 음향 담당자들을 뒤에 남겨두고, 계단을 내려간다. 사랑은 확실히 힘을 더해준다. 사랑 안에서는 내가 죽어도 괜찮을 것 같은 마음이 들게 된다. 사랑은 우리로 하여금 죽을 준비를 하게 해준다. 모든 사람들을 다 사랑하라. 사랑으로 그대의 옷을 갈아입어라.

사랑으로 서로 이어져서

웹캐스트를 위한 촬영이 시작되자, 화려한 꽃무늬 셔츠를 입은 람 다스가 천천히 말한다. “당신은 사랑의 바다에 빠져들게 됩니다. 마하라지는 사랑에 모든 것을 다 잃어버린 한 영혼이었습니다. 그것이 바로 그가 우리에게 말하고 있었던 것입니다. 우리는 자라면서 에고를 우리 자신이라고 생각하기 시작합니다. 우리 자신을 우리의 생각과 감각과 욕망과 개성이라고 생각합니다. 하지만 내가 누구인지를 탐구하다 보면, 시간이 지남에 따라 우리의 영적 자아, 영혼을 알게 됩니다. 영혼은 사랑 자체라는 것을 알게 됩니다. 마하라지는 바로 지금 이 순간부터 우리의 마지막 순간까지, 죽음에 이르게 될 때까지, 사랑의 의식을 열고, 사랑 안으로 깊이 들어가서, 영혼으로서 살아가라고 말씀하셨습니다. 그가 나에게 모든 사람을 사랑하고 진실을 말하라고 말씀하셨을 때, 그것은 내가 나의 영혼 안에 머물면서 살아야 한다는 뜻일 것입니다. 영혼 안에서 쉬면서 사랑의 의식으로 살아간다는 것은, 우리의 삶 안에 있는 모든 이들을 다 섬긴다는 뜻입니다. 왜냐하면 우리는 모두 사랑으로 연결되어 있기 때문입니다. 우리는 내가 '소울 컨트리Soul Country' 또는 '소울 랜드Soul Land'라고 부르는 곳에서 만납니다. 마하라지는 이 세상은 무상하며, 영혼은 결코 죽지 않는다는 것을 늘 기억하라고 말씀하셨습니다. 그러니 우리는 편안히 죽을 수 있는 모든 것을 다 갖추고 있다는 것입니다. 죽음은 완전히 안전합니다. 죽음은 우리가 두려워해야 할 무엇이 아닙니다. 늘 가슴을 열고 살아야 합니다."

죽음 이후에 무슨 일이 일어날지 나는 알지 못한다. 하지만 소울 랜드라는 아이디어가 마음에 든다. 언젠가, 달리아가 바닷가에서 모래로 케이크를 만드는 모습을 본 적이 있다. 달리아는 자신이 케이크 랜드에 있다고 말했다. 케이크 랜드, 소울 랜드…. 우리는 우리가 있고 싶은 곳에 대한 선택권을 가지고 있다.

웹캐스트가 끝난 후, 람 다스는 잠시 휴식을 취하기로 한다. 나는 신선한 코코넛과 빨대를 가지고 수영장으로 간다. 수영을 하면서, 예전보다 동작이 더 느려지고 가끔은 호흡곤란을 겪기도 하는 창백한 얼굴의 람 다스를 생각한다. 그가 활발하게 오가면서 채우던 공간들이 지금은 거의 대부분 텅 비어 있다. 그럼에도 그의 존재 자체는 늘 빛에 둘러싸여 있는 것 같다.

한참 후 그를 다시 보게 되자 그는 "당신이 수영하는 걸 봤어요."라고 말한다.

"아, 내 수영 실력이 어떻던가요?"

그는 무슨 말인가를 하려고 입을 열 듯하다가 다시 또 머뭇거리더니, 말한다. "믿음직해 보였어요."

나는 속으로 생각한다. '그래요, 내가 항상 믿을 만했으면 좋겠어요. 내 사랑이 늘 믿을 만했으면 좋겠네요.'

그날 밤, 람 다스는 「굿 바이Departures」라는 일본 영화를 보고 싶어 한다. 장례지도사라는 낯선 직업을 갖기 위해 훈련하는 젊은 첼리스트의 이야기다. 나는 람 다스가 첼로 연주를 했기 때문에 그 영화에 관심을 갖게 된 줄로 생각했는데, 영화는 정말로 죽음과 애도와 장례식에 관한 것이다. 이 아름다운 영화를 보면서 나는 내가 죽게 될 때 내 몸을 위한 의식을 어떻게 치르게 할 것인지에 대해 생각해 본다.

나는 람 다스에게 때가 되면 유골을 어디에 뿌리고 싶은지 물어 본다. 그가 "바다에. 저기 저곳에."라고 대답하면서 창밖을 내다본다.

사랑 안에서 살기

또 하루가 시작되고, 오트밀과 망고를 먹고 설거지를 한 후, 우리는 여전히 아침 식탁에 둘러앉아 있다. 크리슈나 다스가 찾아와서, 우리는 40년 전 인도에서 시작된 대화를 나누고 있다. 대화의 들머리는 라마크리슈나의 제자 비베카난다Vivekananda가 쓴 편지다. 1893년 시카고에서 열린 제1차 세계종교회의에서 연설을 했던 비베카난다는 힌두교와 베단타를 서양에 소개한 인도의 철학자이자 종교가이다.

최근, 크리슈나 다스는 비베카난다가 삶의 끝이 가까워졌을 때 쓴 편지를 읽었다. 크리슈나 다스는 비베카난다가 자신이 가르치고 말하는 것이 자신의 에고를 북돋고 있는 것은 아닌지, 명성과 학생들의 평가에 집착하고 있는 것은 아닌지, 그런 행위가 사실 자기 자신을 '신과 맞대면할 수 없게' 가로막고 있는 것은 아닌지, 스스로 돌아보는 모습에 감동을 받았다고 말한다.

람 다스는 바로 그 점에서 자신도 걱정하고 있다고 말한다. 크리슈나 다스는 여러 해 동안 그것 때문에 고심해 왔다고 한다.

잠시 후, 크리슈나 다스는 우리 모두가 알고 있지만 계속 잊고 살아가고 있는 것을 상기시킨다. "나는 나를 따르는 것처럼 보이는 사람들이 사실은 나에게 이끌린 것이 전혀 아니라는 것을 알았습니다. 내가 연결되고 있고 싶어 하는 사랑의 장소에 그들도 연결되고 싶어 했던 거예요. 큰 사랑에 안기고 싶은 거예요. 내가 그러는 것처럼."

우리가 마하라지를 통해 발견한 장소. 바로 그곳에 도달하고 거기에 머무르자면, 무엇을 어떻게 해야 할까? 그것이 우리가 40년 동안 나누어온 대화의 핵심일 것이다. 우리가 마하라지와 함께 있을 때, 그는 우리에게 무엇을 하라고 했던가? 어떻게 살라고 했던가? 우리가 세상에서 행하는 일과 법, 그리고 죽기 전에 우리가 배워야 할 것 사이에 어떤 관련성이 있다면, 지금 우리는 무엇을 해야 할까?

"모든 것이 사랑에 관한 것"이라고 람 다스가 말한다. "모든 것은 사랑이 되는 것에 관한 것입니다. 우리는 자신을 에고로 여기는 것에서 시작하여 자신이 영혼이라는 것을 알고 영혼으로 살아갈 수 있어야 합니다. 마하라지는 사랑에 빠진 영혼이었습니다. 사랑 안에서 모든 것을 다 잃어버리고 살아가는 사랑의 화신이었습니다. 그것이 그가 우리에게 말한 것입니다." 우리는 몇 분 동안 말이 없다. 이윽고 람 다스가 덧붙인다. "사다나… 영적 수행이지요. 우리가 할 일은 우리 자신을 위한 수행입니다. 우리를 사랑에 빠지게 하는 수행이 아니라면, 그것은 우리를 위한 수행이 아닙니다."

그가 나에게 묻는다. "미라바이, 당신이 미군들에게 가르칠 때, 당신은 어떤 식으로 사랑을 이야기한 거죠? 나는 사랑하는 법을 배우고자 하는 사람들, 사랑으로 존재하기를 터득하고자 하는 사람들을 가르치고 있습니다. 그것이 그들이 나에게 오는 이유입니다. 그러나 군대는 원칙적으로 그것을 원하지 않습니다. 그들은 사람들을 죽이려고 합니다."

멋진 질문이다. 나는 람 다스와 함께 가르치는 것을 좋아한다. 나는 사람들이 더 많이 사랑의 상태에 있고 싶어 하기를 바라면서도, 기업 임원이나 시카고의 전직 갱단 지도자들, 미군의 의료진 및 군목들도 가르쳐왔다.

"글쎄요." 하고 내가 말한다. "내가 그들에게 간 것이 아니라 그들이 나에게 왔지요. 나에게는 아주 놀라운 일이었어요. 그것은 쉬운 일이 아니었습니다. 나는 아직도 그 문제를 해결하려고 애쓰고 있습니다. 바가바드 기타를 떠올리곤 합니다. 아르주나는 전사이지만, 반대편 사람들을 죽이고 싶은 욕망은 없었습니다. 그들은 그의 땅에 욕심을 품고 있었을지 모르지만 그의 사촌이었고, 그와 마찬가지로 가족이 있는 사람들이었습니다. 그는 몸이 떨렸고, 머리카락이 곤두섰습니다. 피부는 타오르는 듯했고, 무기를 쥔 손에서는 힘이 빠졌습니다. 크리슈나에게 도움을 청하자, 크리슈나는 자신의 부족을 보호하는 것은 그의 의무라고 말합니다. 아르주나는 집착 없이, 고결함과 지혜와 연민을 가지고 그 일을 행해야 했습니다. 아르주나는 수행을 통해 그 방법을 터득해야 했습니다."

내가 말을 이어간다. "내가 배우고 있는 가장 큰 교훈은 그것이 곧 우리 자신들의 이야기라는 것입니다. 군인들은 어려운 질문에 직면하고 있습니다. 전쟁터에 나간 병사들에게는 다른 인간을 죽일 수 있는 권한이 주어집니다. 그런 전쟁터에서 병사들은 어떻게 행동해야 할까요? 파괴를 통해 평화를 증가시켜야 하는 임무를 어떤 식으로 달성해야 할까요? 리더십이 요구되는 상황에서 개인적인 두려움과 슬픔을 어떻게 처리해야 할까요? 그들은 위장을 하고 있을지 모르지만, 현재에 머물며 의식적으로 일을 하고 현명한 결정을 내릴 수 있도록, 모든 사람이 그렇듯이, 사랑의 마음으로 늘 깨어 있어야 합니다. 그들은 그것을 '상황 인식'이라고 부르며, 그들 중 많은 사람들이 개방성, 친절, 배려로 이 연습을 하고 있습니다. 그들은 고통을 이해합니다. 그들은 삶과 죽음의 칼날 위에서 살고 있습니다."

우리는 잠시 숙연하게 앉아 있다.

람 다스는 천천히 "죽음"이라고 말한다. 그리고 얼마 후, 말을 이어간다. "수행과 죽음의 차이점이자 동일한 점은, 그것들이 에고에서 시작하여 영혼으로 끝난다는 것입니다. …두려움이 문제이고, 두려움의 뿌리는 분리감입니다. 우리는 연민과 사랑을 통해 분리감을 변화시킵니다. 그리하여 두려움은 수행에 참여하여 더 많이 사랑 안에 있으라는 초대장입니다."

바로 그것이었다. 해답은 너무나 간단하다. 우리가 죽기 전에, 혹은 죽어가고 있으면서 해야 할 일은 무엇이고, 집착하지 않는 법은 무엇인가에 대한 해답. 우리는 아주 짧은 시간 동안에 오트밀과 망고에서 사랑과 죽음으로 넘어간 셈이다. 수행과 사랑이 그 해답이다.

우리는 모두 침묵에 빠진다. 우리는 수영하러 가자고 말하고 나서도, 침묵에 싸인 채 거기에 앉아 있다. 계속해서 그렇게 거기에 앉아 있다. 커다란 하와이풍 창문으로 햇살이 비쳐들고, 도마뱀 소리만이 정적을 깨고 있다.

한 시간 정도 지나서야, 우리 중 누군가가 말한다. "우리, 수영하러 가자고 했었지요." 나는 우리가 지금 수영을 하고 있다고 생각한다. 사랑 안에서.

후회 없는 죽음을 위하여

다음 날 아침 식사 중에 크리슈나 다스가 우리에게 말한다. 수잔 길버트에게 이메일이 왔는데, 우리의 친구인 세바 재단의 알레한드라 알바레즈Alejandra Álvarez에 대한 공동의 추도사를 몇 줄 정도 람 다스에게 쓰거나 말해 달라고 요청하는 내용이라고. 그녀는 며칠 전에 멕시코에서 사망했다. 나이가 들어가면서, 많은 친구들이 죽어가고 있다.

람 다스는 힘든 밤을 보냈다. 몸속에 삽입된 항생제로 인한 통증 때문에 잠을 충분히 자지 못한 것 같다. 그러나 그는 고인에 대한 생각에 잠겨 있는 듯 오랫동안 침묵에 빠져 있더니, 가만히 "알레한드라"라고 말한다.

알레한드라. 그녀의 미소와 검은 머리가 떠오른다. 우리는 80년대 중반에 만났다. 그녀는 우리에게 멕시코와 과테말라의 미스터리에 대해 말해 주었다. 람 다스와 나와 내 아들 오웬은 멕시코 남부 팔렝케에 있는 피라미드에 올라갔는데, 갑자기 비가 쏟아지는 바람에 재규어 신전에서 비를 피해야 했다. 과테말라에서, 그녀는 베틀로 아름다운 직물을 짜는 사람들에게 닥친 슬픈 현실을 증언하고, 우리에게 옥수수대로 지붕을 얹은 집들을 보여주었다. 우리는 큰 상처를 안고 살아가야 하는 미망인을 만났고, 한 남자는 그녀에게 마을의 비료 트럭이 도난당했다고 말했다. 한 무당의 아들은 자신의 옥수수가루가 누군가에 의해 독으로 오염된 것 같다고 말했다. 병사들이 AK-47 소총을 들고 마을을 지나가면서 영양실조에 걸린 꼬맹이들에게 겁을 주는 모습도 지켜보았다. 염소들은 여전히 뛰어놀고 있었고, 마야인들은 그럼에도 희망과 경이를 품고 살고 있었다. 돈 비센테의 오두막에서는, 그가 늘 하던 대로 옥수수와 콩과 우리를 위해 기도를 해주었다.

람 다스는 한참 동안 침묵을 지키고 있다가 이윽고 입을 연다. "그녀는 사랑과 기쁨과 유머로 사람들을 섬기는 삶을 살았습니다. 그녀는 '지금 여기'를 중시하는 동료였지요. 그녀는 그 프로젝트를 위해 일하도록 나를 감동시켰습니다. 그녀가 관여하는 일에는 누구도 뒤로 빠지기가 힘들었습니다. 그녀는 자신의 삶을 통해 자신이 섬기는 사람들을 점점 더 깊이 이해하게 된 것 같습니다." 그는 잠시 말을 멈춘다. "그녀는 반짝반짝 빛나는 사람이었어요." 다시 또 말을 멈춘다. "그녀는 동료 이상이었습니다." 다시 또 말을 멈춘다. "그녀는 친구였습니다."

그녀는 람 다스가 하는 말을 사랑으로 들었을 것 같다. 특히 '반짝반짝 빛나는 사람'이라는 말을. 그는 사실 그녀를 두고 '반짝이는 사람'이라고는

말한 적이 없었던 것 같다. 나는 그녀가 지금 어디에 있든 그의 말을 듣고 있어 주기를 바란다.

나는 생각한다. 할 수 있으면 사람들에게 나의 사랑을 더 자주 말해주어야겠다고. 그들이 살아있는 동안 들을 수 있도록. '친구들에게 사랑한다는 말을 충분히 해주도록' 매주 해야 할 일의 목록에 적어두어야겠다. 후회 없이 죽을 수 있도록.

람 다스, 사랑하는 사람들의 죽음을 기억하다

죽음을 지워 없앨 수는 없지만
사랑과 편안함으로 맞이할 수는 있습니다.

람 다스

올더스 헉슬리

나는 하버드 대학교에 있을 당시, 『영원의 철학The Perennial Philosophy』, 『멋진 신세계Brave New World』, 『인식의 문The Doors of Perception』의 저자로서 철학자이자 작가인 올더스 헉슬리Aldous Huxley를 처음 만났다. 1961년, 그와 티모시와 나는 코펜하겐에서 열린 제14차 응용 심리학 연례 회의에서 연설했다. 헉슬리는 비전의 경험에 대해 이야기했다. 티모시와 나는 LSD와 실로시빈psilocybin을 통해 진짜 신비 체험을 할 수 있다고 말함으로써 청중들을 뒤흔들었다. 그곳의 일부 학자들은 우리가 덴마크의 심리학을 20년 후퇴시켰다고 말했다.

훗날 올더스는 우리에게 『티벳 사자의 서The Tibetan Book of the Dead』를 선물해 주었는데, 그 책은 나로 하여금 환각제를 통한 죽음의 경험을 돌아보게 했고, 죽음에 대한 나의 이해를 변화시키는 계기가 되어주었다.

올더스는 그의 소설 『아일랜드Island』에서 등장인물인 락쉬미의 죽음을 인상 깊게 묘사했다. 그녀는 사랑하는 남편과 친구들의 인도를 받아 모든 것을 다 내려놓는 과정을 통해 '가볍게 춤을 추면서' '빛으로 충만한 축복' 속으로 들어간다. "내 사랑… 이제 모든 것을 다 보내줘요. …낡고 오래된 몸을 떠나보내요. 이제는 더 이상 몸이 필요하지 않아요. 떠나보내요. 낡은 옷을 벗어버리듯이, 거기 그대로 벗어 놓으세요. …내 사랑, 계속 가세요. 빛 속으로, 평화 속으로 가세요. 투명한 빛으로 가득한, 살아있는 평화 속으로 들어가세요."[10)]

올더스는 실제로 자신의 죽음에 대한 청사진으로서 그 대목을 썼다. 원고를 끝마칠 무렵, 그는 인후암을 앓고 있었다. 죽을 때가 되자, 그와 그의 아내 로라는 LSD를 함께 복용했다. 그녀는 『아일랜드Island』에 나오는 그 대목을 읽었고, 올더스는 말을 할 수 없었기 때문에 종이 위에 "이제 발가락, 다리, 허벅지에 감각이 없습니다."라고 썼다. 그는 자신이 자신의 몸을 떠나는 것을 보았지만, 어떠한 두려움이나 공포도 없었고, 죽음을 밀어내려고 하지도 않았다. 올더스는 우주를 믿을 수 없을 정도로 경이로운 신성한 창조 법칙의 현시로 보았고, 마지막에 단 한 마디 말을 남겼다. "놀랍다! 놀라워!" 그는 아무런 의도도 개입시키지 않은 냉정한 관찰자처럼 그렇게 모든 것을 받아들였기 때문에, 신성한 법이 만물 안에 구현되고 있는 것을 보았던 것이다. 자신의 죽음마저도.

마하라지

1973년 9월, 뉴햄프셔에 있는 아버지의 농장에 머물고 있을 당시, 한 통의 전보를 받았다. 쇼핑을 하러 마을에 나갔다가 돌아오는데, 아버지와 계모가 걱정스런 표정으로 나를 맞아주었다. 아버지가 말씀하셨다. "방금 인도에서 전보가 왔다. 나는 이해하지 못하지만, 교환원이 내게 불러준 대로 한 글자 한 글자 받아적었다. '9월 11일 1시 15분, 바바지께서 비린다반에서 육신을 떠나셨다.'" 전보는 그 외에도 다른 세부사항을 전해주었다. "무슨 전보니?" 아버지가 물었다.

"마하라지 님이 돌아가셨다는 뜻이에요." 내가 말했다.

나중에 내가 들은 바에 따르면, 마하라지 님은 마지막 날 헌신자들이 함께 앉아 경건한 노래를 부르는 가운데 그의 사원에 앉아서 당신을 돌봐주셨던 '어머니들'을 만났다. 그러고는 경내의 작은 사원들을 찾아다니셨다. 그는 조금쯤 마음이 흔들리는 것 같았다. 그의 담요가 흘러내려서 누군가가 바로잡아주려고 하자 "그만둬. 부질없는 일이야. 나는 이 중앙 감옥을 곧 떠날 거야."

그는 문제가 생긴 것에 대해 불평하고 있었고, 아그라Agra의 심장 전문의를 만나고 싶어 하셨다. 그는 인도의 젊은 헌신자인 라비 칸나에게 기차를 타고 함께 의사를 만나러 가자고 요청했다.

여행길에는 마하라지의 아들 나라얀Narayan도 동행했다. 아그라에서 돌아오는 길에 기차가 마투라에 정차하자, 마하라지 님은 그곳에서 내리기로 하셨다. 땀을 흘리고 추워 보이셨기 때문에, 그들은 그를 라마크리슈나 복음 병원으로 모시고 갔고, 산소호흡기를 꽂고자 했지만 '쓸데없는 일'이라며 한사코 뽑아 버리셨다. 그러고는 우주의 신 비슈누를 찬양하는 노래를 부르시며, 의사가 오기도 전에 몸을 떠나셨다. 마하라지 님의 시신은 브린다반의 아쉬람에서 장작더미 위에 올려져 화장되었다.

내가 전보의 의미를 부모님께 말씀드리자 부모님은 즉시 나를 위로하려 하셨지만, 그분들의 말은 이상하게도 겉도는 것 같았다. 나는 전혀 슬프지도 않고

행복하지도 않았다. 상실감도 전혀 없었다. 감각이 마비된 것 같았다.

결혼 생활에 어려움을 겪는 부부가 나를 만나려고 기다리고 있었기 때문에, 나는 그들과 함께 앉아서 그들이 사랑과 미움의 얽힘을 풀도록 도와주었다. 토론 중에 이따금씩 마음이 겉돌면서 불현듯 이런 생각이 들었다. '마하라지 님은 당신의 몸 안에 계시지 않아. 이상한 일이지 않아? 이제 어떻게 되는 거지?' 그러나 나는 그런 생각을 제쳐두고 당면한 일에 다시 집중하곤 했다. 무슨 일이 있더라도, 다른 사람들을 섬기는 일을 중단해서는 안 될 것 같았다. 결국 마하라지는 어디로 갈 수 있겠는가? 나는 그가 내 가슴 속에 있다는 것을 알았다. 나는 거기 뉴햄프셔에서 매 순간 그와 함께 살아왔다. 그의 육신은 그곳에 없었지만, 그게 무슨 차이가 있겠는가? 사실, 당시의 나에게 지금과 같은 확신은 없었다.

그 부부가 떠났을 때, 나는 미국과 캐나다에 있는 헌신자들에게 전화를 걸어 다른 사람들에게도 소식을 알려 달라고 요청하기 시작했다. 그리 멀리 있지 않은 사람들은 뉴햄프셔에서 나와 합류하기로 결정했다. 이튿날 20여 명이 모였다. 특별한 만남이었다. 모두들 그 소식에 어안이 벙벙했고, 우는 사람들이 많았지만, 동시에 우리는 함께 있다는 것에 행복해 했고, 마하라지의 현존을 강하게 느꼈다. 우리는 불 주위에 둘러앉아서 먹으려고 푸짐한 식사를 준비했지만, 그러기 전에 모두 내 방으로 올라가 푸자 테이블 앞에 앉아 명상을 하고 마하라지 님께 노래를 바쳤다.

우리는 고대 산스크리트 기도문을 암송하면서, 번갈아 그의 사진 앞에서 촛불을 흔들며 마하라지에게 빛을 바쳤다. 내 차례가 끝나자, 나는 그룹 뒤쪽으로 가서 촛불에 반사된 내 구루의 형제자매의 얼굴을 보았다. 몇몇 사람은 마하라지가 명명한 어린아이를 안고 있었다. 나는 그들의 표정에서 가슴에서 우러나오는 사랑과 순수함을 보았고, 결국 눈물을 흘리고 말았다. 상실의 슬픔에서가 아니었다. 나는 마하라지 님이 일깨워주신 우리 안의 순수하고 완전한 사랑의 현존을 느끼고 있었다. 가

습으로 모인 그 사람들 안에서 그것이 느껴졌다. "모든 사람을 다 사랑하라."라고 그는 말씀하셨고, 그 순간 나는 그 말씀을 따르고 있었다.

마하라지는 내 인생에서 가장 가까운 존재이다. 그는 내가 매일 함께하는 살아 있는 진실이며, 그가 인간의 형상 안에 있지 않다는 사실은 나로 하여금 그가 몸을 입고 있었을 때보다 더 심오한 방식으로 그를 이해하게 해준다. 지금 내가 만나는 사랑은 내 안에서 형체가 없이 존재한다. 크리슈나 다스가 인도인 헌신자에게 마하라지께서 돌아가신 후 어떻게 하면 그분과 더 가까워질 수 있는지 물었을 때, 그 헌신자는 이렇게 답했다고 한다. "무슨 말씀을 하시는 겁니까? 당신의 구루는 지금 당신의 눈을 통해서 보고 계십니다. 마하라지 님은 바로 거기에 계세요." 그리고 나도 또한 그렇게 알고 있다.

티모시 리어리 Timothy Leary

1996년 티모시가 죽어가는 과정과 그의 죽음은 우리 사회의 많은 관습과 사고방식에 큰 도전이 되었다. 그는 자신의 죽음을 일종의 공연, 춤, 축복의 순간으로 바꾸었다. 2014년 내 친구인 게이 딜링햄Gay Dillingham은 티모시가 주인공인 「죽도록 알고 싶은 것Dying to Know」이라는 다큐멘터리 필름을 만들었다. 그것은 티모시가 암으로 사망하기 전에 나와 나눈 대화가 중심이다. 로버트 레드포드가 내레이션을 맡은 이 필름은 과거를 회상하는 장면들 위로 대사가 울려 퍼지면서 시작된다. "주파수를 맞춰, 마음껏 즐겨, 다 털어버려 Turn on, tune in, and drop out (티모시 리어리의 사이키델릭 록 앨범 제목: 역자), 하버드 대학교의 두 교수. 한 사람은 결국 감옥에 갔고, 다른 한 사람은 저명한 영적 스승이 되었습니다. 그들은 의식을 극단까지 탐구했습니다. 그들은 50년대를 그렇게 마감했습니다."

티모시와 나의 절친인 페기 히치콕Peggy Hitchcock은 인터뷰를 통해 이렇게 말한다. "모두가 죽는 것을 두려워합니다. 어떻게 죽을 것인가는 중요한 문제입니다. 죽음에 관한 문제는 우리 사회의 주요한 이슈가 아닐 수 없습니다." 그런 다음 우리가 화면으로 젊은 시절의 나를 지켜보는 장면이 나온다. 내가 말한다. "우주는 너무나 광대하고 두려울 정도로 신비롭습니다. 우리가 우주를 사랑하면, 우리는 우주와 하나가 됩니다. 우리는 사람들이 덜 두려워할 수 있도록 적절한 기회를 만들어 가야 합니다. 우리가 우리 자신을 충분히 깊이 탐구해 들어가면, 진실이 자명해집니다. 삶과 죽음은 하나라는 것."

티모시와 내가 그의 방에서 시간을 보내는 장면에는, 벽에 걸린 사이키델릭 포스터, 뇌를 그린 그림, 붓다의 초상, 그리고 오랜 친구들처럼 보이는 모습이 나온다. 나는 티모시에게 "당신에게 나는 누구지?"라고 묻고, 그는 "소울 메이트. 절친."이라고 대답한다.

"우리는 죽어가는 족속들입니다. 우리는 늘 그렇게 말하지요."

"저는 인생에서 가장 매혹적인 경험을 기대하고 있어요. 죽음을 말입니다."라고 티모시가 말한다. "저는 20년 동안 자기주도적 죽음에 대한 글을 써왔습니다. 우리는 호기심과 희망과 용기를 가지고 친구들의 도움을 받아가면서 삶에 매료되어 살아가듯이, 우리의 죽음도 그렇게 접근해야 합니다. 나는 죽음을 새롭게 정의하기로 결심했습니다. 그렇게 할 수 없다 하더라도, 그렇게 하다가 죽을 작정입니다. 우리는 우리 자신의 죽음에 대해 책임을 지고, 계획을 하고, 거기에 대해 친구들과 이야기해야 합니다."

내가 티모시에게 죽음에 대한 탐구를 통해 무엇을 배웠는지 묻자, 그는 "나는 죽음 앞에서 착한 소년이 됩니다. 호기심 많은 아주 좋은 소년이 됩니다."라고 말한다.

최근에 그 필름을 본 후, 우리 그룹은 티모시에 대해 이야기를 나눴다. 그가 죽기 시작했을 때, 그는 나에게 전화를 걸어왔고, 이렇게 말했다. "리처드, 대단한 뉴스가 있어!" 내가 "뭐야?"라고 묻자, 그는 이렇게 대답했다. "암이 온몸에 전이됐대. 이제 곧 죽게 될 거야. 내 인생에서 가장 흥미로운 모험이 이제 막 시작된 것 같은 느낌이야." 그래서 나는 그에게 말했다. "대단하군, 티모시! 정말 멋져!"

그때부터 나는 그를 자주 찾았다. 내가 처음 방문했을 때, 그는 자신의 웹사이트에 자신에 관한 비디오를 업로드하고 있었다. 그는 "당신이 정보라면, 그것은 곧 '당신이 하는 일'입니다. 당신은 당신의 정보를 뒤에 남겨두고 떠납니다." 그리고 티모시는 바로 그렇게 떠났다.

티모시는 낭만적인 아일랜드 출신의 음유시인이었다. 그와 내가 영혼과 의식의 본질에 대해 일치된 의견을 가진 것은 아니었다. 티모시는 철학적 유물론자였다. 그는 뇌를 넘어서는 의식의 연속성을 인정하지 않았다. 우리에게 영혼이 있다는 것에도 결코 동의하지 않았다. "영혼 같은 것은 없어."라고 그는 간단히 말하곤 했다. 사후 세계가 있다고도 믿지 않았다. 그러나 그는 미래에 과학이 발달되면 자신이 살아서 돌아올 수 있을지도 모른다고 생각하여, 뇌를 냉동시키는 것을 고려하기도 했다. 하지만 결국 화장하기로 결심하고, 스스로 '바베큐'라고 부른 계획을 세웠다.

티모시와 나는 역사를 공유했다. 하버드 대학교에서 함께 연구하고 가르쳤으며, 마일스 데이비스가 연주하는 가운데 그가 네나와 결혼식을 올릴 당시, 나는 그에게 최상의 남자 파트너였다. LSD로 우주적 모험을 함께하기도 했다. 우리는 서로를 사랑했고, 유머 감각을 잃지 않고 세상을 통과했다.

티모시는 자신이 죽어가는 동안에도 매일 정오부터 자정까지 계속해서 살롱을 열었다. 영화 배우들, 프로듀서들, 신비주의자들, 철학자들, 히피들, 가상현실에서 튀어나온 것 같은 괴짜들이 그의 집으로 몰려왔다. 그는 "나는 죽음을 축제로 맞이할 거야."라고 말했다. "나는 고통을 줄이고 명료한 정신을 갖고 기쁨을 강화하기 위해 약물을 사용할 거야." 그리고 그는 그렇게 했다.

죽음이 가까워짐에 따라, 티모시와 나는 서로의 눈을 들여다보기 시작했다. 그의 눈을 들여다보았을 때 내가 본 것은, 그가 행하고 있는 공연에 관한 한 그는 영리한 사람이 아니라는 것이었다. 나는 춤을 추고 있으면서도 동시에 춤의 배후에 남아 있는 한 존재를 만났다. 나는 그가 "사랑하는 친구야, 가자! 탐험의 동지야, 가자!"라고 하는 것 같았다.

죽어가는 순간, 티모시는 "왜 안 되겠어?"라고 분명하게 발음했다. 그는 그 말을 다른 억양들로 되풀이했다. 하나의 질문으로서, 하나의 진술로서, 부드럽게, 큰 소리로, 사려 깊게, 유감스럽게, 확신에 차서. 그리고 곧 이어 그는 세상을 떴다. 왜 안 되겠는가?

티모시는 친구들과 가족에 둘러싸여 자신의 침상에서 사망했다. 그의 아들 잭은 아버지가 끝까지 '괴짜 기질'을 어쩌지 못했으며, '미지의 세계로 빠져드는 과정이 매우 평화로워 보였다'고 말했다. 축제가 끝난 후, 그의 시신은 화장되었다. 유골은 그가 사랑하는 사람들에게 분배되었다.

그의 오랜 친구인 존 페리 발로우John Perry Barlow는 이렇게 썼다. "그는 부끄럽지 않게, 평소처럼 대단한 시간을 가진 상태에서 세상을 떴습니다. 죽음을 새롭게 정의하겠다고 결심하고, 죽도록 그렇게 해야겠다고 다짐했던 그 약속을 지켰습니다. 기꺼이, 평화롭게, 두려워하지 않고, 마지막 여행을 떠났습니다."

그가 사망한 후, 기자들이 나에게 물었다. "티모시 리어리를 잃은 것에 대해 어떻게 생각하세요?" 나는 이렇게 대답했다. "그게 왜 상실입니까? 그는 여전히 나와 함께 있어요."

티모시의 유골 7그램은 진 로덴베리 Gene Roddenberry(「스타트렉」 제작자), 제라드 오닐 Gerard O'Neill(우주 물리학자), 크래프트 에리케 Krafft Ehricke(로켓 과학자)를 포함한 다른 24명의 유해와 함께 로켓에 실려 우주에서 장례되었다. 그들의 유해를 담은 페가수스 로켓은 1997년 4월 21일에 발사되어 6년 동안 궤도에 머물다가 대기 중에서 타버렸다. 2015년, 티모시의 절친인 여배우 수잔 서랜든은 그의 유골 일부를 버닝 맨 Burning Man 페스티벌(미국 네바다주 블랙록 사막에서 개최되는 행사로, 일 년에 한 번, 8월의 마지막 월요일부터 9월 첫째 월요일까지 개최된다. 참가자는 공동생활을 통해 자신을 표현하면서 생존한다: 역자) 의 예술 설치물에 넣었고, 그곳에서 설치물과 함께 태워졌다.

나의 아버지, 조지 앨퍼트 George Alpert

모든 사람이 죽음에 대해 이야기할 준비가 되어 있는 것은 아니다. 티모시는 확실히 예외적인 경우였다. 우리는 언제 자신의 죽음에 대해 언급할 것인지에 대해서는 개인의 선택을 존중해야 한다. 아버지는 죽음에 대해 이야기하고 싶어 하지 않았다. 아버지가 작은 수술을 하려고 입원했을 당시 — 여든 살 정도가 되면 '작은 수술'은 없겠지만 — 나는 병문안을 갔다. 참 잘한 일 같았다. 한참 후 내가 돌아가려고 재킷을 입고 문을 반쯤 나섰을 때, 아버지가 나를 불러 세우셨다. "일이 잘못될 경우, 내가 알아야 할 것이 있을까?"

나는 그의 머리맡으로 돌아가서 말씀드렸다. "제가 말씀 드릴 수 있는 것은, 다 잘 될 거라는 것입니다. 그리고 아버지가 어디로 가시든지, 저는 거기에 있을 거예요."

아버지가 말씀하셨다. "그래, 그래! 그것이 바로 내가 알고 싶었던 전부야. 또 보자."

그 후 10년 동안 나는 아버지를 돌보았다. 지난 몇 년 동안, 우리는 축복 속에서 함께 지냈다. 그가 죽어가는 과정에 있지 않았더라도, 그랬을 것 같다. 그는 자신과 가족의 상향 이동을 위해 자신을 다 바친 위대한 성취자이자 위대한 인간 곰이었다. 그러나 나이가 들어가면서 그는 권력과 통제에 대한 야망을 버리기 시작했고, 완연한 노인이 되었을 때에는 더욱 더 놓아버리고, 결국엔 가만히 웃고 있는 붓다, 천사가 되었다. 과거에 그가 철도회사의 사장이자 브렌다이스 대학교 이사회 초대 회장이었을 당시, 우리는 함께 시가를 피우고 브랜디를 마셨지만 결코 손을 잡고 일몰을 볼 정도는 아니었다. 하지만 마지막 몇 년 동안 나는 그를 마사지하고, 안고, 이야기하고, 손을 잡고 함께 석양을 바라보았다.

어느 날, 형 빌리가 아버지를 보러 왔다. 형은 아버지와 항상 어려움을 겪었다. 그날 그는 "안녕, 아빠."라고 말했고, 아버지는 그에게 부처님 같은 미소를 지어 보였다. 내가 사랑하게 된 고요한 미소였다. 형이 걸어나와 말했다. "골치 아파! 아버지는 나에게 말을 하려고 하시지 않아."

아버지를 무척이나 사랑했던 아버지의 여동생이 방문했을 때, 이모가 "조지, 잘 지내?"라고 묻자, 그는 다시 미소를 지어 보였다. 이모가 말했다. "오, 조지, 그들은 도대체 너에게 무슨 짓을 한 거지? 넌 완전히 사람이 달라져 버렸어! 완전히 달라져 버렸어!" 아버지가 예전의 평소 모습은 아니었지만, 그 어느 때보다 더 점잖아 보인 것이 사실이다. 그런데도 사람들은 그가 달라졌다는 이유로 걱정을 하고 화를 냈다. 하지만, 어쨌든 아버지와 나는 지복 속에 있었다.

아버지는 조용히 돌아가셨다. 사람들은 시신을 수습하여 내갔고, 나는 거기에 있었다. 나는 부모의 죽음을 경험하는 것을 해방의 과정으로서, 영적인 의미에서 어른이 되는 것과 같은 것이라고 생각한다.

나의 계모 필리스 허시 앨퍼트 Phyllis Hersey Alpert

나의 계모인 필리스는 터프한 뉴잉글랜드 숙녀였다. 그녀는 포커를 좋아하고 담배를 피우는, 안정감 있는 여성이었다. 또한 논쟁적이고, 의지가 굳고, 자신의 죽음에 직면했을 때조차도 꿈쩍하지 않을 정도로 꿋꿋한 마음가짐을 가지고 있었다.

나는 그녀에게 죽음에 대한 것들을 가르쳐 드리겠다는 식으로는 말할 생각조차 내지 못했다. 받아들이지 않을 것이 너무 빤했기 때문이다. 대신 나는 그녀에게 묻고 싶은 것이 있으면 무엇이든 물어보시라고 했다. 그녀가 모든 것을 포기하고 내려놓는 순간이 왔을 때는, 마치 계란이 깨지면서 눈부시게 아름다운 존재가 나타나는 것 같았다. 그녀는 명료하고 존재감이 넘쳤으며 기쁨에 겨워했다. 그녀는 항상 다른 차원에서는 자신이 이런 존재라는 것을 진즉 알고 있었지만, 성인이 된 이후에는 너무 바빠서 그것을 인식하지 못했던 것 같다. 이제 그녀는 자신의 핵심에 있는 이 아름다운 존재에 마음을 열었고, 그 빛에 자기 자신을 내맡겼다.

그 순간, 그녀와 나는 완전히 함께 있었다. 죽어가는 전 과정은 일련의 현상이 순간 순간 연속적으로 일어나게 된다. 그녀는 더 이상 바쁘게 죽지 않았다. 그녀는 단지 존재하고 있었고, 죽어가고 있었다.

마지막 순간에, 그녀는 "리처드, 나를 앉혀줘."라고 말했다. 그래서 나는 그녀를 자리에서 일으켜 앉히고, 그녀의 다리를 침대맡에 올려놓았다. 그녀의 몸이 앞으로 넘어지려고 하여, 나는 그녀의 가슴에 손을 받쳐 주었다. 그러자 그녀의 몸이 뒤로 넘어지려고 하여 나는 다른 손을 그녀의 등에 받쳤다. 그녀가 머리를 가누지 못하여 나는 그녀의 머리를 내 머리로 기대었다. 우리는 그냥 그렇게 거기

에 함께 앉아 있었다. 그녀는 숨을 세 번 깊이 쉬더니, 떠났다.

『티벳 사자의 서』에는 깨달은 라마승이 몸을 떠날 때에는 일어나 앉아 심호흡을 세 번 하고 떠난다는 내용이 나온다. 그렇다면 내 계모는 과연 어떤 존재였을까?

우리는 매사추세츠주 코하셋에 있는 베단타 센터에서 추도식을 열었다. 추도식 순서지에 우리는 라이너 마리아 릴케의 시에서 영감을 받은 몇 구절을 적었다.

또 다른, 더 달콤한 나라의 하늘에
별이 빛나는 밤이 그녀 위에 피어나
결코 닫히지 않을 것입니다.

진 예먼스Jean Yeomans

진은 아름다운 퀘이커교도 여성이었다. 나는 그녀가 죽어가고 있을 때 찾아갔고, 그녀는 말했다. "람 다스, 나는 당신이 나의 죽음을 도와주었으면 좋겠어요. 난 충분히 살았어요."

내가 말했다. "진, 뭐가 그렇게 급해요? 내 말은, 당신도 알다시피, 당신은 아직 들을 귀를 잃지 않았다는 것입니다. …시력도 잃지 않았어요. 소중한 탄생입니다."

그녀가 말했다. "람 다스, 나는 너무 지루해."

내가 말했다. "당신은 하루종일 죽느라고 너무 바빠서 지겨워진 것 같아요. 내 말은, 한 시간에 10분씩만 죽을 수는 없나요? 매분 죽어야 하나요? 죽어가는 것은 정말 큰 드라마예요. 당신은 '나는 죽어가고 있어요!'라고 말하고 있습니다. 그러면 모두가 말합니다. '그녀는 곧 죽는대!' 그런 다음에는 이렇게 됩니다. '난 죽어가고 있어. 오늘 죽게 될까? 어떻게 죽게 될까? 편안하게 죽어야 하는데….' 이것이 바로 우리가 하고 있는 일입니다. 제 말은, 우리는 모두 죽어가고 있고, 죽어가는 데 바쁠 일은 없다는 것입니다. 우리가 아는 모든 사람은 70년 안에 다 죽을 거예요."

그녀가 말했다. "나는 너무 가까워진 것 같아. 그늘이 너무 많아. 빛이 너무 많아. 소리가 너무 많아."

내가 말했다. "그래요, 진, 그건 당신이 너무 작은 그릇에 너무 많은 것을 담으려고 하기 때문이에요. 우리 함께 확장해 볼까요?"

우리는 손을 잡고, 눈을 감았다. "내 목소리가 들리나요? 내 목소리가 당신 안에서 울리고 있다고 생각하세요. 벽난로 위의 시계 소리가 들립니까? 그 소리가 당신 안에서 들리게 해보아요. 거리에서 아이들이 노는 소리가 들립니까? 바깥이 아닌 당신 안에서 그 소리가 들리게 해보아요." 우리는 계속 확장하고, 확장하고, 확장해 갔다. 그녀는 얼굴에 미소를 머금고는 일어나 앉아서 나에게 키스했다.

내가 말했다. "그래요, 이제 제가 아는 것을 당신도 아셨을 거예요. 멋지게 죽으실 수 있어요." 그런 다음 나는 떠났고, 그녀는 몇 시간 후 남편이 침대 옆에서 지켜보는 가운데 세상을 떴다.

지니 파이퍼 Ginny Pfeiffer

지니는 어니스트 헤밍웨이의 오랜 친구이자 처제였다. 그녀는 파리와 스페인에서 살았는데, 거트루드 스타인 Gertrude Stein ('로스트 제너레이션'이라는 이름을 붙인 미국의 작가, 시인: 역자)을 비롯한 몇몇 사람들과 서클을 이루었다. 그녀는 로라 Laura가 올더스 헉슬리와 결혼하기 전에도 여러 해 동안 그녀의 친구였으며, 죽을 때까지 헉슬리 가족과 함께 살며 가족 이상으로 친하게 지냈다. 그녀가 골반암으로 사망했을 당시, 그녀는 여전히 헤밍웨이적 기질을 발휘하여, 냉소적이고 지적이었으며, 세련되고 아름다웠다.

지니가 위독해졌을 당시, 로라와 나는 저명한 의사와 함께 있었다. 우리 네 명은 둘러앉아 그녀가 받아야 할 치료 과정을 공유했다. 얼마나 많은 정맥주사가 필요한지, 통증을 없애기 위해 어떤 종류의 약을 복용해야 하는지 등이었다. 그녀가 점점 더 허약해져 감에 따라 내가 할 수 있는 최선은, 그녀의 머리맡에 앉아 무너져가는 그녀의 몸에 대해 조용히 명상하는 것뿐이었다. 나는 어떤 처치로도 그녀에게서 모든 고통을 다 제거해 줄 수는 없다는 것을 절감하고 그녀를 바라보며 깊은 슬픔을 느꼈지만, 나의 바위 같은 침묵은 그녀에게 오히려 위안이 되는 것 같았다. 그녀는 나를 돌아보며 속삭였다. "나는 정말 마음이 편안해요. 나는 지금 여기 이 순간이 아닌 우주의 다른 곳으로 가는 일은 없을 거예요." 나도 똑같은 느낌이었다. 우리는 진실이 그 방에 들어올 수 있도록 여유를 누리고 있는 셈이었다. 그녀는 그 후 곧 죽었다.

의사 고빈다파 벤카타스와미 Govindappa Venkataswamy

닥터 V로 더 잘 알려진 벤카타스와미 의사를 세바 재단에서 회의를 할 당시에 처음 만났다. 우리는 모두 카르마 요가 수행자가 되려고 노력하고 있었는데, 우리 앞에 진짜 요가 수행자가 나타난 것이다. 닥터 V는 초짜 의사 시절에 관절염으로 손가락이 구부러져서, 후에 안과 의사가 되었다. 그는 관절염을 신의 은총으로 보았고, 그의 그런 관점은 내가 뇌졸중을 '사나운 은총'으로 보는 데 도움이 되었다. 그는 많은 사람들에게 영향을 끼쳤다. 그를 만나고 나서 삶의 방향이 크게 바뀌었다는 사람이 많다. 그와 함께 있으면, 나는 그의 눈을 통하여 그가 나의 잠재력, 곧 나의 영혼을 보고 있다는 것을 분명히 알 수 있었다. 마하라지 외에는 아무도 나를 그렇게 대한 적이 없었다. 나의 개성은 나의 영적 역할을 밀어내려 애썼지만, 닥터 V는 나를 영혼으로 대함으로써 그 역할을 하도록 나를 촉구해 주었다.

마하라지가 내 인생을 바꾼 것처럼, 닥터 V의 구루인 스리 오로빈도Sri Aurobindo가 그의 인생을 바꾸어놓았다는 느낌이 든다. 닥터 V는 구루의 영향이 아니었다면 성공할 수 없었을 것이다. 그는 '피할 수 있는 실명'을 이 지상에서 없애고 말겠다는 비전을 실천하기 위해 앞장선 기적의 안과 의사로, 구부러진 손가락으로 10만 건의 시력 회복 수술을 행했다. 아라빈드 안과 병원을 설립, 지구상에서 가장 크고 가장 생산적인 안과 치료 시스템을 갖추었으며, 오늘날에는 전 세계에서 이 시스템을 모방하고 있다. 그는 다른 차원의 비전을 가지고 있었다. 당면한 상황이 무엇을 요구하고 있는지를 모두가 알고 있을 때에도 그는 그것을 다른 방식으로 해야 한다는, 보이지 않는 세계의 메시지를 듣곤 했다. 그는 다른 종류의 북소리에 맞추어 춤을 추고 있었던 것이다.

80년대 후반과 90년대에, 닥터 V는 죽음을 예감하기 시작했다. 그는 자신의 일기에 이렇게 적었다. "모든 사람이 어느 날 세상에 왔다가 시간이 지나면 이 땅에서 모두 사라지고, 새로운 사람들이 온다. 죽음이 모퉁이를 돌아 다가오고 있다. 영혼은 영원하고, 탄생과 죽음은 서로 다른 문이다."

2006년, 닥터 V는 88세의 나이로 마두라이의 아라빈드 안과 병원에서 사망했다. 그의 방에는 스리 오로빈도와 그의 영적 협력자인 '마더'의 사진이 걸려 있었다. 향이 타오르는 가운데, 마더는 나마스테 자세로 손바닥을 위로 모으고 있었고, 스리 오로빈도의 표정은 더욱 진지해 보였다.

그의 마지막 날들에, 그의 조카들은 그에게 다음과 같은 오로빈도의 글을 읽어주었다. "마음이 고요해지면, 순수한 침묵 속에서 진실이 문을 열고 들어옵니다. 죽음은 옷을 갈아입는 일에 지나지 않습니다. '영원의 문' 앞에서 결혼식 예복을 입고 기다리기 위해서."

닥터 V의 죽음이 가까워지자, 그의 방은 그의 사랑하는 여동생과 대가족 식구들, 병원 관계자들을 비롯한 40여 명으로 가득 찼다. 그는 매우 평화로워 보였고, 호흡이 거칠어지고 갑자기 빨라졌다가 곧 조용해졌다. 잠시 후, 여동생의 남편이 그렇게도 융숭 깊은 비전을 가졌던 사람에게 손을 뻗어, 부드럽게 눈을 감겨 주었다.

교차로

추락하고 있는 것처럼 보이지만 사실은
영혼이 자신의 온전함을 발견하고
마침내 전체와 연결되는
더 넓고 더 깊은 세계로
위로 앞으로 '급속도로 나아가는' 것일 수 있습니다.

리차드 로어 Richard Rohr

용서

람 다스의 방에 들어가자, 그는 눈을 감고 의자에 앉아 있다. 나는 의자에 앉아 녹음기를 켜고 차를 홀짝이며 마신다. 오늘은 덥고, 바람이 거의 없다.

람 다스가 눈을 뜨고 말한다. "내가 죽어가는 모습을 상상하고 있었어요."

"오, 멋진 연습을 하시는군요. 지금 곧 정말로 죽게 된다면, 당신은 준비가 되어 있는가요?" 내가 그에게 묻는다.

"그래요." 그가 흡족한 미소를 지으며 말한다.

내가 그런 질문을 받는다면 나는 과연 그렇게 말할 수 있을지, 진심으로 그렇게 말할 수 있을지 궁금해진다.

"후회되는 일은 없나요? 용서해야 할 사람은 없나요? 아직 끝내지 못한 일은 없는가요?"

람 다스가 말한다. "후회와 관련해서는 어려움을 겪고 있어요. 심리적인 것들이지요. 더 이상 마하라지의 가르침을 펴기 위한 도구가 되지 못한다는 것이 가장 후회되고 유감스러운 일이 될 것 같아요."

내가 말한다. "전에 말씀하신 내용이 마음에 들어요. 과거에 일어난 일은 있었던 일 그대로 받아들이고, 과거에 대한 일로 마음이 쓰여도 마음이 쓰이는 그대로 놓아두고, 그러면 후회하는 마음도 저절로 사라지게 된다는 말씀. 당신은 엄마에 대한 기억을 예로 들어 말씀하셨어요. 당신이 어렸을 때 엄마가 나름 최선을 다했다고 말씀하시면서, 그 기억을 기억나는 그대로 사랑하면 후회가 사라진다고 했지요.

나는 언니가 죽기 전까지는 후회에 대해 별로 생각해 본 적이 없었어요. 그런데 언니는 죽을 때가 가까워지자 후회하는 말들을 했어요. '나는 충분히 좋은 엄마가 되지 못했다. 나는 충분히 좋은 딸이 아니었다.' 언니는 치매에 걸렸기 때문에 달리 마음을 쓸 만한 형편이 못 되었습니다. 그녀는 안절부절못하고 침대에서 거의 몸부림치고 있었어요. 그녀는 마음을 편히 갖지 못했어요. 우리는 언니에게 말했지요. '언니를 사랑해. 언니는 훌륭한 엄마였어. 훌륭한 아이들을 낳고 길렀어.' 그제야 그녀의 몸이 이완되기 시작했고, 후회 대신 사랑이 그녀의 마음에 자리를 잡았는지 침대 속으로 더 깊이 몸을 묻었습니다."

"그래요, 사랑은 강력하지요."

"때로는 자기 자신뿐만 아니라 다른 사람들도 적극적으로 용서하려고 애써야 할 필요가 있는 것 같습니다. 넬슨 만델라는 남을 용서할 수 없다면 자기 자신도 치유될 수 없다고 말했습니다. 27년 만에 마침내 자유의 몸이 되어 감방 문을 걸어나오면서, 그는 비통함과 증오를 떠나보내지 않으면 자신이 여전히 감옥에 갇혀 있게 될 것이라고 말했습니다."

람 다스도 동의한다. "바로 그거예요. 우리 자신이 스스로 만드는 마음의 감옥. 내가 용서하려고 가장 마음을 썼던 사람은 나의 어머니입니다. 마하라지를 처음 방문하기 전날 밤, 그녀를 기억하면서 나는 처음으로 엄마를 한 영혼으로 보았습니다. 다음날, 마하라지는 '그녀는 위대한 영혼입니다.' 라고 말했습니다. 그래서 나는 통역을 통해 물었지요. '당신은 그녀가 죽었기 때문에 위대한 영혼이었다고 말한 것이 아닌가요?' 그러자 마하라지가 '아니야, 그렇지 않아! 그렇지 않아!'라고 말했습니다. 그는 그녀를 한 영혼으로 보고 있었고, 나는 그녀를 한 에고로 기억하고 있었습니다. 그가 그렇지 않다고 말한 그 순간부터, 나는 그녀를 이번 생에 나의 엄마가 되기로 하고 태어난 한 영혼으로 봅니다.

내 의사들 중 한 명은 통나무로 만든 파이프 형태의 악기인 디저리두didgeridoo를 연주합니다. 그가 나를 위해 연주해 주면, 나는 마치 다른 세계로 가는 것 같았습니다. 그 음악을 듣고 있는데 엄마의 환영이 나타나더니 말했습니다. '난 네가 자랑스럽단다. 과거에 대해서는 신경 쓰지 마라.' 유대인 소년이었던 나에게 그것은 정말 큰일이었습니다. 엄마의 장례식에서 그녀의 절친이 나에게 와서 말했습니다. '넌 스스로 부끄러운 줄 알아야 해. 네 엄마를 가슴 아프게 했으니까.' 그때는 참 힘들었지요. 그런데 그런 엄마가 나에게 용서한다고 말씀하셨던 것입니다." 람 다스는 조금 웃어 보인다. "음, 음…."

"오, 누군가의 어머니의 장례식에서 그 아들에게 바로 그 말을 하고 있다고 상상해 보세요. '네 엄마는 너를 다 용서하셨단다.'라고요." 내가 말한다.

람 다스는 크게 웃는다. "오 내 새끼야, 오 내 새끼야. 그렇게 부르셨지요." 그러고는 이렇게 말한다. "이제 나는 어머니를 용서하고, 어머니도 나를 용서하며, 우리는 서로 사랑합니다."

미스터리의 끝자락

오늘 오후, 샌프란시스코에서 열린 위즈덤Wisdom 2.0 컨퍼런스에 천 명이 모여 있는 강당으로 위성전화가 연결될 당시, 나는 람 다스의 옆에 앉아 있었다. 이 컨퍼런스에서는 기술 담당 이사들과 다르마 교사들이 함께 모여 명상과 요가가 어떻게 마음챙김을 잘 하게 하여 서로 공감하는 직장을 만들게 하는지, 공감 능력이 뛰어난 엔지니어가 어떻게 '깨어 있는 삶을 살도록 지원하는 기술'을 창조할 수 있는지에 대해 이야기를 나눈다.

람 다스와 함께하는 이번 세션의 이름은 '삶의 조언자로서의 죽음'이다. 무대 위에는 임종 돌봄의 선구자이자 선불교 교사인 프랭크 오스타세스키Frank Ostaseski와 조안 할리팍스Joan Halifax, 페이스북의 생산 관리자인 바네사 칼리슨 버치Vanessa Callison-Burch 가 있다. 최근 페이스북에서는 계정 당사자가 자신의 사망 후 페이스북에 접속하여 내용을 삭제하거나 변경할 수 있도록 '상속인'을 지명할 수 있게 하였다. 페이스북은 이미 300만 개 이상의 추모 장소가 있는 가상 묘지이기도 하다. 사람이 죽어도 인터넷 상의 기록은 계속해서 살아남을 수 있다. 차세대 기술이 등장하지 않는 한, 몸은 죽어도 우리가 남긴 정보는 영원토록 거기에 있게 되는 것이다.

화면에서 프랭크가 묻는다. "람 다스, 당신에게는 죽음이 가까워진다는 것이 어떤 것인가요?"

"글쎄요, 한 가지 분명한 것은, 이 주제에 대해 다루었던 저의 많은 동료들이 사망했다는 사실입니다. 스티븐 레빈Stephen Levine, 웨인 다이어Wayne Dyer, 엘리자베스 퀴블러 로스Elisabeth Kübler-Ross. 가끔은 내가 혼자 비행기를 타고 있는 것 같은 기분이 듭니다. 묘한 기분이지요."

긴 멈춤.

이윽고 프랭크가 말한다. "삶과 죽음은 일종의 패키지 딜이에요. 그러나 우리는 죽음을 지나치게 전문화했고, 그것이 얼마나 자연스러운 일인지 잊어버렸습니다. 우리는 익숙한 경험을 기술적 현상으로 바꿔 버렸습니다. 우리는 우리가 알고 있는 것을 잊어버렸습니다. 우리는 서로를 믿고 의지하면서 자연스럽게 죽음을 받아들일 수 있습니다. 죽을 때가 되면, 나는 세 부류의 누군가가 옆에 있어주기를 원합니다. 통증 관리에 정통한 사람, 삶이라는 것이 진짜 무엇인지 그 의미에 통달한 사람, 그리고 우리가 가본 적이 없는 신비의 영역을 경험한 사람. 그러나 그런 사람들이 때맞춰 우리에게 도움을 주리라는 보장은 없습니다. 그들이 거기에 없어도 여전히 괜찮을 수 있도록, 어떻게 우리의 마음과 정신을 발전시킬 수 있겠습니까?"

람 다스는 "그것이 수행의 역할입니다."라고 말한다. "숨을 들이쉬고 내쉴 때 우리의 숨을 알아차리는 것과 같은 간단한 수련도 삶의 무상함과 죽음의 불가피성을 일깨워줄 수 있습니다. 사랑의 의식 안에 있을 때, 우리는 사랑 안에서 살고 죽을 수 있도록 마음이 변화됩니다. 에고가 죽고 사랑의 의식이 사는 연습을 반복해서 거듭하면, 지금 여기에 현존하면서 집착에서 벗어나 더 현명해지고 더 자비로워집니다. 그리고 물론, 당신은 죽어가는 자와 함께 앉아 있는 것이 단순히 선한 봉사가 아니라 대단한 수행이라는 것을 경험을 통해 알고 있습니다. 죽어가는 사람들과 함께한다는 것은 깨어남으로 가는 길목에서 사는 것입니다. 그것은 나를 마하라지에, 신비에 더 가까이 데려다주고, 사랑에 내 가슴을 열어 줍니다."

샌프란시스코의 '선불교 호스피스 프로젝트' Zen Hospice Project에서 여러 해 동안 임종 환자와 함께 일했으며, 메타 인스티튜트Metta Institute를 통해 람 다스 및 여러 분들과 함께 간병인 교육을 담당해 온 프랭크는, 람 다스에게 임종 환자와 함께하는 것에 대해 조언을 구한다.

람 다스가 말한다. "임종 환자와 함께할 때에는, 사랑의 바위가 되어 주어야 합니다. 그래야 죽어가는 사람이 당신에게 기대어 자신감을 가질 수 있습니다. 우리는 수행을 통해서 그런 견실한 태도를 유지할 수 있습니다. 자기 자신을 영혼과 동일시하면, 두려움이 없어집니다. 죽어가는 사람과 함께하기 위해 내가 가장 추천하고 싶은 수련은, '사랑의 의식'입니다. 우리가 여기에 있다는 것, 우리가 미스터리의 끝자락에 있는 두 사람이라는 것에 대해 감사하면, 진실을 함께 나눌 수 있습니다. 우리는 두 영혼으로서 만나고 있는 것입니다. 이것이 살아있는 진실입니다. 우리는 숨길 수 없습니다. 사랑의 의식은 곧 우리의 영적 자아입니다. 그것은 우리의 머리에서가 아니라 가슴에서 시작됩니다. 가슴을 열고, 사랑의 의식을 느끼고, 조용히 반복해 보십시오. '나는 사랑의 의식이다.'라고."

람 다스는 사랑의 공간 안에 머물기 위해서는, 고정관념을 갖지 말고 사람을 특정한 방향으로 이끌려 하지 않는 등 판단하려는 마음을 내려놓고, 우리 자신의 죽음에 대한 두려움으로부터, 죽어가는 사람에 대한 애착으로부터, 실제와 달리 되기를 바라는 마음으로부터 가능한 한 자유로워짐으로써 우리 자신을 준비시켜야 한다고 말한다. 그러면 우리는 고요하고, 편안하고, 단순하고, 진실되고, 지금 여기에 현존할 가능성이 더 커지게 된다는 것이다.

죽어가는 사람은 초조하고 고통스럽거나 슬픔의 상태에 빠져 있을 수 있으며, 이를 지켜보기란 쉬운 일이 아니다. 그러나 우리가 적절한 의료적 처치에 대한 책임을 지고 있는 것이 아니라면, 단순하고 아무런 판단도 하지 않는 우리의 존재 자체와 작은 사랑의 몸짓이 죽어가는 이들에게 큰 힘이 되어줄 수 있을 것이다. 마음이 고요해지고 가슴이 열리면, 실제로 일어나고 있는 모든 일들을 인정하게 되고, 다른 여러 일들이 일어날 수 있는 여지도 허용하게 된다.

프랭크가 묻는다. "죽어가는 사람에게 사랑을 전하는 데 있어 테크놀로지가 도움이 될 수 있을까요?"

람 다스가 대답한다. "테크놀로지는 저에게 세계적인 수행 공동체를 가질 수 있게 해주었으니,

감사할 일입니다. 저는 전 세계 사람들과 진심 어린 대화를 나눕니다. 어느 날엔 스카이프를 통해 러시아의 한 동굴에서 사는 남자를 만났습니다. 또 언젠가는, 사랑으로 힘들어하는 사람과 이야기를 나눴습니다. 그는 사랑에 빠지는 것을 두려워하고, 사랑 안에서 길을 잃는 것을 두려워합니다. 그래서 나는 그에게, 내가 사랑을 통한 궁극적 합일의 길을 추구하는 박티 수행자이며, 그 길 위에서는 의도적으로 사랑 속에서 길을 잃고 싶어 한다고 말했습니다. 그러면서 나는 그를 사랑한다고 말했고, 그러자 그도 머뭇거리면서 나를 사랑한다고 말했습니다. 그 일이 그를 많이 도와준 것 같았습니다. 우리는 그렇게 영혼으로 통하고 있었습니다."

프랭크가 덧붙인다. "케링브리지CaringBridg라는 웹사이트와 저널이 있는데, 건강에 관한 최신 정보들과 죽어가는 사람들을 돕고자 하는 분들을 위한 소식을 전해줍니다. 사람들로 하여금 죽음을 더 편안하게 받아들일 수 있도록 많은 도움을 줍니다."

프랭크와 람 다스의 말을 들으면서 나는 죽어가는 사람과 함께 있는 것은 강력한 자비 훈련이라고 생각한다. 죽음과 상실의 보편성에 대한 자각은 타인과의 연결과 연대의 원천이 될 수 있다. 그런 연대감 속에서, 우리가 다른 사람의 고통과 죽음에 대해, 또는 고통과 죽음을 두려워하며 살아가는 사람들에 대해 듣게 될 때, 우리는 우리 모두가 그 고통을 덜게 되기를 원한다는 유대감으로 하나가 될 수 있는 것이다.

죽어가는 자와 함께 있기

오지도 않고, 가지도 않는다.
이후도 없고, 이전도 없다.
나는 당신과 늘 아주 가까이에 있다.
나는 당신을 자유롭게 풀어놓아 준다.
왜냐하면 나는 당신 안에 있고,
당신은 내 안에 있기 때문에.

틱낫한

죽어가는 자를 위하는 마음

오늘 오후, 우리는 죽어가는 자와 함께하는 방법에 대해 이야기하기로 한다. 나는 죽어가는 몇몇 사람들(앞서 언급한 어머니, 언니, 내 친구 메리 맥클랜드)과 함께 있었지만, 람 다스는 많은 사람들과 함께했다. 그는 그것이 죽음에 대해 배우는 가장 좋은 방법이라고 말하곤 했다.

내가 말한다. "다른 사람과 아주 가까이에 있어 본 경험은 다른 사람들에 대한 당신의 관계도 변화시키게 마련입니다."

"진실입니다."라고 그가 말한다. "나도 그랬습니다." 그러고는 이렇게 덧붙인다. "나는 죽음을 다루는 데에 있어 여러 단계를 거쳤습니다. 내가 심리학자였을 때, 나는 죽음에 대한 심리적 반응(부정, 분노, 두려움, 흥정, 우울, 상실, 슬픔, 수용 등)에 큰 관심을 갖고 있었지요. 당시에는 학문적인 입장에서 접근했는데, 그 후 엘리자베스 퀴블러-로스와 스티븐 레빈을 만나게 되었지요.

엘리자베스는 죽어가는 사람들과 함께 일하는 것에 대한 나의 관심에 불을 질렀어요. 그녀는 그 일을 매우 좋아했고, 매우 흥미로워 했습니다. 그녀는 심리적 차원과 아스트랄 차원에 관심이 많았습니다. 엘리자베스는 사람들이 죽음에 다가가면서 거치는 단계, 즉 저항, 부정, 타협, 분노, 절망, 그리고 열린 마음을 정교하게 묘사했습니다. 그녀의 책 『죽음과 죽어감On Death and Dying』의 아름다움은 과학계를 설득하기 위해 계획된 확실한 데이터를 포함하고 있지요.

1976년, 보스턴 대학에서 나는 그녀에게 말했습니다. '당신은 과학계를 설득하는 데 어려움을 겪고 있는 것 같습니다. 나는 오래전에 그냥 찍히기로 마음 먹었어요. 누구에게도 무엇을 증명하려고 하지 마세요.' 그러자 그녀가 말했어요. '그래요, 하지만 당신과 나는 다르마가 달라요.' 엘리자베스는 아무런 애착이나 집착도 없이 아주 가볍게 그런 말을 했습니다. 나는 그녀에게 말했지요. '내가 올해까지 얼마나 많은 사람들을 만났고 강의를 했는지 알아요? 그렇게 수많은 존재들이 지금 여기에 우리와 함께 앉아 있고, 관심을 갖고 이런 종류의 의식을 공유하고 있어요.' 그녀가 말했지요. '그런데, 당신은 기억하고 있나요? 우리 모두 죽음의 대열 속에 서 있다는 것.'"

내가 람 다스에게 묻는다. "그밖에 엘리자베스에 대해 기억나는 것이 있나요?"

"한 번은 내가 주관하는 수련회에 왔는데, 담배를 피우다가 나에게 들킨 적이 있지요."

내가 말한다. "그녀가 흡연에 대해서 수용 단계에 도달한 것 아닌가요?"

람 다스가 웃는다. 그런 다음 그는 잠시 생각에 잠기더니, 이렇게 말한다. "나중에 스티븐 레빈이 나에게 죽음의 영적 차원에 대해 말해 주었어요." 긴 멈춤. "AIDS 전염병이 닥쳤지요. 내가 왜 그렇게 거기에 깊이 관여했을까요? 나는 최근에야 죽어가는 그들의 머리맡에 있으려고 했던 것이 나의 동성애 성향 때문이었다는 것을 깨달았습니다. 나는 샌프란시스코, 보스턴, 뉴욕에서 AIDS 환자들과 함께 앉아 있었습니다."

내가 묻는다. "당신은 바로 그것 때문에 당신 자신을 확실히 알게 되었다고 말했지요. 그렇게 된 것이 바로 그 이유에서였군요?"

"나는 AIDS에 걸릴까 봐 너무 두려워서 다른 게이 남성들과 거리를 두었습니다. 그러나 나는 그들의 머리맡을 지켜 달라는 요청을 받았습니다. 이 남자들은 성관계로 인해 에이즈에 걸렸고, 죽는 것을 두려워했습니다. 나는 에이즈에 걸리는 것은 두려웠지만 죽는 것은 두렵지 않

았습니다. 나는 그들을 대하기가 어려웠어요. …인정하기가 어려웠어요. 나는 그들에게 이끌려서 침대 옆을 지키는 것이 너무 익숙해졌어요. 아이쿠, 이런, 어린 놈 같으니라구!"

나는 웃고 있다. 그리고 이해한다. "그것은 당신이 깊이 배워야 할 무언가에 당신을 끌어들이는 마하라지의 방식이라고 말할 수 있습니다. 마하라지가 당신에게 게이에 대해 물어본 적이 있나요?"

"게이? 그는 내가 유대인이라는 사실조차 언급해 본 적이 없어요!" 람 다스가 웃고 있다.

영혼으로서 함께하기

람 다스는, 우리가 영원한 것을 보는 방법을 배워서 영혼으로서 함께 있을 수 있을 때까지는 죽어가는 사람과 함께 있는 것이 어려운 일이라고 말했다. 그것은 간단하지만 결코 쉬운 일이 아니다. 죽어가는 사람은 당신이 온전히 그 자리에 있어주기를 바란다. 그냥 함께 있으면서 사랑과 친절로 그가 필요로 하는 것이 무엇인지 귀 기울여 들어주되, 어떻게 죽을 것인지에 대한 자신의 생각을 주입시키려고는 하지 말아야 한다. '사랑의 바위'로서 당신이 여기에 있는 일, 당신들은 미스터리의 가장자리에 있는 두 사람이라는 것, 그리고 당신의 진실을 함께 나눌 수 있다는 것에 감사하는 일. 당신들은 당신들의 역할이 아니다. 당신들은 두 영혼이다. 바로 이것이다. 이것이 바로 살아있는 진실의 순간이다. 감출 수 있는 것은 아무것도 없다. 람 다스는 말한다. 그것은 신께서 "자, 이리 들어와. 들어오라구."라고 말하고 있는 것과 같다고.

그가 말한다. "어머니가 돌아가셨을 때, 우리는 이번 생에 일찍이 없었던 아주 특별한 방식으로 함께 끌려들어갔습니다. 우리 사이의 진실만으로 함께 끌려들어갔지요. 그러나 그녀는 나에게 나의 진실을 물어야 했고, 나는 진실을 말할 준비가 되어 있어야 했습니다. 당신 또한 준비되어 있어야 합니다. 내 말로써가 아니라 당신의 진실로써."

그는 잠시 동안 말이 없다. 잠시 후, 그는 뇌졸중을 겪지 않은 사람처럼 말을 쏟아낸다. 드문 일이다. 이런 일이 생기다니, 놀라운 일이 아닐 수 없다.

"이번 생에서 내가 만난 가장 지혜로운 사람들은 한결같이, 영혼은 한 순간도 너무 이르거나 늦는 법이 없이 물질계를 떠난다는 것을 확신시켜 주었어요. 자신의 몸과 개성을 자기 자신과 강하게 동일시하는 지구상의 대부분의 사람들에게, 이것은 받아들이기가 어렵습니다. 우리가 내면에 충분히 귀를 기울이지 않고 살아간다면, 우리는 수명을 일종의 자산으로 여기기 때문에, 죽어가는 사람을 살리려고 애쓰는 일이 없이 그들과 함께 있기가 너무나 어렵습니다.

그러나 일단 영혼의 관점에서 인생을 보기 시작하면, 그림이 완전히 달라집니다. 패트 로드가스트Pat Rodegast가 채널링을 통해 전달했던 임마누엘Emmanuel이라는 영은 인간의 탄생이 4학년에 등록하는 것과 약간 비슷하다고 말합니다. 우리는 특정 등급에 필요한 것을 달성하는 데 필요한 만큼만 머문 다음, 이 차원을 떠나 더 진화할 준비를 하게 됩니다. 영혼의 관점에서 보면, 죽음은 선물입니다. 지상에서 당신이 해내야 할 영적인 과업을 촉진시키는 은총입니다."

내가 말한다. "그렇군요. 죽음을 통해 이해의 도약을 꾀할 수도 있겠군요. 라마야나(인도의 신화, 대서사시)에서 시타를 구하기 위해 하누만이 인도에서 스리랑카로 도약한 것과 같은 믿음의 도약. 대단한 선물이고 은총이에요."

"그렇기 때문에 사람들은 지원을 필요로 합니다."라고 람 다스는 말을 이어간다. "내가 70년대에 스티븐 레븐과 온드리아 레빈, 데일 보글럼Dale Borglum과 함께 웰다잉 프로젝트를 시작했을 때, 우리의 의도는 이런 큰 변화를 위해 인간적이고 영적으로 지원하는 환경을 만드는 것이었습니다. 저는 수백 차례 강의를 하고, 수련회를 인도했으며, 임종자의 영적 지원을 위해 호스피스들의 훈련 프로그램을 짰습니다.

나는 죽어가는 자의 가족들이 당황하고 겁에 질리고 혼란스러워하는 가운데 죽어가는 사람과 함께 조용히 앉아 있곤 했습니다. 내가 해야 할 일은, 가슴을 열고 상황에 대한 내 반응에 스스로 휘말리거나 상황을 부정하지 않는 것뿐이었습니다. 나는 담대함과 사랑이라는 자질을 기르는 법을 배웠습니다. 가장 중요한 것은 가슴에서 우러나오는 사랑이지요. 영혼으로서 일어나고 있는 모든 것이 괜찮다는 느낌을 갖고 동요하지 않고 고요함을 지킬 수 있을 때, 우리는 우리의 에고의 두려움과 저항 뒤에 있는 직관적인 지혜의 장소를 공유할 수 있습니다. 나는 사랑의 바위가 되어, 경청하고, 힘을 주고, 깨어 있고, 수용하는 법을 배웠습니다.

죽음의 신비와 만나는 일은 너무나 심오해서 우리의 가장 기본적인 믿음과 그동안 지켜온 관점들에 도전이 될 수 있습니다. 우리는 삶의 마지막 순간에도 놀라운 변화와 성장을 할 수 있습니다. 메타 인스티튜트Metta Institute에서는 간병인에게 그 신비를 존중하도록 가르칩니다. 우리는 그들이 모르는 것에 대한 의지를 키우고 대답할 수 없는 질문들에 겸허한 마음을 갖추도록 돕습니다."

"정말 좋은 일이에요."라고 내가 말한다. "그런 사랑과 깊은 이해로 둘러싸여 죽을 수 있다면 정말 좋겠어요. 나는 당신이 그렇게 될 것이라고 알고 있어요." 지금 나는 람 다스의 서비스, 친절, 사랑에 대해 그 이전보다 훨씬 더 깊이 감사하는 마음을 품고 있다. 그때 부엌에서 야채를 써는 소리와 웃음소리가 들린다. 안심이 된다.

그리고 이제 점심 시간이다.

사랑의 바위

점심 식사 후, 우리가 그의 방에 다시 앉게 되었을 때, 내가 람 다스에게 묻는다. "죽어가는 사람과 함께 있는 것에 대해서 이야기를 더 나누어야 할 것 같아요."

"죽어가는 사람을 위해 사랑의 존재가 되어 그의 옆을 지켜주는 일은, 일종의 수행입니다. 우리는 우리 자신의 더 깊은 부분을 열어야 합니다. 거기에 관련된 훈련을 받는 것도 도움이 되겠지만, 그렇지 않더라도, 내가 처음 이 일을 시작했을 때처럼, 우리는 스스로 위안이 되는 존재가 될 수 있어요."

그는 다시 속 깊은 충고의 말을 이어간다.

"자연스럽고 편안하게 마음 먹으십시오. 말없이 함께 앉아 있으면서도 편안할 수 있는 법을 배워야 합니다. 그 사람 가까이에 앉으십시오. 그들은 당신의 존재를 느낄 것입니다. 명상을 할 때와 마찬가지로, 거기에 앉아 있는 동안 많은 생각과 감정이 떠오를 것입니다. 수행은, 당신이 생각하고 느끼는 것을 알아차리고, 당신 자신을 판단하지 않고 죽어가는 사람에게 당신의 주의를 되돌리는 것입니다. 연결의 친밀함은 영혼과 영혼을 잇는 생명선이 됩니다. 전체 상황과 그 가능성을 조용한 마음으로 받아들이고 존중하다 보면 상황이 계속 달라지게 됩니다. 여유를 갖고 마음을 써주고, 생명에 대한 존중심과 함께 죽음을 수용할 수 있는 자세가 되어야 합니다. 죽어가는 사람에게 당신이 그들이 죽어가고 있음을 알고 있다는 것을 알게 하고, 죽어가는 사람과 교감하면서 사랑 안에서 쉬어야 합니다.

사람들은 죽음에 가까워질수록 삶의 의미와 목적에 큰 의문을 갖게 되는 경우가 많습니다. 그들은 의심, 불확실성, 후회, 슬픔을 경험할 수 있습니다. 우리는 그들의 질문에 명확한 답변을 해줄 수는 없지만, 그들이 스스로 답을 찾아내는 동안 귀 기울여 듣고 응원해 줄 수 있습니다. 사랑의 마음으로 그들의 믿음, 두려움, 꿈, 고군분투에 조용히 귀를 기울여주는 것입니다.

당신이 죽어가는 사람의 가족이나 사랑하는 사람이라면, 남겨진 사람들이 그를 그리워하겠지만 떠나는 사람 역시 다 괜찮을 것이라고 안심시키고 작별 인사를 하는 것이 중요합니다.

'너무 마음 쓰지 마세요. 당신은 혼자가 아닙니다.' 죽어가는 사람을 근심에서 해방시켜 주는 이런 사랑의 확신은, 이런 상황에서 큰 선물이 될 수 있습니다."

내가 말한다. "죽어가는 사람의 곁을 지키고 있노라면 무력감을 느끼게 된다고 말하는 이들이 많습니다. 그들은 자신들이 상황을 어떻게도 할 수 없으며 아무런 도움도 될 수 없다고 생각합니다. 무슨 일을 어떻게 해야 될지 알 수 없어 당황하는 경우가 많습니다. 그럴 때는 어떻게 해야 할까요?"

람 다스가 말한다. "그것은 무엇을 행하는 문제가 아니라, '있음'의 문제입니다. 할 일은 의사와 간호사가 합니다. 당신은 그냥 있으면 됩니다. 그냥 사랑 안에 있으십시오. 사랑의 바위로서, 큰 사랑 안에 그냥 있으면 됩니다."

내가 말한다. "내 언니 바바라가 죽어가던 몇 달 동안, 나는 그녀가 누구였든, 그녀를 내가 누구라고 생각했든, 다 놓아두어야 했습니다. 그녀는 치매 때문에 항상 내가 누군지 알지도 못했지만, 내가 자신과 가깝다는 것은 알고 있었고, 나와 함께 있는 것을 좋아했습니다. 그것만으로도 크게 안심이 되었습니다."

람 다스가 말한다. "사랑하는 사람들이 변

하게 되면, 우리는 우리가 그들의 평소 모습에 얼마나 의지하고 있었는지 알아차리게 됩니다. 죽음에 가까워지면, 사람들은 빠르게 변해 갑니다. 죽어가는 친구나 사랑하는 사람을 방문할 때마다 그 사람을 마치 처음 만난 듯이 모든 기대와 판단을 내려놓고, 과거의 모습에 초점을 맞추지 말고, 그냥 그 자리에 있으십시오. 그렇게 죽어가는 사람을 만나는 자신의 모습을 상상해 보십시오. 그렇게 연습을 해야 합니다."

"그래, 바로 그것입니다." 내가 말한다. "날이면 날마다 달라지게 마련이고, 언제나 새 날입니다. 마지막에 그녀는 대부분의 시간 동안 침묵 속에 있었고, 나에게는 나의 죽음에 대한 생각이 떠오르곤 했습니다. '나도 얼마 안 있으면 죽게 될까? 나는 준비가 되어 있는 건가? 죽기 전에, 달리아가 커가는 것을 충분히 볼 수 있을까? 어쨌든, 죽은 후에는 어떻게 될까?'"

람 다스가 말한다. "죽어가는 사람과 함께 있는 것은 죽음에 대해 배울 수 있는 소중한 기회이지만, 그것은 우리가 두려움과 불안을 떨쳐버릴 수 있을 때에만 가능한 일입니다. 몸 안에서 감각이 일어나기 시작하는 순간, 그 감각을 알아차리는 것이 좋습니다. 두려움과 거기에 따라붙는 생각을 알아차리십시오. 주의를 기울이십시오. 그냥 다 내버려두십시오. 당신은 한 영혼입니다. 그것을 기억하십시오. 큰 사랑과 함께 죽어가는 사람에게로 주의를 돌리십시오.

겸손과 평정심을 기르십시오. 신비 앞에서 겸허해지십시오. 자기 자신이 모든 것을 알고 통제하고 있다고 생각하곤 하지만, 사실은 그렇지 않다는 것을 확인하게 될 때에는 좌절감을 느끼기 쉽습니다. 그럴 때마다 우리는 다시 한 번 신비 앞에서 겸허해지게 됩니다. 우리는 삶이 펼쳐지는 데 있어 단지 도구들일 뿐입니다. 우리는 전체적인 펼쳐짐의 한 부분일 뿐입니다."

내가 늘 가지고 다니는 위대한 티베트의 스승 파트룰 린포체Patrul Rinpoche의 시가 생각난다. 그것은 내 친구인 매티유 리카드Matthieu Ricard 수도사가 약간 거칠게 번역한 것이다. "침대 옆에 앉아서 이런 시를 들려주면 좋겠네요."

나는 람 다스와 이 시를 공유한다.

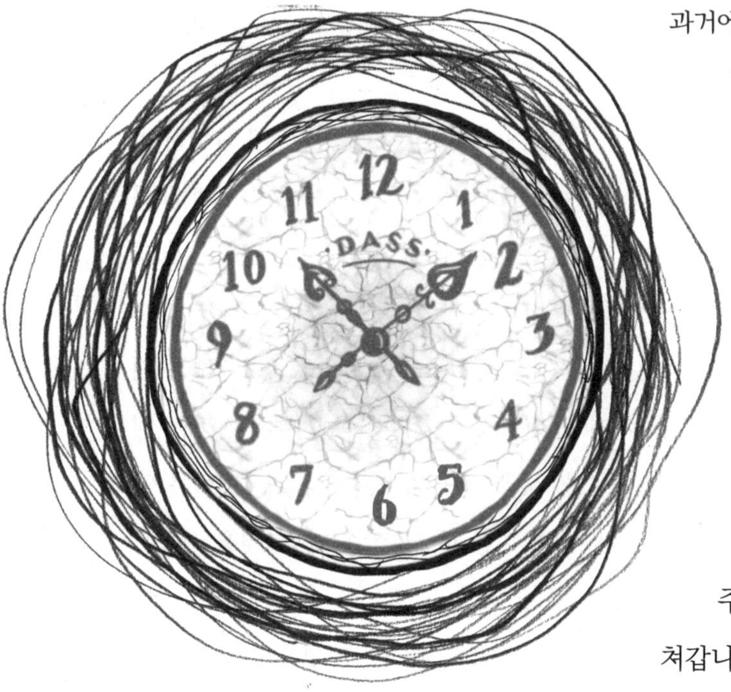

과거에 연연하지 마십시오!
미래를 예측하지 마십시오!
현재에 대해 고민하지 마십시오!
아무런 참견 하지 말고
마음 편하게 먹고
지금 이 순간
깨어 있으십시오.
잘못될 일은 아무것도 없습니다!

"좋습니다."라고 람 다스가 말한다. "우주는 마땅히 자기 할 바를 하면서 스스로를 펼쳐갑니다. 당신이 자기 역할을 하고 있는 것도 그 일부이지요. 그렇게 볼 때, 우리는 마음의 평화를 가질 수 있습니다. 죽어가는 사람들 옆을 지키고 있을 때에도, 어떤 식으로 되어야 한다든가 무엇을 해야 한다는 식으로 자기 자신에게 압박감을 줄 필요가 없습니다."

내가 말한다. "바바라와 함께하면서 몇 가지 교훈을 얻었습니다. 자주 웃어라. 부드럽고 가벼운 터치로 사랑을 표현하라. 손을 잡고 가만히 있어주는 것만으로도 마음이 편안해졌습니다. 그녀가 내 이름을 기억하고 있는지, 내가 그녀의 여동생인지는 중요하지 않았습니다. 중요한 것은, 내가 거기에 있다는 것이었어요. 나는 나의 몫을 다했고, 일어난 일은 일어난 일이었습니다. 나는 그녀를 위해 평화의 분위기를 조성하고, 사랑 안에서 거기에 있어주고, 사랑을 나누려고 애썼습니다.

그리고 자기 자신을 돌보는 것이 중요합니다. 죽음의 과정이 길어진다면, 더욱 더 자기 자신을 돌보아야 합니다. 산책이 필요하다면, 산책을 하십시오. 죄책감을 느낄 필요가 없어요. 가장 중요한 것은, 죽어가는 사람과 온전히 함께 있어주는 것입니다. 우리의 친구 수난다는 몬트리올 병원에서 임종을 앞둔 친구 조이스의 곁을 지키면서 명상을 했습니다. 일년 동안이나 함께 있었는데, 하루하루가 아주 길었습니다. 그녀는 나에게 말했습니다. '나는 사랑의 바위가 되어 침대 곁을 지키고 앉아 있으면서도, 추리소설도 읽곤 했어. 사랑하는 내 마음이 전해지길 바라면서. 조이스는 내가 추리소설을 얼마나 좋아하는지 알고 있었어. 난 밤을 새우면서 소설을 읽기도 했어.'"

람 다스가 말한다. "우리는 사랑하는 사람에게 닥쳐오는 죽음을 어찌할 순 없지만, 죽어가는 사람이 죽음에 이르기까지의 변화를 통과하는 동안 사랑 안에 있음으로써 그들에게 위안이 되어줄 수는 있습니다. 그들이 당신과 하나라는 것을 느낄 수 있도록 가까이 앉으십시오. 그것은, 서로의 두려움을 놓아주도록 서로를 돕는 일입니다. 혼자서는 벅찬 일입니다. 함께하게 되면 우리는 혼자일 때보다 훨씬 더 큰일을 할 수 있게 됩니다. 우리는 더 큰 우리가 됩니다. 사랑은 두려움보다 강합니다."

나는 그에게 말한다. "엄마가 폐암으로 병원에서 돌아가셨을 때, 호흡곤란을 겪으셨습니다. 마지막 며칠 동안, 나는 엄마의 침대로 올라가 함께 잤습니다. 그렇게 엄마와 붙어 자본 적이 없었습니다. 어렸을 때에도, 엄마와 그렇게 몸을 맞대본 적은 별로 없었던 것 같아요. 하지만 나는 엄마의 침대 위로 올라가 엄마의 등에 나의 몸을 붙이고 안으면서, 천천히 깊은 숨을 몰아쉬었습니다. 얼마 안 있어 엄마의 숨이 나의 숨과 리듬이 맞아들어갔고, 엄마는 편안해지셨는지, 숨을 잘 쉬셨습니다."

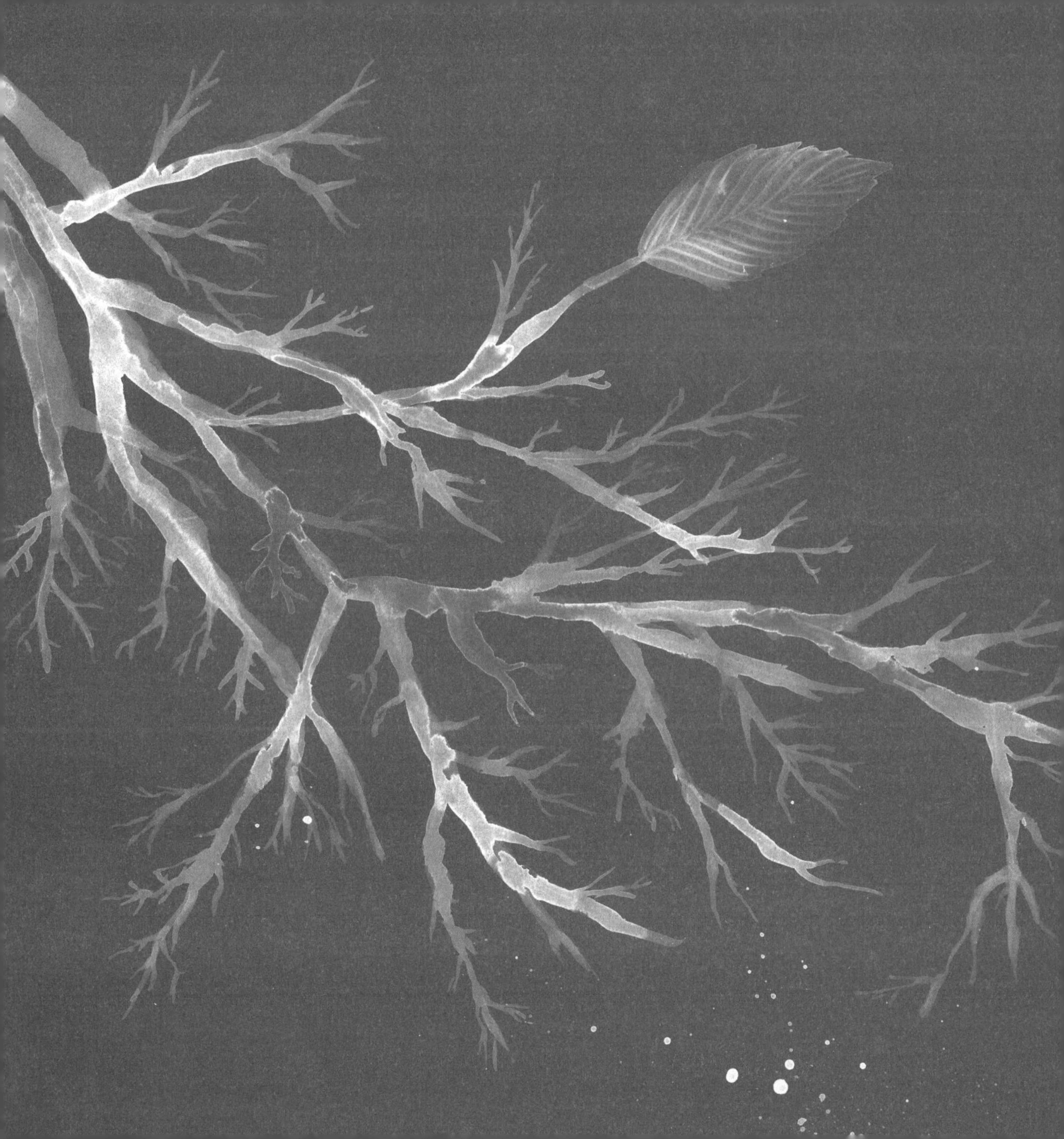

"멋지군요." 람 다스가 말한다.

"내가 자리에서 일어나면, 엄마는 호흡이 다시 불규칙해지고 가빠졌습니다. 엄마가 떠날 준비를 다 마칠 때까지, 제가 엄마를 도와주었던 것 같습니다."

람 다스가 말한다. "물론이지요. 정말 아름다운 모녀관계입니다. 저는 아버지가 돌아가시기 전에 그렇게 정을 나누었어요."

"아버지와 손을 잡으셨어요?" 내가 묻는다.

람 다스가 말한다. "우리는 함께 명상을 했습니다. 멋진 곳에서."

우리는 둘 다 서로의 부모님을 떠올리며, 잠시 앉아 있다.

잠시 후, 람 다스가 말한다. "고통은 은총입니다. 그것은 삶의 과정의 일부예요. 이것을 알면 열린 자세로 고통을 받아들일 수가 있게 됩니다. 그런 균형과 이해 속에서 쉴 수 있는 그만큼, 우리는 사람을 가슴으로 체험할 수가 있습니다. 가슴이 아프고 계속 부서져도, 우리는 여전히 여기에 있습니다. 그렇게 우리가 여기에 있음으로써, 우리는 사랑하는 사람의 고통을 덜어주는 데 도움을 줄 수 있습니다. 죽어가는 사람이 죽음의 마지막 순간까지 우리와 함께하고 있다는 것을 충분히 느낄 수 있도록, 우리는 '지금 여기에 있는' 수행을 해야 합니다."

많은 전통에서는 영혼이 즉각적으로 몸을 떠나지 않고, 서서히 물러난다고 믿는다. 티베트 불교도들은 영혼이 몸을 떠나기까지 짧게는 20분, 길게는 3주가 걸린다고 믿는다. 일부 전통에서는, 이 시간 동안에 고인을 위해 모여 앉아 명상을 하고, 기도하고, 성가를 부르고, 경전을 읽는다. 또 어떤 전통에서는, 울면서 통곡하고 애도하는 것을 중요시하는데, 그래야 떠나는 영혼이 홀가분하게 갈 수 있다고 믿기 때문이다.

람 다스가 말한다. "가장 중요한 것은 그 사람을 사랑으로 가슴에 품는 일입니다."

죽어가는 자를 위해
'사랑의 바위'가 되어주기 위한 지침

- 그대 자신이 되십시오.
- 아무것도 기대하지 말고, 어떤 일이 일어나더라도 받아들일 준비를 하세요.
- 연민의 마음으로 지금 여기에 있으십시오.
- 두려움을 내려놓아요.
- 겸허해지십시오.
- 죽어가는 분이 바라는 대로 그 뜻을 따르십시오.
- 매 순간 깨어 있으십시오.
- '신성한 경청'을 연습하세요.
- 죽음의 과정이 펼쳐지는 대로, 큰 섭리를 믿고 따르도록 하세요.
- 묻지 않는 한, 사후 세계에 대해서는 말하지 마세요.
- 유머 감각을 잃지 마세요.
- 무엇보다도, 큰 사랑 안에 있으십시오. 사랑을 보내십시오.

마지막 잎새

오늘 밤 우리는 람 다스를 기리기 위해 마우이 예술 문화 센터에서 열리는 세바 재단Seva Foundation의 콘서트에 갈 예정이다. 람 다스는 휴식 시간을 가진 다음, 콘서트에서 노래를 부를 조안 바에즈Joan Baez를 만나 이야기를 나눈다. 잠시 후, 조안이 음향을 체크하기 위해 떠나면서 우리에게 작별 인사를 한다. 그녀는 "밝게 빛나는 태양을 만난 것 같았어요."라고 말한다. 그녀는 환하게 미소를 짓고 있다. 콘서트에서 그녀는 톰 웨이츠Tom Waits의 노래 '마지막 잎새Last Leaf'를 람 다스에게 헌정한다.

나는 나무에 매달린 마지막 잎새.
가을은 다 쓸어가 버리고, 나만 남겨두었네….
나는 영원토록 여기에 있을 거야,
얼마나 오래인지 알고 싶어?
사람들이 이 나무를 베어버린다 해도
나는 노래 속에 남아서 계속 나타날 거야.

민속식물학자인 테렌스 맥케나Terence McKenna의 말이 떠오른다. "나는 주변에, 근처에 남아 있을 거야. 그렇지 않다면, 난 너의 눈꺼풀 뒤에 있을걸? 그걸 잊지 말아줘. 거기에서 너를 만날 테니까."[11]

애도

마음껏 슬퍼하고 나면
상실의 아픔이 많이 가실 것이고
당신은 한층 성장해 있을 것입니다.

존 오도노휴, "애도를 위하여"

상실의 슬픔

오늘은 하늘이 잿빛이다. 수평선이 보이지 않는다. 나는 람 다스를 만나기 전에, 슬픔에 관한 책을 몇 시간 동안 읽기로 한다. 람 다스의 책장에는 거기에 관한 여러 권의 책들이 있다. 개인의 슬픔, 가족의 슬픔, 그리고 사회적 슬픔에 대해서까지. 나는 거실에 앉아 책을 읽으면서, 수프를 홀짝인다. 사랑의 화신이라는 원숭이 신 하누만의 조각상을 바라본다. 옆방에서는 루시안이 뉴스를 보고 있다. 트럼프는 언론을 미국 국민의 적이라고 말하고 있다. 미국 사회에는 우리의 지도자들이 연민, 보살핌, 지혜, 심지어 유머 감각마저 상실한 것에 대해 슬퍼하는 이들이 많은 것 같다.

슬픔은 상실에서 오는 아픈 감정으로, 우리와 깊이 연결된 누군가가 떠나거나 죽었을 때, 또는 삶에서 이루고 싶은 꿈이나 우리가 투자한 것을 잃었을 때 오는 감정적 반응이다.

우리는 길을 잃었다고 느끼고, 외롭고, 슬프고, 공허하고, 버림받았다고 느끼고, 단절감 속에서 스스로를 위로할 방법이 없다고 절망할 수 있다. 슬픔은 신체적으로 통증과 고통으로 나타나기도 하고, 인지적으로 집중할 수 없는 상태로 나타날 수 있다. 다른 사람들에게 마음의 문을 닫아걸고, 관계를 힘들어할 수 있다. 슬픔은 죽어가는 사람, 간병인, 가족, 친구, 연인 등 모든 사람에게 영향을 미친다. 슬픔은 죽음을 앞두고 일어날 수도 있고, 다가올 상실을 예상한 반응으로 올 수도 있다. 병을 앓으면서 건강이나 사회적 역할의 상실, 말하거나 움직일 수 있는 능력의 상실 등에 대한 반응으로 올 수도 있다. 슬픔은 사건이 아니라 일종의 과정이다. 슬픔은 각자 개인의 몫이고, 상실한 대상이 저마다 다른 것처럼 느끼는 슬픔의 빛깔 또한 저마다 다르다. 슬픔에 잠긴다는 것은 대개 우리가 분리되고 단절되었다는 느낌을 받고 있다는 것을 뜻한다.

모든 전통에는 애도와 슬픔의 이야기들이 있다. 나사로가 죽은 후, 예수께서는 나사로가 묻힌 베다니 마을로 가셨다. 예수께서는 마르다와 다른 조문객들이 우는 것을 보시고, 함께 우셨다. 그분은 그들의 슬픔과 나사로의 죽음에 마음이 움직이셨다. 예수께서는 자신이 죽은 나사로를 살리실 것을 아셨지만, 다른 사람들과 함께 슬퍼하기로 하셨다. 아니 어쩌면, 그들의 진심어린 슬픔 때문에 나사로를 다시 살려야겠다고 결심하신 것인지도 모른다.

위층으로 올라가기 직전, 나는 불경에서 슬픔과 관련된 구절들을 찾아본다. 삶은 무상하다. 그러니 집착하지 말아야 한다. 잃어버린 사람에 대한 집착을 놓아버려라. 자기 연민을 실천하라. 틱낫한은 "나의 고통은 눈물의 강처럼 흘러 오대양을 가득 채우나니."라고 썼다.

나는 또, 자신의 죽은 아기를 안고 부처님께로 가서 아기를 다시 살릴 수 있는 약을 달라고 간청하는, 슬픔에 잠긴 한 여인의 이야기를 읽는다. "약을 만들려면, 겨자씨를 구해 와야 합니다." 부처님이 그녀에게 말씀하신다. "마을로 내려가 집집마다 찾아가 물어서, 죽은 사람이 아무도 없는 집에서 씨를 받아오십시오."

여인은 집집마다 찾아다니며 초상을 치러본 적이 없는 집을 찾았지만, 찾을 수가 없다. "아버지가 돌아가셨어요." "어머니가 돌아가셨어요." "내 아이가 죽었어요." 저녁 무렵, 그녀는 부처님께 돌아왔지만, 더 이상 슬픔에 절은 표정은 아니다. 그녀의 얼굴은 차분해져 있다.

"겨자씨는 구하셨습니까?" 부처님이 묻는다.

"아닙니다. 하지만 이제 저는 누구나 다 사랑하는 사람을 잃게 마련이라는 것을 이해하게 되었습니다. 나라고 다를 수 있겠습니까. 그것을 알고 나니, 슬픔을 많이 떨쳐 버릴 수 있었습니다. 아기는 저 갈 곳으로 간 것이겠지요. 이제 나도 평화로워졌습니다. 감사합니다."

부처님이 말씀하신다. "잘하셨습니다. 이 세상에 어머니의 사랑보다 더 강한 것은 없지요. 잠시 동안 저와 함께 여기 있도록 하세요."

해가 저물어가는데, 부처님은 그녀와 이야기를 나눈다. 그녀는 부처님께 자신의 삶과 아기에 대한 자신의 극진한 사랑에 대해 이야기한다. 부처님은 친절하게 귀를 기울이고, 식물은 봄에 싹을 틔우고 자라서 여름에 꽃을 피우고 겨울에 죽는다는 사실을 상기시켜 준다. 그리하여 다음 해에는 새로운 식물이 다시 자라난다.

사람들의 인생은 저마다 달리 펼쳐져 간다. 하지만 태어난 사람은 결국 죽게 된다. 그녀는 이제 자연의 그러한 섭리를 이해한다.

나는 계단을 오르며, 죽음은 피할 수 없고 슬픔은 자연스러운 것이며 우리는 그것으로부터 배우고 성장하게 된다는 것을 다시 한 번 상기한다. 슬플 때는 친구들과 선생님들의 친절이 도움이 된다. 문을 열자, 친절한 친구이자 선생님인 람 다스가 기다리고 있다. 그는 앉아서 바다를 보고 있다. 그와 함께하면서, 바다의 파도와 조화를 이루며 뛰는 내 심장의 리듬을 느낀다. 대화를 시작해야 한다는 것을 알지만, 나는 그냥 숨쉬는 것만으로도 완전히 만족한다. 람 다스도 말이 없다.

"오늘은 무슨 이야기를 할까요?" 잠시 후 그가 묻는다.

"슬픔에 대해서 이야기해 볼까요?" 내가 말한다. "중요한 이야기가 될 것 같아요. 사람들은 때로 슬퍼하면서 죄책감을 느끼곤 합니다. 슬퍼하는 것은 충분히 '영적'이지 못한 것처럼 생각하기 때문일 것입니다. 그들은 자신들이 드러내놓고 슬퍼하면, 죽어가는 친구들을 더욱 자극하여 감당할 수 없는 슬픔의 홍수에 빠지게 될 것이라고 우려합니다. 그리하여 되도록 슬픔을 억제하려고 합니다. 그런 사람들에게는 뭐라고 말해야 할까요?"

람 다스는 잠시 눈을 감는다. 한참 후, 그가 말한다. "슬픔은 몸을 입고 살아가는 인간에게는 피할 수 없는 숙명인 것 같아요. 몸을 입고 살아간다는 것은 연민, 슬픔, 공감, 두려움, 아름다움, 기쁨, 슬픔 등, 온갖 감정을 갖게 된다는 것을 의미합니다. 우리의 인성은 우리의 신성만큼이나 우리의 진실입니다. 둘 중 하나를 부정하는 것은 빗나가는 것입니다. 인간은 고통을 없애기를 원합니다. 신성은 그 펼쳐짐 안에서 기뻐합니다. 슬픔은 우리로 하여금 상실의 깊은 아픔을 받아들이도록 돕고, 그리하여 그 모두가 우리들 삶의 전체를 이룬다는 큰 그림을 그리게 해줍니다. 슬픔을 통해서는 치유되지 않습니다. 우리 자신의 사랑의 영혼과 재연결됨으로써 비로소 치유될 수 있습니다. 사랑의 영혼은 결코 슬퍼하는 법이 없고, 어떤 상처도 받지 않으며, 언제나 자유롭습니다."

내가 말한다. "내 생각에는, 고통을 통과해 감으로써 우리는 더 현실적이고 더 인간적으로 되어 가는 것 같습니다. 언젠가 저는 제가 고난을 겪은 사람들에게 더 끌린다는 것을 알았습니다. 고난을 겪은 사람들이 더 현명하고 더 깨어 있는 사람들이라는 것을 알았기 때문입니다. 우리는 우리 자신이나 다른 사람이 고통받기를 바라지 않지만, 고통을 통하여 성장해 가는 것은 확실한 것 같습니다."

람 다스가 말한다. "망자의 가족과 함께 앉을 때면, 대개 나는 우리 모두가 영혼의 길 위에 서 있다는 자각을 하게 됩니다. 심리학의 대가인 프랭크 오스타세스키와 함께 일했을 때, 그는 사람들에게 그들이 느끼고 있는 감정에 대해 이야기함으로써 그들을 그 진흙탕 속으로 들어가게 했습니다. 온전히 슬퍼해야 온전히 빠져나올 수 있는 것 같습니다."

사랑의 치유력

람 다스와 함께 세바 재단을 공동 설립했던 기리자 브릴런트Girija Brilliant는 최근 나에게 26세에 세상을 떠난 아들 존Jon과 함께 지냈던 좋은 시절을 기억하기가 점점 더 힘들어지고 있으며, 아들을 잃었을 때와는 또 다른 차원의 어려움을 겪고 있다고 말했다.

람 다스가 말한다. "영혼은 결코 죽지 않습니다. 고인이 된 사랑하는 사람은 여전히 다른 형태로 존재합니다. 죽음은 삶을 끝내지만, 관계는 끝나지 않습니다. 하지만 우리 대부분은 여전히 슬퍼할 필요가 있습니다. 특히 젊은 사람이 죽었거나 갑작스럽게 사망한 경우에는 더욱 더 그렇습니다. 고인을 가깝게 느끼기 위해서라도 때로는 슬퍼할 필요가 있는 것이지요."

그가 말을 이어간다. "당신이 깊이 사랑하는 사람이라면 받아들이기 힘든 일이겠지만, 죽음은 영혼의 끝이 아니라 육체의 끝입니다. 사랑하는 사람과 관계가 끝나는 것이 아닙니다. 육신의 죽음은 영혼과 영혼으로서 새로운 관계를 형성하라는 초대장입니다. 당신의 마음이 충분히 조용해지면, 당신은 사랑이 결코 잃을 수 없는 것임을, 그들은 아무 데로도 가지 않았다는 것을 깨닫게 됩니다. 당신들이 나누는 사랑은 시간의 바람에 결코 흔들리지 않습니다. 사실, 당신이 사랑했던 모든 사람은 지금 당신이라는 존재를 이루는 피륙의 일부입니다."

내가 말한다. "마하라지가 갑자기 하늘을 올려다보며, 위대한 헌신자였던 나이 든 한 여성이 방금 죽었다고 말했던 것을 기억하나요? 그 말씀을 하신 후, 그는 웃었습니다. 그와 함께 있던 한 헌신자가 스승님은 왜 슬퍼하지 않느냐고 묻자, 마하라지는 대답했습니다. '내가 무엇을 하기를 원합니까, 꼭두각시처럼 행동하라고요? 몸은 죽지만, 영혼은 죽지 않아요.'"

람 다스가 나직히 말한다. “꼭두각시들처럼….”

내가 말한다. “내 친구 배리 보이스의 조카가 죽자, 그 친구는 장례식 절차를 부탁받았습니다. 그의 조카는 힘든 삶을 살았기 때문에 배리는 프랭크 오스타세스키에게 무슨 말을 해야 할지 물었습니다. 프랭크는 가족들에게 자신들이 승인한 것뿐만 아니라 그의 모든 것을 인정하고 간직해 달라고 부탁하라고 했습니다. 가족들이 슬픔을 정직하고 남김없이 표현하는 것이 중요하다고 했습니다.

프랭크는 말했습니다. ‘우리에게는 저마다 사랑의 빛이 내장되어 있어서 우리로 하여금 사랑하게 하고 또 사랑을 받게 해줍니다. 우리에게는 물론 어두운 부분도 있습니다. 그래서 우리는 두려움과 고통을 붙들고 씨름해야 하고, 때로는 참을 수 없는 지경으로 내몰리기도 합니다. 우리에게는 우리의 영광과 더러움이 함께 있습니다. 그러니 세상을 떠난 사랑하는 사람을 생각할 때에는, 그 사람 전체를 두루 포용하도록 하세요.’”

람 다스는 갑자기 장난스러운 표정을 지으며, 말한다. “지난주에 나는 우리의 고양이 루브를 장례 지내면서 몇 마디 말을 해주었습니다. 나는 루브가 람Ram의 아들의 이름을 따서 지은 이름이었다고 하면서, 루브는 사람들에게 곧잘 다가가 안김으로써 사람들을 위안해 주었다고 말했습니다. 루브는 마우이 섬의 한 레스토랑 지하에서 태어나, 여기저기 좋은 집을 찾아다녔습니다. 자기를 잘 받아

줄 '마음'을 찾아다닌 것입니다. 나는 루브가 행한 못된 일에 대해서는 한마디도 하지 않았습니다. 대개는 벽장에서 잤다는 말도 하지 않았고, 뚱뚱한 것에 대해서도 말하지 않았습니다."

내가 말한다. "당신은 용서받은 것 같군요!"

우리는 함께 웃고, 람 다스는 때를 놓치지 않고 다른 주제로 옮겨간다. 그와 함께 있으면서 나는 삶과 죽음, 고양이, 슬퍼하는 부모 사이에는 아무런 분리가 없다는 것을 거듭 깨닫는다. 모두가 다 매듭이 없이 이어져 있는 전체의 일부이다. "그러니 이제는, 한 번 더 강조하자면…."

이제 람 다스는 진지한 어조로 말을 이어간다. "몇 년 전, 어린 자녀를 잃은 부부가 나에게 조언을 구했습니다. 나는 한 통의 편지를 썼습니다. 여러 분들이 그 편지를 읽었지요."

친애하는 스티브와 아니타 님께

레이첼은 지상에서 자신의 할 일을 다 마치고 무대를 떠났습니다. 지상에 남겨진 사람들은 연약한 믿음의 끈이 심하게 흔들려 번민과 고통으로 울부짖었습니다. 지금까지의 전통적인 가르침에 따르고 물든 사람이라면 어느 누가 제 정신을 유지할 수 있을 만큼 강할 수 있겠습니까? 아마 거의 없을 것입니다. 사람들은 대부분 분노, 슬픔, 공포, 황폐의 소용돌이 속에서 평정과 평화의 속삭임을 거의 들을 수가 없을 것입니다.

나는 어떤 말로도 당신들의 고통을 달래줄 수 없으며, 그렇게 해서도 안 될 일입니다. 당신들의 고통은 라헬이 당신들에게 남겨준 것이기 때문입니다. 레이첼이나 내가 그러한 고통을 가하기로 선택한 것은 아니지만, 어쨌든 당신들은 고통을 당하고 있습니다. 그리고 그 고통은 완전히 연소되고 연소되어 정화의 길로 이어져야 합니다. 당신들이 참을 수 없는 것을 참을 때에는, 당신들 안에 있는 중요한 무엇인가가 발아되지 못하고 죽어버리기 때문입니다. 당신들이 하나님이 보시는 것처럼 보고 하나님이 사랑하시는 것처럼 사랑할 수 있으려면, 영혼의 어두운 밤을 통과하지 않으면 안 되기 때문입니다.

지금은 당신들의 슬픔이 표현되어야 할 때입니다. 거짓은 힘이 없습니다. 조용히 앉아서 레이첼에게 말을 걸어 보십시오. 지금은 몇 년 동안 당신들과 함께해 준 것에 대해 감사하고, 레이첼이 무슨 일을 하든 계속해서 나아갈 수 있도록 격려해 주어야 할 때입니다. 이러한 경험을 통해서 당신들은 지혜와 연민이 몰라보게 자라날 것입니다. 나는 가슴으로 알고 있습니다. 당신들과 레이첼은 계속해서 만날 것이고, 서로를 알 수 있는 여러 가지 길이 있다는 것을 알게 될 것입니다. 그리고 당신들이 만날 때, 당신들은 지금까지 당신들이 알도록 허락되지 않았던 것들을 순식간에 알게 될 것입니다. 그래서 왜 일이 이렇게 되었어야만 했는지를 환하게 알 것입니다.

우리의 이성적인 마음으로는 무슨 일이 일어났는지 이해할 수 없지만, 우리의 마음을 하나님께 열어둘 수만 있다면, 우리는 직관으로 밝히 알 수 있게 됩니다. 레이첼은 지상에서 자신의 할 일을 하기 위해서 당신들을 통하여 세상에 왔습니다. 자신의 죽음의 방식도 여기에 포함됩니다. 이제 레이첼의 영혼은 자유로워졌고, 당신들과 레이첼의 사랑은 변화하는 시간과 공간의 바람 앞에 조금도 흔들리지 않습니다.

그 깊은 사랑에 저를 포함시켜 주십시오.

사랑을 담아

람 다스

"그로부터 얼마 지나지 않아, 디트로이트의 포드 자동차 회사 조립 라인에서 일하는 한 남자로부터 편지를 받았습니다. 그는 스물세 살 된 그의 아들이 몇몇 친구들과 휴가차 하와이로 갔다고 했습니다. 그들은 스노클링을 하러 갔는데, 모두가 초짜들이었습니다. 그의 아들은 건강한 운동선수였고, 수영도 잘했습니다. 그들은 한동안 거기에서 놀았는데, 그가 너무 오랫동안 누워 있다는 것을 친구들이 알아차렸습니다. 그들이 그를 흔들어 깨워 보니, 그는 뇌사 상태였습니다. 그 즉시 인공호흡을 실시했지만, 아무 소용이 없었습니다. 아버지는 하와이로 날아갔고, 막대한 비용을 들여 아들을 앰뷸런스에 싣고 미국 본토로 돌아왔습니다. 몇 주 후, 아버지는 인공호흡기의 플러그를 뽑는 것에 동의했고, 아들이 죽는 모습을 지켜보아야 했습니다.

그는 자신의 아들이 얼마나 멋진 소년이었는지, 자라고 나서 그가 얼마나 멋진 일을 해왔는지에 대해 이야기했습니다. 그는 귀가가 늦어질 때면 부모님이 걱정하지 않도록 꼬박꼬박 전화를 하는 착실한 아들이었습니다. 그가 나에게 말했습니다. '사람들은 하나님이 완전하시다고 말하지만, 이번에는 아무래도 하나님이 실수했다는 생각뿐입니다. 어째서 이런 일이 일어나야 하는지, 아무래도 이해할 수가 없습니다. 아들만 죽은 것이 아닙니다. 세 사람의 생명이 파괴되었습니다. 제 아내는 정말 훌륭한 여성이고, 이런 일을 당해야 할 만한 사람이 결코 아닙니다. 나는 예순 살이고, 아내는 쉰 살입니다. 아들은 우리의 미래였습니다. 이제는 모든 것이 허무합니다. 아침마다 울면서 일어납니다. 내 아들을 영원한 세계로 보내버린 것은 너무 잔인한 일이라고 생각합니다. 아들은 그곳에 아무도 아는 이가 없을 테니까요. 아들보다 먼저 죽은 사람으로는 아내의 조부모님만이 계시는데, 아들이 아주 어렸을 때 돌아가셨기 때문에 아들은 그분들을 전혀 알지 못합니다. 아들이 얼마나 외롭게 지낼

것인가를 생각하면 참을 수가 없습니다. 사람들은 그것을 우연한 사고라고 말합니다만, 나는 그렇게 생각하지 않습니다. 이 비극이 일어나기 전 몇 달을 돌아보면, 여덟 가지나 아홉 가지 정도의 일이 떠오르고, 그런 일들을 곱씹곤 합니다. 지금 그런 일들을 나열하고 싶진 않지만, 뭔가 전조가 있었던 것 같아요.'"

내가 말한다. "당신이 그에게 답장한 편지를 라규Raghu가 나에게 보내주었어요. 내가 읽을게요."

나는 당신과 당신의 아내가 겪은 상실에 대해 큰 아픔을 느낍니다. 자녀를 잃었을 때 부모가 경험하는 슬픔은 세상에서 가장 큰 슬픔일 것입니다. 그런 일은 자연의 질서를 완전히 뒤엎는 것처럼 여겨집니다. 영적인 관점에서 내가 아무리 위로의 말씀을 드리더라도 당신들의 슬픔을 어찌 가라앉힐 수 있겠습니까. 그러나 아마도 그것은 당신과 당신의 아들이 서로를 다른 방식으로 알 수 있게 해줄 것이며, 당신들의 슬픔을 덜어줄 수 있을 것입니다.

당신의 아들은 매력적이고 그렇게도 따뜻하고 생기가 넘친 아들이었기 때문에, 당신은 그를 독특하고 분리된 존재로 여기게 되었습니다. 하지만 우리는 직관을 통해서도 사람을 알 수 있습니다. 서로를 아는 이 방법은 미묘하기 때문에, 감각과 생각을 통해 사람들을 아는 더 분명한 방법에 가려진 경우가 많습니다. 그러나 우리가 무엇을 추구해야 하는지를 알고 직관적인 앎의 방법을 개발한다면, 우리들 각자는 우리가 우리의 육신과 개성 그 이상의 존재들이라는 것을 자각하게 될 것입니다. 이렇게 우리 자신의 다른 차원에 대해서는 마땅한 이름조차 없지만, 우리의 토론 목적을 위해서는 '영혼'이라는 단어가 적합할 것 같습니다.

영혼이란 무엇입니까? 영혼은 물질적 인간계에 태어날 때가 되면 개성과 몸을 옷입는 독특한 존재입니다. 이 개성과 몸은 지구에 거주하기 위한 우주복과 매우 흡사합니다. 극히 드문 경우를 제외하면 필연적으로, 유아는 몇 년 안에 자기 자신을 우주복과 너무 강하게 동일시하여 영혼으로서의 원래 정체성에 대한 기억을 잃게 됩니다. 그리하여 우리는 죽을 때까지 인간으로서 살아야 할 소명에 종사하는 삶을 살아갑니다. 죽을 때가 되어서야 비로소 우주복을 뒤에 남겨두고 영혼으로서의 진정한 자아를 다시 한 번 기억하게 됩니다.

영혼은 인간으로서 태어나는 데 있어 일종의 아젠다를 스스로 지니고 있습니다. 지구에 있는 동안 수행하고 완료해야 할 특정 작업이 있습니다. 몸과 개성을 사용하여 이 일을 행하고, 그 일이 끝나면 이 세상을 떠납니다. 이번 생에서 내가 접촉한 가장 지혜로운 존재들은 한결같이, 영혼이 물질계를 떠나는 시각은 한시도 더 빠르거나 더 늦지 않는다는 것을 저에게 확신시켜 줍니다.

몸과 개성을 자기 자신이라고 확신하면서 살아가는 지구상의 우리에게, 이것은 이해하기 어려운 일입니다. 우리는 대개 내면에 충분히 귀를 기울이지 않고 살기 때문에, 이런 사실을 까맣게 모르고 수명을 자산으로 간주하곤 합니다. 우리는 지구에서의 삶을 전부인 양 가장 중요하고 최종적인 것으로 생각하는 경향이 있고, 그래서 가능한 한 오래 살기를 원합니다. 그러나 영혼의 관점에서 인생을 보기 시작하면 상황은 완전히 달라집니다. 인간의 탄생은 4학년(차원)에 등록하는 것과 약간 비슷하며, 우리는 특정 학년에서 특정한 형상을 하고 거기에서 배워야 할 것을 배우기 위해 필요한 만큼 오래 머문 다음에는 자연스럽게 이 차원을 떠나 더 진화해 갈 준비를 하게 됩니다.

나는 당신의 아들에 대한 당신의 묘사와 사진을 통해 그의 마음의 순수함과 그의 영혼의 아름다움을 느낄 수 있었습니다. 당신은 지상에서 그가 이제 겨우 할 일을 시작했다고 했지만, 그의 영혼의 입장에서는 그것으로 자기 할 일을 마친 것일 수 있습니다. 그가 떠나는 방식도 그의 일의 일부였을 것입니다. 귀가가 늦어지게 되면 밤늦게라도 전화를 잊지 않았던 아들이 그렇게 아무런 예고도 없이 갑작스레 떠나는 것이 당신에게는 상상할 수도 없는 일이었을 것입니다. 그것이 그의 선택이었다고는 도저히 믿기지 않을 것입니다. 하지만 그것은 그의 개성이 선택한 것이 아니라, 그의 영혼의 선택이었습니다. 사실 몸과 개성을 입고 살아가는 그의 인격은 아빠와 엄마와 자신 사이에 존재하는 끈끈한 인간적 사랑의 유대 때문에 결코 당신들을 떠날 수 없었을 것입니다.

그러나 영혼은 때로 '이해를 초월하는 사랑'이라고 불리는 것에 의해 다른 사람들과 연결되기 때문에, 인간적인 끈끈한 사랑에 제한을 받지 않습니다. 그것이 깨어 있는 영적인 사랑입니다. 그것이 바로 그리스도께서 그의 아버지와 나누신 사랑입니다. 당신 또한 바로 그와 똑같은 사랑에 의해 아버지와 아들의 인간적 사랑보다 훨씬 더 깊이 아들과 하나로 묶여 있습니다. 슬픔이 극도에 달한 당신으로서는 이와 같은 깊은 사랑에 동조되기가 어려울 것입니다. 더구나 당신은 눈물이 앞을 가려 이성을 잃을 정도입니다. 그러나 당신은 이미 뭔가 희미한 암시를 받았을 것이 분명하며, 훗날 당신과 당신의 아들이 나누게 될 진정한 사랑은 이러한 최근의 사건에 전혀 영향을 받지 않는다는 것이 훨씬 더 분명해질 것입니다.

이런 사랑, 이런 영혼의 사랑이 존재하는 차원에서는 오는 것도 없고 가는 것도 없습니다. 그 사랑은 시간이나 형상의 변화에 흔들리지 않습니다. 당신의 마음이 충분히

고요해질 때에만 당신은 사랑의 에센스가 여전히 당신과 함께 있다는 것을 가슴으로 확신할 수 있게 될 것입니다. 그렇다고 해서 당신이 깊이 애착을 가졌던 그의 형상을 잃은 고통이 완전히 없어지지는 않겠지만, 새로운 기회와 함께 그 상실감은 어느 정도 회복될 수 있을 것입니다. 당신을 사로잡았던 그의 형상이 더 이상 존재하지 않음으로 인해, 당신은 그의 영혼과 더 자유롭게 접촉할 수 있게 되었습니다. 당신이 자신의 영혼을 인정할 수 있게 될수록 영혼과 영혼으로 만날 기회는 더욱 더 커지게 됩니다.

이 사건으로 인해 당신의 삶이 파괴되었는지 여부에 대한 질문은, 우리의 토론에서 다루어져야 할 다른 부분입니다. 당신의 개성에게 있어서 그 고통은 당신을 산산조각 내어 견딜 수 없는 것처럼 보입니다. 나는 당신이 울면서 깨어났고 인생이 무의미하다는 것을 알게 되었다는 것을 의심하지 않습니다. 고통은 몸을 입은 사람이라면 누구든지 어떤 대가를 치르더라도 피하려고 듭니다. 그러나 당신의 영혼에게는 완전히 다른 문제입니다. 당신의 영혼에게 있어서 고통은 당신이 영적으로 성장하도록 당신을 다그쳐서, 진실로 당신이 누구인지에 대한 각성으로 당신을 더 가까이 데려가는 촉매인 것입니다.

이렇게 여러 말씀을 드리지만, 당신 아들의 죽음이 당신의 영혼에 대한 그의 영혼의 선물이었다는 것을 어떻게든 이해해 달라고 하는 것은 지나친 요구일 것이 너무나 분명합니다. 당신에게는 모든 것이 여전히 뒤죽박죽으로 보일지도 모릅니다. 하지만 당신은 저에게 그런 비극적인 사건을 어떻게 이해했는지 물었고, 저의 이런 관점을 당신과 공유하게 된 것을 영광으로 생각합니다. 그것이 저의 진실입니다. 그러나 당신의 편지 어투로 미루어보고 또 저의 예감에 따르자면, 당신은 이런 내용에 충분히 귀를 기울일 만큼 당신 자신이 생각하는 것보다 훨씬 더 영적으로 성숙된 분이실 것 같습니다.

이제, 아드님이 지금 어떤 상태인지에 대해 저의 직감이 말해주고 있는 것을 말씀드리겠습니다. 아드님은 몸을 떠난 직후 몇 주 동안은 당신이 상실감에 적응해 가고 또 당신으로 하여금 아들을 도울 수 있도록 기회를 주기 위해 몇 주 동안 자신의 시신에 의식의 실 한 가닥을 남겨두었다가 그것마저 다 거두어들여 떠난 다음에는, 어떠한 말로도 표현할 수 없는 깊은 사랑의 빛으로 충만해졌을 것입니다. 그가 도착한 곳에는 그를 마중하러 나온 영혼들이 있었을 것입니다. 그가 지상에 머무는 동안 알고 지냈던 친숙한 사람들은 없었을지 몰라도, 그의 영혼과 아주 가까운 많은 존재들이 그를 맞으러 나왔을 것입니다.

그러나 그의 영혼은 당신의 고통과 아들에 대한 당신의 집착과 상실감을 느꼈을 것이 분명합니다. 그는 무슨 일이 일어났는지, 왜 그런 일이 일어나야만 했는지, 왜 당신이 지금 고통받고 있는지 이해하지만, 이제는 더 이상 예전과 같은 방식으로는 만날 수 없기에, 그는 당신을 치유의 에너지로 감싸고 있을 것이라고 확신합니다. 당신이 마음을 고요하게 할 수 있다면, 당신은 그것을 확실히 느낄 수 있을 것입니다. 물론 당신이 느끼지 못하더라도 그것은 당신에게 유익하게 작용합니다. 되도록 조용히 앉아서 아들과 어울리고 있다고 생각하고, 함께 나누었던 경험들에 대해 평소처럼 그와 이야기하십시오. 그렇게 하면서, 각 경험에 스며들어 있었던 '영의 실' the thread of spirit 을 보도록 하십시오. 당신과 그가 이번에 지구에서 아버지와 아들로 만난 영혼이라고 상상해보세요. 함께했던 나날 동안 당신들 사이의 사랑이 당신들 관계의 뿌리에 놓여 있는 영혼의 진실을 인식할 수 있을 정도로 신비의 베일을 거의 찢을 뻔한 적이 과연 몇 번이나 있었는지, 궁금합니다.

영혼은 시간을 모르기 때문에, 두 사람이 영혼으로서의 유대를 인식하는 데는 한 순간이면 충분합니다. 그리고 이제, 당신의 아들은 더 이상 몸을 입고 있지 않지만, 당신과 그는 서로를 알아볼 수 있습니다. 나는 생명유지장치를 제거한 것이 당신의 잘못이라고는 결코 생각하지 않습니다. 당신의 손은 당신 내면에 있는 더 깊은 진실의 힘에 의해 인도되었습니다. 그런 상황에 처하면 우리는 행해져야 할 일을 할 뿐입니다. 여기에 대해서는 마음을 편히 먹으십시오. 당신의 아들이 몸을 떠날 때가 아니었다면, 당신은 그렇게 할 수가 없었을 것입니다. 당신은 당신의 역할을 하고 있었습니다.

형상의 상실감이 다 타버려서 당신이 황폐함과 비통함과 분리감에서 어느 정도 벗어나서 조금이나마 고요히 앉아 그와 함께 앉을 수 있게 되면, 당신은 가슴으로 느끼기 시작할 것입니다. 단지 기억만이 아니라, 살아 있는 진실인 '깊고 미묘한 사랑의 연결'을 느낄 수 있을 것입니다. 그리고 그것은 당신을 고무하고 양육하기 시작할 것입니다.

내 인생에서 가장 가까운 존재이자 부모님이나 그 어떤 연인보다 더 가까운 나의 구루는, 1973년에 몸을 떠났습니다. 오랜 세월이 지난 지금, 그는 내 인생에서 가장 가까운 존재입니다. 그는 내가 날마다 함께 살아가는 살아있는 진실입니다. 그가 몸 안에 있지 않다는 사실은, 그가 몸을 입고 있었을 때보다 훨씬 더 심오한 방식으로 그를 이해하게 해줍니다. 우리가 마침내 만나게 된 곳은, 서로의 내면에 있는 사랑 안에서였습니다. 당신이 누군가를 그리워할 만큼 사랑할 때, 당신은 깨어 있는 참사랑으로 사랑하는 이를 만진 것입니다. 우리는 대상으로서의 한 사람에 대한 우리의 감각과 생각에 너무 집착한 나머지, 그것들을 잃을 때에는 절망하고, 중요한 무언가를 잃어버렸다고 느낍니다. 시간의 강물이 흘러 마음을 가라앉혀 주고 난 다음에야 우리는 비로소, 함께 있음의 풍요로움이 새로운 차원으로 이동하여 펼쳐지고 있음을 깨닫습니다.

사랑 안에서

람 다스

애도에서 추모로

우리는 잠시 침묵 속에 앉아 있다. 아이를 잃는 것은 아마도 인생에서 경험할 수 있는 최악의 고통일 것이다. 우리의 친한 친구들 중 몇몇이 자녀를 잃었다. 나는 그 고통을 상상하려고 애써보지만, 내 아들 오웬의 죽음은 상상조차 하기 어렵다. 엄마가 병원에 실려 갔던 80년대의 어느 날, 나는 인도의 마하라지 사원에 있었다. 갑자기 그때의 기억이 떠오른다. 그곳에 온 지 얼마 되지 않았지만, 엄마와 함께 있으려면 집으로 돌아가야 했다. 나는 싯디 마Siddhi Ma에게 작별 인사를 하러 갔다. 나는 그곳에서 너무나 행복했었다. 마하라지의 사진과 격자무늬 담요가 있는 그의 침대 옆에서 차를 마셨고, 소 떼가 뿌연 먼지를 일으키면서 집으로 돌아가는 시간에는 사원 뒤쪽에서 석양을 바라보며 성가를 불렀다. 나의 가슴은 언제나 사랑에 열려 있었고, 현존하는 사랑 속에서 살았던 것 같다. 하지만 이제 작별 인사를 할 때가 왔고, 나는 울기 시작했다. 싯디 마에게 절하며 울었고, 짐을 챙겨 차에 실으면서 울었고, 스태프들에게 작별 인사를 하며 울었다. 나는 라메쉬와 함께 델리까지 가는 몇 시간 동안 내내 차 안에서 울었다. 나는 어머니를 생각하면서 슬픔에 잠겨 울었고, 인도를 떠나는 것과 마하라지를 생각하면서 울었다. 내 가슴의 모든 상처를 생각하면서 울었다. 눈물의 홍수 사태 속에서, 나는 행복을 포함한 어떤 감정에든 가슴이 열리면 슬픔과 후회, 비탄과 슬픔을 포함한 모든 감정에 마음이 열리게 된다는 것을 깨달았다. 마하라지가 자주 말했듯이, '모두 하나'였다.

람 다스는 말한다. "슬픔은 우리의 가장 위대한 스승 중 하나입니다. 슬픔은 우리를 부수어 열어 줍니다. 우리를 덮고 있던 뚜껑에 금이 가서 깨지면, 그리로 빛이 들어오게 됩니다. 그럼으로써 우리는 우리 자신과 삶의 관계, 그리고 죽음에 대한 우리의 두려움을 들여다보게 됩니다. 그리하여 사랑이 가지는 위대한 치유의 힘이 드러납니다.

슬픔을 지원하고 격려하기 위해 나는 이렇게 말하곤 합니다. 그냥 슬퍼하십시오. 슬픔을 멈추려고 하지 마세요. 일부러 강한 척하면서 슬프지 않은 척하지 마십시오. 더 많이 슬퍼하십시오. 자기 자신에게 솔직해지세요. 슬프면, 그냥 슬퍼하십시오. 슬플 때 슬프지 않은 척하는 것도 위선이지만, 슬픔을 느끼지 않으면서도 슬픈 척하는 것 또한 위선입니다. 인간적인 고통을 그냥 허용하세요. 숨기지 마시고, 그냥 드러내세요. 슬픔은 나약함의 표시가 아니라 오히려 강함의 표시입니다. 슬픔을 통과하려면 용기가 필요합니다.

자기 자신을 늘 돌보도록 하세요. 슬픔이 파도처럼 밀려옵니다. 슬픔은 다 끝난 것처럼 보였다가도 다시 돌아와서 당신을 압도할 수 있습니다. 당신은 자신이 죽어가고 있는 사람인 것처럼 느낄 수도 있고, 죄책감이나 분노 또는 외로움을 경험할 수도 있습니다.

모든 것, 심지어는 슬픔마저도 영원하지 않다는 것을 기억해야 합니다. 슬픔은 다른 것으로 변화될 수 있습니다. 슬픔 속에서도 아하! 하는 깨달음이 올 수 있고, 일련의 작은 통찰들이 이어질 수도 있습니다. 그렇게 변용의 순간이 오게 될 것입니다.

자신의 가슴에 충실하십시오. 남김없이 다 슬퍼하지 않으면, 삶에 대한 냉소주의와 미래에 대한 두려움, 위험에 대한 두려움으로 끝날 수 있습니다. 자기 자신에게 친절하십시오. 놓아야 할 때가 되면, 당신은 스스로 그것을 알게 될 것입니다. 그러면 다 놓아 버리십시오. 집착 없이도, 기억은 여전히 남아 있을 것입니다. 남김없이 다 슬퍼하고 나면, '예전의 일상'으로 다시 돌아가게 되는 것이 아니라 새로운 사람으로 다시 태어나게 됩니다. 오늘 나의 삶이 어떠하든 자유롭게 현존할 수 있게 됩니다."

내가 그에게 묻는다. "랍비 앨런 류Alan Lew가 기억납니까? 그는 친구였고, 우리는 함께 가르쳤지요. 노만 피셔Norman Fischer도 그와 함께 가르쳤는데, 불교와 유대교의 영성을 통합하는 내용이었지요. 앨런이 갑자기 사망한 후 노만은 다음과 같이 썼습니다. '상실은 가슴을 아프게 하여 가슴을 열게 해줍니다. 그렇게 가슴이 열리면, 그리로 사랑이 밀려오고 밀려 나갑니다. 사랑이 계속 거기에 있는데도, 우리는 너무 바빠서 그것을 느낄 수 없기 때문에 알아차리지 못합니다. 상실이 남긴 부재 속으로 사랑이 몰려옵니다. 그리고 그 사랑은 영감을 주어 우리의 삶을 고무해 줍니다. 상실감으로부터 달아나려고 할 것이 아니라, 오히려 상실감에 온전히 자기 자신을 바칠 수 있다면, 우리의 상처 받은 가슴은 충만해질 것입니다.'"

람 다스는 말한다. "상실… 거기에서 멀어지려고 할 것이 아니라 오히려 그리로 다가가 그것을 온전히 받아들인다는 것. 그래요, 노만은 그 랍비를 사랑했지요."

"그랬지요. 흠…. 그리고 그들은 믿음을 공유했습니다. 람다스, 믿음은 슬픔과 어떤 관련이 있을까요?"

람 다스가 대답한다. "슬픔에 잠겨서 모든 것이 어둡고 혼란스러워질 때, 그래서 번민에 휩싸여 우리가 슬피 울 때, 믿음으로 유지해오고 있던 것들이 다 흔들리게 됩니다. 머릿속 헤아림에 의한 믿음은 마음에 뿌리를 내리고 있는데, 죽음에 직면하게 되면 그 마음이란 것이 다 붕괴되고 맙니다. 진실이라고 믿었던 것들을 다 의심하게 됩니다. 하지만 가슴으로 믿는 믿음이 있습니다. 가슴으로 믿는 믿음은 생각하는 마음 너머에 존재합니다. 그렇기 때문에 연약한 실에 불과할지라도 가슴으로 믿는 것이 중요합니다.

가슴의 믿음은 의심이 있는 상태에서도 지속되므로, 보편적이고 우주적인 실상과 연결될 수 있습니다. 우주의 리듬을 가슴으로 믿게 되고, 그 믿음이 깊어지면, 겉보기의 상황이 아무리 흔들리더라도 기댈 수 있는 바위를 찾을 수 있습니다. 가슴의 믿음이 없으면 두려워합니다. 가슴의 믿음이 있으면 두려움이 없습니다.

슬픔으로 가득 차게 될 때와 같이 가슴의 믿음이 흔들릴 때가 있는데, 이런 때에는 강과 나무와 바위와 하늘 같은 대자연에 마음을 열고 가슴으로 받아들여 보십시오. 대자연의 모든 것들은 각기 자기 존재를 주장하지 않으면서도 서로 어울려 조화 속에서 너무나 잘 살아갑니다. 당신이 서 있는 곳에서만 공허하고 암울해 보일 뿐입니다. 자연 속으로 나가서 그냥 땅에 눕거나 강가에 앉아 보세요. 강물에 떠내려가는 나뭇잎을 바라보고 있노라면, 마음을 씻어줍니다. 시간이 지나면, 혼란스럽던 마음이 조금 더 차분하게 정리되어 사물을 있는 그대로 더 잘 볼 수 있게 됩니다."

무궁화, 야자나무 꼭대기에서 익어가는 코코넛, 밝은 빨간색의 하와이안 티나무 잎사귀들, 용설란, 파파야, 노포크 소나무들을 바라보며, 나는 그것들 속에 있기만 해도 저절로 슬픔이 치유될 수 있을 것이라고 생각한다. 나는 회상한다. "산티아고 순례길을 다녀온 사람을 알게 되었는데, 300킬로미터 정도를 걸은 그녀는 그 어느 지점에선가 울음이 터져나와서 울고 또 울었는데, 불현듯 울음이 그치는 것을 느꼈다고 합니다."

람 다스가 말한다. "그런 식으로 특별한 수행을 하는 사람들이 있지요. 슬픔이 변화되기를 바라고 또 기다리면서 그냥 살아가는 사람들도 있고요."

내가 말한다. "존 페리 발로우John Perry Barlow는 슬픈 일이 닥치자 마치 바닥 없는 슬픔의 샘에 빠진 것 같다고 말했는데, 당신은 그에게 이렇게 말했지요. '아무리 슬퍼도 바닥이 없지는 않을 거예요. 언젠가는 그 자리가 사랑으로 채워질 거예요.' 그 말이 그에게 정말 도움이 되었지요."

람 다스가 말한다. "그래요. 사람에 따라 다르긴 하지만, 시간이 되면 자연스럽게 슬픔의 감정이 다 가라앉을 때가 옵니다. 그러면 우리는 어둠 속에서 반짝이는 작은 불빛을 처음 만난 사람처럼 누군가와 혹은 무엇인가와 연결되어 있다는 느낌을 갖게 되고, 그러한 유대감 속에서 치유의 가능성을 예감하게 되기도 합니다. 그렇게 애도의 슬픔에서 추모로 옮겨가기 시작합니다."

애도에서 추모로. 나는 아래층으로 내려가면서 앤 라모트Anne Lamott가 사랑하는 사람을 잃는 것은 다리가 부러져서 완벽하게 치유되지 않는 상태인 것과 같다고 말했던 것을 떠올린다.

부엌에서, 나는 다시와 락슈만과 이야기를 나누면서, 그들의 생동감을 즐긴다. 그들이 살아있어서 감사하고 행복하다. 우리는 이제 무엇을 먹어야 할까? 어젯밤에 먹다 남은 사과 케이크가 있다. 살아 있는 달콤한 맛이다. 나는 지금 여기에 살아 있는 것이 감사하다.

그들은 나의 일부로서 살아 있다

그날 밤 늦게, 나는 다시 람 다스의 방으로 가는 계단을 올라간다. 그는 꽤 행복해 보인다. 우리는 앞서 나누었던 대화를 이어간다.

람 다스가 말한다. “사랑하는 사람들이 죽으면, 그들은 우리의 일부가 됩니다.”

“하지만 당신이 말했듯이, 사람들은 슬픔을 통하여 변화를 경험하게 됩니다.”

“내가 말했고, 노만이 그 말을 했지요. 하지만 세상을 떠난 모든 친구들은 여전히 지금 여기에 있습니다. 여전히 나와 함께 있어요. 나는 어느 누구도 잃지 않았습니다. 마하라지께서도 여기에 계십니다. 그리고 스티븐 레빈도. 그는 내 마음속에 살아 있습니다.”

“스티븐이 뉴멕시코에 살 때와는 어떤 차이가 있는가요?” 내가 묻는다.

“그때 우리는 서로에게 전화를 자주 걸었습니다. 나는 그의 의견을 듣고, 온전히 다 소화했는데, 이제 나는 그의 모든 것을 다 받아들이고 있습니다. 사랑은 손을 뻗어 그와 다른 사람들을 모두 받아들이게 합니다. 라메쉬(Ramesh, 곧 라메쉬워 다스Rameshwar Das, 『거울 닦기Polishing the Mirror』의 공동저자)와 함께 회고록을 위해 일할 때와 마찬가지로, 나는 나의 형제들과 아버지와 어머니가 살아 있지 않다는 생각으로 힘든 시간을 보냈습니다. 하지만 그들은 주변에 ‘있습니다’. 그냥 사랑으로 존재하고 있는 것입니다. 나는 이 모든 사람들을 사랑합니다. 나는 그들을 나 자신 속으로 받아들였습니다.”

내가 말한다. “그들은 당신이 되었군요.”

“그럼요, 그렇고말고요.”

내가 람 다스에게 말한다. "어머니가 돌아가신 후, 나는 어머니가 하시는 습관대로 내가 손을 꼼지락거리고 있다는 것을 알았습니다. 그러고보니 내 목소리에도 어머니의 억양이 그대로 살아 있었어요."

"우와!"

"인도의 강가 화장터에서 나는 시체가 타는 연기를 들이마시면서 우리가 물질적으로 서로의 일부가 되었음을 깨달았습니다. 그때가 생각납니다. 뭔가 중요한 것을 이해하게 된 것 같았습니다. 당신이 말했듯이, 당신은 스티븐의 말들을 받아들였습니다. 실제로 그것들을 흡수했지요. 나는 불에 타고 있는 그 인격체를 흡수했습니다."

람 다스가 말한다. "그 연기는… 대단했지요. …그것은 대전환이지요. 나는 내가 거기에서 똑같은 일을 했다고 확신합니다. 그 연기의 냄새, 그 사람의 냄새…. 연기는 하나의 차원이고, 사랑은 또 다른 차원입니다. 사랑은 통합입니다."

"통합은 '당신의 몸 안에서 하나가 된다'는 것을 의미합니다. 육신 안에서."

"아휴, 정말 맛있는 냄새가 나는군요."라고 람 다스가 말한다.

곧 이어 락슈만이 도착한다. "간단하게 뭘 좀 드실래요?" 하고 그가 묻는다. "곧 의사를 만나러 가야 합니다."

"좋아요."

락슈만은 람 다스의 작은 사이드 테이블 위에 야채와 쌀, 또띠야가 담긴 접시를 내려놓는다. 그는 잠시 식사를 하고 나서, 이렇게 말한다. "당신이 알다시피, 나는 처음에 우리가 한 권의 책을 쓸 거라고 생각하고 그것을 작업한다고 생각했는데, 사실 우리는 '대화'를 하고 있어요. 나는 책을 쓰고 있다는 생각에서 벗어났어요. 그냥 재미있어요."

"그런데 지금은요?" 하고 내가 묻는다.

"나는 당신을 믿고 신뢰합니다. 우리는 올바른 책을 쓰고 있어요. 나의 뇌졸중을 고려하고, 내가 글을 쓰거나 의사소통을 잘 할 수 없다는 점을 고려하면요."

내가 말한다. "당신이 의사소통을 잘 하지 못한다는 생각은 조금도 들지 않아요. 이것은 다른 형태의 커뮤니케이션이지요. 여러 해 동안 당신이 말하고 쓴 모든 것에도 불구하고, 당신이 말하는 것으로 나 같은 사람들을 여전히 놀라게 할 수 있다는 것은 정말 대단한 일입니다. 우리가 기억이나 기대에 얽매이지 않고, 지금 이 순간에 있을 때에는 항상 새롭게 보는 방법이 있게 마련이고 항상 새로운 것을 배울 수 있는 것 같습니다. 나는 그것을 확인하고 있어요."

"지금 이 순간을 사는 일. 순간은 늘 선택적입니다. 과거나 미래에 이 순간을 팔아버릴 것이냐, 지금 이 순간을 충만하게 살 것이냐? 책 제목을 『그 순간에In the Moment』라고 해야 할 것 같네요."라고 람 다스가 제안한다.

"『지금 여기에 살라Be Here Now』와 아주 많이 똑같은데요?" 내가 말한다.

"그래요, 그런 것 같네요."

여정을 위한 축복

장례식과 추도식은 고인이 된 자의 친구와 가족이 슬픔의 과정을 통과하여 죽은 자의 영혼이 자유로워질 수 있도록 도와준다. 그 예식과 절차들은 다양한 모습을 띠고 삶에 의미를 부여해 주고 공동체 의식을 강화시켜 준다. 이 의식은 기억되는 사람과 그들이 속한 문화만큼이나 독특하다. 나는 음식과 음료를 풍부하게 나누면서 모인 사람들이 서로 이야기를 나누면서 하늘나라에 간 고인이 이미 돌아가신 부모와 조부모를 만나 지금 얼마나 행복한지를 반추하는 아일랜드계 미국인 모임에 가본 적이 있다. 뉴올리언스에는 재즈 장례식의 전통이 있는데, 거기에서는 취주악단과 조문객들이 '그대와 더 가깝게 걸어요' Just a Closer Walk with Thee와 같은 만가挽歌를 부르며 행진한 다음, '성도들이 행진해 들어올 때' When the Saints Go Marching In와 같은 경쾌한 영가와 함께 삶을 축하하는 의식으로 마무리를 짓는다. 밴드에 속하지 않은 친구들은 뮤지션들 뒤의 두 번째 라인에서 춤추고 노래한다. 하와이에서는 카누에 재를 싣고 나가서 바다에 뿌린다. 해안으로 돌아오면 꽃들로 장식된 가운데 성가를 부르고, 친구들끼리 '이야기를 나눈다'. 아프리카계 미국인인 젊은 무슬림 친구가 총에 맞았을 때, 우리는 함께 모여 울면서 껴안았고, 코란을 읽으면서 그의 삶에 대해 이야기를 나누었다.

나는 열네 살 때 자전거를 타다가 자동차에 치인 친구 안나 미라바이 릿튼Anna Mirabai Lytton의 장례식을 기억한다. 우리는 롱 아일랜드의 이스트 햄프턴에 있는 길드 홀에 앉아 있었는데, 이곳은 대부분 지역 사회와 관련된 예술가와 작가들의 독서와 강의, 영화 상연을 위한 장소로 쓰여지는 곳이었다. 그날, 그곳은 이승과 저승 사이를 오가는 슬픔과 번민, 질문들, 지혜, 미묘한 기쁨을 품은 성스

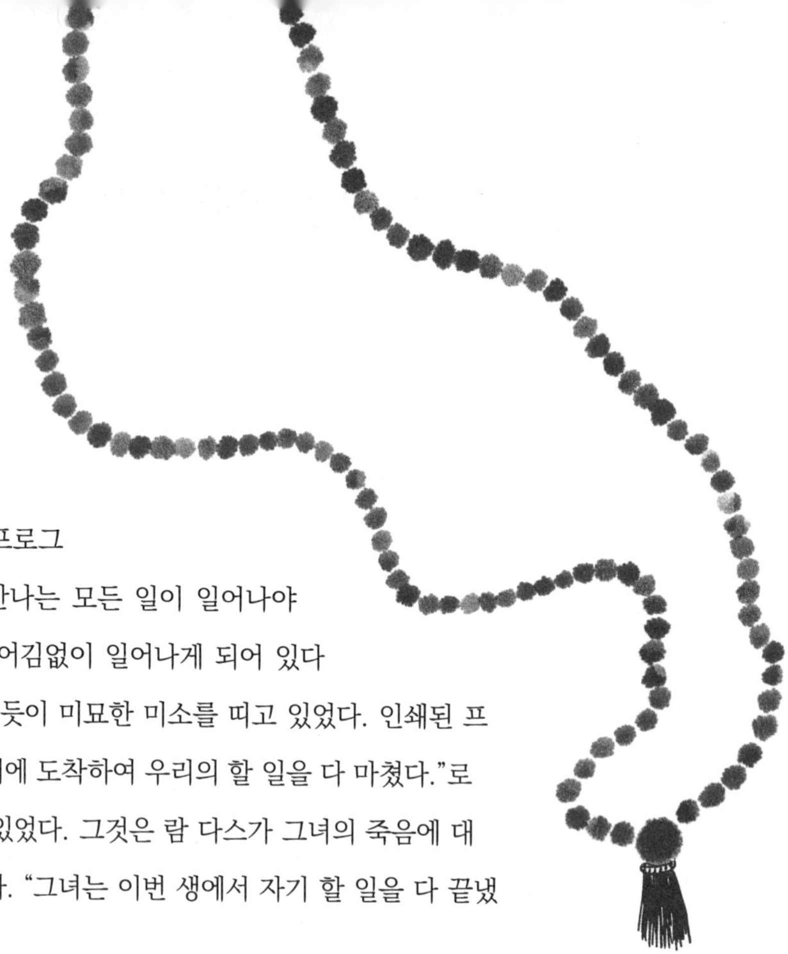

러운 곳으로서, 안나 미라바이를 기억하기 위한 공간이 되었다. 우리는 안으로 걸어 들어가기 전에 방명록에 서명을 하고, 안나 미라바이의 사진이 담긴 프로그램을 받았다. 사진 속의 안나는 모든 일이 일어나야 하는 그 시각과 장소에서 어김없이 일어나게 되어 있다는 것을 마치 알고 있다는 듯이 미묘한 미소를 띠고 있었다. 인쇄된 프로그램에는 "우리는 안식처에 도착하여 우리의 할 일을 다 마쳤다."로 끝나는 그녀의 시가 들어 있었다. 그것은 람 다스가 그녀의 죽음에 대해 말한 내용과도 일치한다. "그녀는 이번 생에서 자기 할 일을 다 끝냈습니다."

홀 안에서는, 안나 미라바이의 사진들이 하나씩 번갈아가며 스크린 위에 비치고 있었는데, 그녀의 아버지인 라메쉬워 다스의 사랑스러운 초상화도 비추어졌다. 안나 미라바이의 컴퓨터에 목록이 있는 음악들이 배경으로 깔리고 있었다. 나는 그녀가 오빠 제임스와 엄마 케이트와 함께 눈이 내리는 가운데 미소를 짓고 있는 사진을 보았다. '예스터데이'란 곡은 익숙한 곡인데도 신선한 의미로 다가왔다. 너무 먼 어제 같아서 마음이 심란해졌다. 안나 미라바이의 오랜 친구뿐만 아니라 학교 친구들과 이웃들도 사진 속에 등장했다. 크리슈나 다스는 장례식을 위한 성가를 시작하기 위해 오르간 뒤에 자리를 잡았는데, 그는 나중에 슬픔 때문만이 아니라 제복을 입은 경찰과 다른 사람들이 '스리 람 자이 람 자이 자이 람'이라는 힌두교 성가를 불편해할 것이라는 생각이 들어 신경이 곤두섰다고 말했다. 그는 성가를 짧게 끝냈다.

나는 친구들 사이에 앉아 무력감에 압도되었고, 슬픔이 파도처럼 밀려왔다. 라메쉬는 무대 위로 올라가 말하기 시작했다. "나는 내가 이 모든 것을 감당해낼 수 있게 되기를 바랍니다." 과연 그가 감당해낼 수 있을까, 라는 생각이 들었지만, 그는 말을 이어갔다. "가족들과 여러분 모두의 기도와 사랑 속에서 저는 이렇게 버티고 있습니다. 여러분은 우리를 위해 마음을 내주시고 떠받쳐주셨습니다. 우리는 우리의 아름다운 딸을 위해서 여기에 있습니다. 우리는 현장에 도착해서 사건을 처리해준 경찰, 차를 들어올리고 딸애의 몸을 꺼내준 선한 사마리아인, 딸애를 구하려고 애써준 병원 관계자 여러분들께 깊이 감사드립니다. 여러분 모두가 내 아이를 친자식처럼 대해주었습니다."

나는 울고 있었고, 라메쉬는 간신히 버티고 있었다. 하지만 그렇게 서 있다는 것만으로도 그는 사람들을 안심시켜 주고 있었다. 그는 우리 모두를 위해 그 일을 하고 있었다.

"나는 그녀의 부모가 된 것을 축복으로 느낍니다. 그녀를 기억하기 위해 잠시 침묵의 시간을 가집시다."라고 그가 말했다. 그러고는 아주 낮은 목소리로 "사랑을 상상해 보십시오, 해변의 파도처럼 그 사랑이 여러분을 씻어주고 있습니다…."

당신 자신의 죽음

마지막 수행

내가 죽는 날,
내가 묘지로 실려가고 있을 때에도
울지 마십시오.
그가 갔다고, 떠났다고 말하지 마십시오.
죽음은 어디로 떠나는 것이 결코 아니랍니다.
해도 지고 달도 지지만 그들은 어디로 가지 않는답니다.
죽음은 함께 하나가 되는 것입니다.
무덤은 마치 감옥처럼 보이지만 실제로는 해방되어 하나가 되는 것이랍니다.
사람의 씨는 땅속으로 내려갑니다,
마치 두레박처럼 요셉이 있는 우물 속으로 내려갑니다.
그것은 자라나서 상상할 수 없을 만큼 아름다움으로 충만해집니다.
당신의 입은 여기에서 닫혔다가
거기에서 즉각 기쁨의 외침으로 열립니다.

루미

먼 길 마치고

람 다스를 만나러 가기 전, 나는 내 방의 마루에 앉아 마하라지에 대해 생각한다. 그의 사랑은 안에서부터 밖으로 솟아나는 것이라는 느낌이 든다. 티베트인들은, 우리는 버터에 섞여든 머리카락이 뽑아내어지듯이 쉽게 이 생을 떠나게 된다고 말한다. 우파니샤드는 죽음에 대해 이야기하면서, 잘 익은 망고나 무화과가 가지에서 자연스럽고 쉽게 떨어지는 것에 비유한다. 하지만 항상 그렇다고 할 수는 없는 일이다. 우리는 어떻게 다른 사람들이 죽음을 준비하도록 도울 수 있을까?

람 다스의 방에 도착했을 때, 나는 죽음을 준비하는 것과 그것이 어떻게 영적인 수련이 될 수 있는지에 대해 이야기할 준비가 되어 있다. 다시가 거기에 함께 있고, 람 다스는 잭슨 브라운Jackson Brown이 부르는 '먼 길 돌아서' The Long Way Around를 듣고 있다. "먼 길 걸어온 우리들, 지금은 험한 길을 걷고 있네…." 잭슨은 세바 콘서트에서 람 다스를 위해 이 노래를 불렀다. 람 다스가 말한다. "먼 길 걸어온 우리들, 그게 바로 우리들이야." 나는 웃으며 고개를 끄덕인다.

나는 그에게 묻는다. "우리는 자기 자신의 죽음에 대한 계획을 어떻게 세워야 하고, 사람들에게 어떻게 알려야 할까요? 자신의 죽음을 계획하는 것에 대해 무엇을 말해야 할까요? 시리(Siri, 애플의 인공지능 소프트웨어)는 매일 151,600명이 죽는다고 말합니다."

람 다스가 대답한다. "글쎄요, 사람은 저마다 자신이 옳다고 느끼는 방식으로 죽어야 합니다."

"그것이 중요합니다. 하지만 어떻게 죽어야 할지, 죽는 방법에 대해 조언을 구한다면 뭐라고 대답하시겠습니까?"

“먼저 세상 일들을 정리해야 합니다. 재정과 법률적인 사항들, 가족과의 일들을 다 정리해야 합니다. 그렇게 해야, 그런 생각들로 머릿속이 산만해지는 일이 없게 될 것입니다. 또 그러고 나면, 가족들과 주변 사람들이 그렇게 배려되고 보살펴지고 있다는 것에 대해 만족감을 갖게 됩니다.”

나는 거기에 동의하고, 이렇게 덧붙인다. “저는 영적 유산이라는 개념을 좋아합니다. 세상을 뜨기 전에 다른 사람들에게 자신의 영적인 이야기를 들려준다면 남은 사람들이 배울 수 있습니다. 당신은 이미 그것을 해냈지요. 사람들은 저마다 스토리를 가지고 있습니다. ‘영적 유산’에 대해서는 책의 말미에 따로 참고사항을 적어두도록 하겠습니다.”

"그래요, 아주 좋군요." 람 다스가 말한다.

내가 말한다. "어떤 사람들은 유언장 작성을 회피하기도 합니다. '유언을 다 끝마치지 않는 한 사람은 죽지 않는다.'고 믿는 그런 미신도 있는 모양입니다. 하지만 당신은 최근에 유언장을 작성하셨습니다. 유언장을 쓰면서 어떤 심경이셨는지요?"

람 다스가 말한다. "내 아들 피터에 대해서 많은 생각을 하게 되었습니다. 내 아들에게 나는 오랜 세월 동안 아버지였던 적이 없었거든요. 그럴 수밖에 없었던 것이, 내 아들이 쉰 살이 될 때까지도 나는 나에게 아들이 있다는 것조차 몰랐으니까요(람 다스는 1950년대인 20대 후반 스탠포드 대학에서 박사과정 중에 한 여학생과 짧은 밀회를 하였는데, 두 사람 사이에 자식이 있었다는 것을 2009년에야 알게 된다: 역자). 그리고 내 파트너였던 피터 헤일 Peter Heil과는 영혼과 영혼으로 맺어진 사이여서, 서로가 그냥 거기에 있는 것으로 만족할 뿐 애착 같은 것은 없습니다."

람 다스는 계속해서 말을 이어간다. "그리고 유언장이나 유언을 통해 자신이 어떻게 죽고 싶은지를 주변에 알려주세요. 의료 관련 대리인의 이름을 지정하고, 자신이 원하는 약의 양이나, 생명유지장치를 계속 사용하게 할 것인지, 또 매장을 원하는지 화장을 원하는지를 결정해 두어야 합니다. 현재 마우이에서는, 단순히 목관을 사용할 수도 있고 환경을 고려하여 화장을 할 수도 있는 등, 여러 대안이 있습니다."

성소

다음으로, 우리는 죽음을 위한 공간에 대해 이야기한다. 나는 공간을 바꾸는 것을 좋아한다. 해마다 서부 매사추세츠에서, 우리는 마하라지의 서거일에 추모 모임을 갖기 위해 100년 된 헛간을 사원으로 탈바꿈시킨다. 우리는 그곳에 사는 박쥐들을 소탕하고 청소를 한 다음, 벽에 인도식 바틱을 걸고, 마하라지의 사진과 양초, 향, 꽃으로 제단을 만든다. 그러면 그곳은 '일상적인' 모습이 해체되어 전혀 다른 분위기의 장소가 된다.

어느 곳이든 죽음을 위한 성소가 될 수 있다. 문지방을 넘어 성소에 들어갈 때마다, 당신은 옛 세상을 뒤로 하고 새로운 세상을 향해 나아가게 된다. 여기에서, 죽음은 삶의 일부이며, 모든 것이 속해 있는 곳이다. 그곳은 우리가 육신을 떠남에 따라 온전히 영혼이 되는 곳이다.

람 다스가 말한다. "가능하다면, 위기가 닥치기 전에 자신이 죽을 곳을 정해두는 것이 좋습니다."

"당신은 어디에서 죽고 싶으신 거죠?" 알 것도 같지만, 더 확실히 해두는 것이 좋을 것 같아 내가 묻는다.

"바로 저기. 내 침대에서."

벽 전체에 가득 찬 마하라지의 벽걸이 직조물이 바라다보이는 곳으로, 그곳은 이미 성소이다. 마하라지의 큰 두 눈이 자애롭게 정면을 바라보고 있는 모습의 직조물이다.

미국인들은 대부분 집에서 죽고 싶어 하지만, 많은 사람들이 병원이나 요양 시설에서 죽는다. 물론 병원도 성소가 될 수는 있다. 중요한 것은, 죽어가는 사람이 편안해야 하고 죽음의 과정이 잘 진행될 수 있도록 관계자들이 가능한 한 협조해야 한다는 것이다. 후회나 분노, 슬픔 같은 부정적인 감정을 유발할 수 있는 방해 요소가 없는 곳이라야 한다.

그렇다면 우리는 어떻게 우리의 생리 기능이 정지되는 공간에 영적 분위기를 조성할 수 있을까?

람 다스와 나는 공기가 신선하고 가능하면 자연 채광이 좋은 곳에 꽃이나 기타 자연적인 것들로 장식을 하는 것이 도움이 될 것이라고 의견을 모은다. 일부 전통에서, 사람들은 흙, 공기, 불, 물의 네 요소로 제단을 만든다. 때로는 사랑하는 사람의 사진이나 과거에 행복했던 모습이 담긴 사진이 그 사람을 편안하게 해주는 데 도움이 되기도 하지만, 추수감사절에 온 가족이 모인 사진이 사랑의 공간을 조성하는 데에, 혹은 죽어가는 사람이 편안한 마음으로 작별인사를 하는 데에 도움이 될 것인지 하는 것은, 개개인의 사정에 따라 다를 수밖에 없을 것이다. 천사의 그림이나 푸른 하늘에 흰 구름이 떠가는 사진, 성모님의 이미지 등이 자기 자신을 방면하여 영혼으로 합쳐지는 데에 더 도움이 될 수도 있을 것이다. 일본에서는 종종 침대 발치에 천상의 풍경을 묘사한 병풍을 두기도 한다.

람 다스가 말한다. "분위기가 잘 조성되면 그것은 한 장의 기차표와도 같아서, 당신은 자신이 어디로 가고 있는지를 알고 그 길을 따라 기쁘게 달릴 수 있게 될 것입니다."

북 아 메 리 카 의 수

족Sioux 전통에서, 청소년들은 사춘기 의식을 마치고 난 후 숲으로 들어가게 된다. 그들은 앉아서 명상에 드는데, 자신들에 대한 죽음의 성가가 들릴 때까지 명상에 잠겨 있어야 한다. 그런 경험을 하고 나면, 살아가는 동안 두려움에 사로잡히거나 죽음의 위협을 받을 때마다 이 성가를 활용하게 되고, 그래서 죽음이 닥쳐오더라도 자신들이 갈 길을 알 수 있다고 한다.

람 다스가 말한다. “내가 죽을 때에는, 마하라지의 사진이 지켜보고 있으면 그것으로 족합니다. 다른 사진은 필요가 없습니다.”

성음sacred sound

람 다스가 말한다. “나는 한동안 키리탄 음악을 듣고 싶습니다. 하지만 제발….” 하고 그는 단어를 떠올리느라고 잠시 망설인다. “라이브 뮤지션들의 거친 밴드는 사양합니다.” 우리 둘 다 웃는다. “그리고 죽음이 가까워지게 되면, 그냥 아무 음악도 없는 것이 좋습니다. 침묵이 좋아요.”

바바라 언니가 보조생활 시설assisted-living home 의 자기 방에서 안절부절못하고 초조해할 때, 그녀의 딸 리사와 나는 하프 연주가 나오는 CD를 틀어 놓고는 그녀와 함께 명상의 공간으로 들어가 그녀에게 말하곤 했다. 매달리고 붙잡을 것도 아무것도 없고, 해야 할 일도 아무것도 없고, 가야 할 곳도 없고, 단지 지금 여기에서 숨을 들이쉬고 내쉬면서 있으면 된다고. 광활한 하늘에 구름처럼 떠다니며 숨을 들이쉬고 내쉬고만 있으라고. 그러고 나면, 언니는 얼굴에 희미한 미소를 띠며, 자유로움을 느끼는 것처럼 베개에 몸을 깊이 파묻었다.

조용하고 편안하며 명상적인 음악은, 바바라에게 그랬던 것처럼, 분위기를 조성하는 데 도움이 될 수 있다. 어떤 음악을 듣게 할 것인지는, 죽어가는 사람이 결정해야 한다. 하프는 따뜻하고 낮게 울려 퍼지는 음색을 전달할 수 있기 때문에 좋은 선택이다. 천사들이 하프를 좋아하는 데에는 확실히 그럴 만한 이유가 있는 것 같다. 사람들은 예전에 자신이 가장 좋아했던 음악(바바라가 좋아하는 음악은 윌리 넬슨이었다.)을 요구하는 경우가 적지 않지만, 음악을 틀어주는 것은 사람을 즐겁게 하거나 주의를 분산시키기 위함이 아니라, 고통이나 불안 같은 증상을 완화하고 죽어가는 사람이 자신을 해방하는 과정에서 도움이 되도록 하기 위함이라는 것을 잊지 말아야 한다. 왕년에 좋아했던 노래들은 내려놓기 어려운 기억과 감정을 일깨울 수 있다.

통증과 의료 처치, 그리고 의식

내가 람다스에게 말한다. “나는 당신이 통증과 의료 처치, 의식 사이에 조화와 균형을 유지하는 것에 대해 많은 생각을 하셨던 것으로 알고 있습니다. 사실 당신은 통증을 너무 많이 겪으셔서 통증의 대가라고 할 만합니다. 뭐라고 말씀하시겠습니까?”

람 다스가 말한다. “내가 몸에서 영혼으로 이행해 갈 때, 가능한 한 의식이 있기를 원합니다. 하지만 너무 고통받고 싶지는 않습니다. 견딜 만할 때까지는 통증을 견디는 것이 좋다고 생각합니다. 나는 많은 통증을 경험했다고 말할 수 있습니다. 모르핀 같은 강력한 약물은 의식을 둔하게 합니다. 모르핀은 여러 모로 이롭게 쓰일 수 있지만, 모르핀으로 정신 없이 혼몽한 상태에서 지상에서의 마지막 시간을 보내버릴 수도 있습니다. 하지만 엄청난 통증 속에 있다면 의식은 통증과 싸우느라 사랑의 의식 안에 있을 수가 없게 됩니다. 대체로 이것은 양자택일의 문제가 아니라 의료 처치의 정도 문제라고 할 수 있을 것입니다.”

“고려할 만한 좋은 의견입니다.” 내가 말한다.

람 다스가 덧붙인다. “내 말은 단지, 의식과 통증에 대해 우리가 할 수 있는 한 최상의 균형을 유지해야 한다는 조심스러운 지침일 뿐입니다. 나는 또한 통증을 다루기 위해 비의료적 방법도 사용했습니다. 통증은 우리의 인식을 사로잡아 버리지만, 그 한가운데에서 한 순간이라도 순수한 자각으로 나아가면 우리와 통증의 관계가 바뀌게 됩니다. 통증에 대한 자각은 고통스럽지 않습니다. 통증은 통증에 대한 생각 속에 있습니다. 주의를 집중하면, 우리는 우리가 통증에 대한 생각과 감정을 가지고 있다는 것을 알게 될 것입니다. 통증의 원인이 무엇인지, 통증이 얼마나 오래 지속될 것인지, 통증

이 얼마나 끔찍한 것인지 등에 대한 생각과 감정 때문에 더 아파하는 경우가 대부분입니다. 저항하지 않고 통증에 대한 생각과 감정을 받아들이고 사랑한다면, 고통이 줄어들게 될 것입니다."

"저도 통증 때문에 힘들었던 적이 있어요." 최근의 잇몸 수술을 생각하며 내가 고백한다.

람 다스가 말한다. "저는 특히 밤중에, 발에 신경 장애를 가지고 있습니다."

"정말 많이 아프지요, 그렇지 않나요?"

"그럼요, 그럼요."

"당뇨병이 있는 사람들 중에 그런 경우가 많지요."

람 다스가 말한다. "나는 그걸 가지고 놀아요. 어두운 생각이 들면, 그 생각을 알아차리고, 내가 무엇을 하고 있는지 스스로에게 묻습니다. 나의 자각은 나의 영혼 안에서 이루어지고, 나는 그러한 자각으로 내 발가락의 통증을 계속해서 지켜보면서, 통증이 아닌 자각과 나를 동일시합니다. 통증은 내 마음 안에서 일어납니다.

한 군데 이상 통증이 있는 경우가 많아서, 나는 나의 자각을 발가락에서 방광으로, 통증에서 통증으로 옮겨 다닙니다. 나는 '아이쿠, 하나님 맙소사, 난 정말 엉망이군 엉망이야.'라고 말하기 시작합니다. 그러나 그 말은 내 몸이 엉망이라는 것을 뜻할 뿐입니다. 나는 몸이 아니라 '몸을 입은 존재'로서의 일을 기쁨으로 하고 있습니다."

내가 지적한다. "하지만 통증이 있는 동안 깨어 있는 상태에서 쉰다는 것은 그리 쉬운 일이 아닙니다. 나는 마음챙김 수련에서 많이 배웠습니다. 통증이 오기 전에 신체의 부분들을 깨어 있는 마음으로 지켜보는 연습이지요."

람 다스가 말한다. "그래요, 언제 어디에서나 할 수 있는 수련이지요."

람 다스는 예전에 모든 것을 사랑한다고 말하면서, 고통이나 통증도 사랑해야 한다고 했었다. 내가 묻는다. "당신은 통증도 사랑한다고 말씀하셨는데, 무슨 뜻인가요?"

"글쎄요, 만약 내가 영혼인 상태에서 자각 속에 머무르고, 목격자로서 존재한다면, 그리고 영혼은 모든 것을 사랑한다면, 모든 것이 영혼에 속하게 됩니다. 영혼 안에서는 사랑스럽지 않은 것이 아무것도 없습니다."

나는 그가 항상 그런 사랑의 상태에 있어주기를 바란다.

★

마지막 소원

얼마 안 있어, 다시Dassi가 도착한다. 람 다스가 자신의 죽음과 관련하여 바라는 것들이 무엇인지를 확인하기 위해서이다. 그녀는 '다섯 가지 소원'이라는 그의 유언장에서 몇 가지 준비된 진술을 큰 소리로 읽는다. 람 다스는 이미 건강 관리 대리인을 선임했고, 죽음이 가까워짐에 따라 어떤 생명 유지 절차를 원하는지를 결정한 바 있다. 이제 다시는 람 다스 자신의 영적·정서적 욕구, 즉 사랑하는 사람들이 알기를 바라는 내용 등에 대해 계속해서 질문을 한다.

람 다스는 각 질문에 간단하게 대답한다.

"가능하면, 집에서 죽고 싶습니다."

"결코 슬픔이 아니라, 친절과 유쾌함으로 보살핌을 받고 싶습니다."

"내 침대 옆에 사랑하는 마하라지의 사진을 걸어두고 싶습니다."

"가족과 친구들이 내가 그들을 사랑한다는 것을 알았으면 좋겠어요."

"내가 죽음 자체를 두려워하지 않았다는 사실을 가족과 친구들이 알았으면 합니다."

"여러분, 중병에 걸리기 전의 내 모습을 생각해 보세요. 이것은 단지 나의 몸일 뿐입니다."

"마음속으로 동의가 되지 않더라도, 친구들이 나의 이런 바람을 존중해줬으면 좋겠어요."

"가족과 친구들이 나의 임종을(나를 포함한) 모든 사람을 위한 개인적 성장의 시간으로 여기고 지켜봐 줬으면 좋겠습니다."

이어서 람 다스가 말한다. "내가 죽어가는 동안에는 친구들이 옆에 있었으면 좋겠어요. 하지만 마지막에는 마하라지와 단 둘만 있고 싶습니다.

저는 장례식에서 시신을 공개하는 것에 대해 다시에게 이야기해 두었습니다. 시신은 여기 이 집에 안치될 것입니다. 그러면 보디 비Bodhi Be가 새 영구차를 타고 와서 저를 화장터로 데려갈 것입니다."

내가 말한다. "하와이에서는 전통적으로 시신을 바다로 가져가서 물속에 매장합니다."

람 다스가 말한다. "그래요, 하지만 그렇게 하면 그곳을 방문하려는 사람들은 보트를 타고 바다로 9킬로미터 정도 나가야 하게 됩니다."

내가 그에게 말한다. "여러 척이 함께 가게 되겠지요. 그들이 그곳에 도착할 즈음에는, 당신이 바다에서 수영을 하면서 부표에 도착할 때마다 하는 말을 외울 수 있을 거예요. '오 부표, 오 부표, 오 보이, 오 보이! Oh buoy, oh buoy, oh boy, oh boy!'라고요."

우리 둘 다 그 모습을 상상하면서 웃는다.

람 다스가 말한다. "마우이에서, 나는 이미 보디 Bodhi 와 레일라 Leila 와 함께 '빛으로 가는 길'이라는 비영리 장례식장 서비스를 시작했습니다. 유언장 작성, 향상된 건강 관리 지침, 집에서 하는 장례식, 집에 묻는 매장, 직접 매장, 직접 화장, 바다 매장, 장기 기증을 돕는 일을 합니다.

보디와 나는 시신이 불에 타는 모습을 사람들이 볼 수 있도록 창문이 달린 화장용 관을 디자인하고 싶었지만, 몇 가지 이유로 보디는 인도에서 하듯이 야외에서 화장을 하는 것으로 공중 보건 관리에게 이야기했고, 허가증을 받았습니다. 그러니 우리에게는 화장을 위한 장소가 있습니다. 내가 그 첫 번째가 될 것입니다."

나는 숨을 깊이 들이마신다. 람 다스가 설계해 놓은, 그가 세상을 떠나는 과정 모두가 자연스럽고 편안하게 느껴진다. 베나레스의 장례용 장작들과 연기, 살 타는 냄새가 떠오른다. 람 다스가 그렇게 태워질 것이라고 생각하니, 마음이 조금은 미묘해진다. 나는 천천히 숨을 내쉰다.

람 다스가 말한다. "지켜보는 모든 분들에게 수행이 될 수 있을 겁니다. 확실히 그래요. 죽음과 수행."

내가 묻는다. "재는 어떻게 해야 할까요?"

람 다스가 별 감정을 담지 않고 대답한다. "작고 흰 상자에 담아서 타오스 Taos로 가져가야 합니다. 거기에서 라구 Raghu가 캘리포니아에 있는 하누만 사원에 보관할 수 있도록 뼈를 대충 추릴 것입니다. 사람들이 그곳을 방문할 때면 나를 기억할 수 있도록 하기 위해서이지요. 나머지 재는 이곳 마우이의 바다에 뿌려질 것입니다. 마우이에는 헌신자들이 나를 만날 만한 물리적인 장소가 없게 되겠지만, 우리가 진짜 만나는 것은 우리의 가슴을 통해서이지요."

다시가 조심스럽게 종이를 람 다스 앞에 내려놓으면서 말한다. "여기에 서명을 해주세요. '리처드 앨퍼트'라고 서명하십시오." 리처드 앨퍼트Richard Alpert는 람 다스의 본명이다.

집착 내려놓기

오늘 저녁, 죽음을 준비하는 과정으로서 집착을 내려놓는 것에 대해 이야기하기에 앞서, 나는 그 주제에 대한 나의 노트를 살펴본다. 람 다스가 '죽음에 대한 개괄' Perspectives on Death이라는 제목으로 행한 강연 녹취록을 들여다본다.

> 나는 불교를 공부하면서 테라바다 불교 승려들이 한밤중에 묘지에 보내져 썩어가는 시체를 보면서 명상 수행을 한다는 것을 알게 되었습니다. 최근에 죽은 수도승의 시체가 썩어가서 파리가 들끓다가 시간이 더 지나면 해골이 되는 과정을 지켜보면서, 몸에 대한 집착을 내려놓고 몸의 덧없음과 변화하는 본질을 확연히 알게 된다는 것입니다. 몸으로서 존재하는 인생이라는 개념에 대한 집착을 내려놓고, 그럼으로써 죽어가는 과정에서 '나는 죽어가고 있다' 혹은 '나를 죽게 내버려두지 마'와 같은 심정으로 꽉 채워지는 대신, 펼쳐지는 과정의 부분으로서 매 순간 깨어 있도록 하기 위함이지요.

죽어가는 동안의 많은 번민과 괴로움은 그 사람에게 실제로 일어나고 있는 일이나 죽어가는 과정 자체가 아니라, 현재 일어나고 있는 일에 대한 그 사람의 개념과 관련이 있습니다. 죽어가는 사람들 중에는 죽음을 상실과 실패로 받아들이고 그 생각을 붙들고 있기 때문에 힘들고 끔찍하게 고군분투하는 경우가 많습니다. 그럼에도 불구하고 죽어가는 사람들 중에도 내려놓고, 열어놓고, 해방되었다는 느낌을 갖고, 자신이 그저 자연스러운 과정을 밟고 있다는 생각을 하는 이들이 적지 않습니다. 그런 분들이 돌아가실 때에는 의사와 간호사도 그 과정에 참여하게 된 것을 두고 자신들이 특권을 받은 것처럼 느끼기도 합니다. 대변이가 일어나는 신비의 과정에 자신들이 일부가 된 것을 은총으로 느끼는 것입니다.

나중에, 람 다스는 나에게 말한다. "꿈을 꾸었네요. 나는 나의 삶과 죽음을 축하하는 나의 장례식을 내려다보고 있었습니다. 사람들이 관 옆으로 오는 모습이 보였습니다. 나는 사람들의 마음을 들여다볼 수 있었어요. 나는 그들이 무엇을 보고 무슨 생각을 하는지 알 수 있었습니다. 사랑을 품은 사람들도 있었지만, 일부는 거짓된 마음을 가졌더군요. 사랑하는 가족들도 보였지만, 내가 유명인사라는 이유로 거기에 참석한 이들도 있었습니다."

내가 말한다. "당신 장례식에 가게 되면, 내가 잘 둘러보고 누가 사랑하는 마음을 가지고 있는지 알아보겠습니다."

람 다스가 웃는다. "나는 과거나 미래에 어떤 애착도 느끼지 않습니다. 나는 지금 이 순간에 살고 있습니다. 이 순간에 내가 죽는 것은 아니기 때문에, 나는 나의 죽음을 상상할 수가 없네요. …나는 항상 중국의 선불교 제3대 조사를 사랑했습니다…."

"네, 나도 기억합니다. 당신은 강의 중에 그의 '신심명信心銘'을 암송하곤 했지요."

람 다스는 기억을 더듬어 지금 그 일부를 암송한다.

좋고 싫음이 없으면
지극한 도가 어렵지 않나니
사랑이나 미움에 집착하지만 않으면
모든 것이 아무런 꾸밈 없이 명백하리라.
그러나 털끝만큼이라도 집착이 있다면
하늘과 땅만큼이나 멀어지리라.

내가 말한다. "최근에 한 자이나교 친구가 자이나교도들은 죽기 전에 다 내려놓는 법을 연습한다고 말했습니다. 죽기 몇 달 전에, 평소 먹는 음식 목록을 작성한 다음, 한 번에 하나씩 포기해 갑니다. 초콜릿부터 시작한다면, 그때부터는 초콜릿을 먹지 않습니다. 얼마 후에는 먹지 않는 음식에 양배추를 추가합니다. 그 다음에는 커피. 이런 식으로 물만 마시게 될 때까지 하나씩 모든 것을 포기합니다.

그때쯤이면 먹지 않는 것이 아주 편해질 겁니다."

우리는 잠시 동안 말이 없다. 나는 오메가 인스티튜트Omega Institute에서 우리가 함께 가르쳤던 많은 수련회 중 하나를 기억한다. 우리는 모닥불을 피워놓고 둘러앉아 불 속으로 솔방울을 던지면서 성가를 불렀다. 솔방울은 저마다 자신들이 집착하고 있지만 내려놓고 싶은 것을 상징한다.

람 다스가 말한다. "특정한 사람들과 사물들에 대한 집착을 내려놓은 후에도 삶 자체에 대한 애착, 계속 살고 싶은 욕구가 남아있는 경우가 많습니다."

우리가 서로 대화를 나누는 가운데, 우리 두 사람 모두 삶에 대한 집착으로부터 많이 해방되었다는 느낌이 든다. 불과 몇 달 전만 해도 우리는 의욕이 넘쳤었다. 우리는 '천국에 그대 가슴을 열라' Open Your Heart in Paradise라는 제목으로 수련회를 열고, 다르마 교사인 잭 콘필드Jack Kornfield와 트루디 굿맨Trudy Goodman과 함께 가르쳤다. 마지막 날, 나는 아침에 자비 수행을 가르쳤다. 나는 사람들을 짝지워 세워 놓고 "이 사람도 나와 마찬가지로 고생을 해왔습니다.", "이 사람도 나와 마찬가지로 사랑받고 싶어 합니다.", "이 사람도 나와 마찬가지로 죽을 것입니다."와 같은 말을 숙고하도록 이끌었다. 참가자들 다수가 강렬한 인상을 받았고, 나는 그 방안에서 물결치는 감정의 파도를 느낄 수 있었다.

다음 순서는 우리가 말라 세리머니the Mala Ceremony라고 부르는 것으로, 수련회 때마다 마지막에 하는 순서였다. 람 다스가 마하라지의 사진 옆에 앉아 지켜보는 가운데, 크리슈나 다스가 성가를 인도한다. 수련회에 참석한 375명이 차례대로 앞으로 나오면, 람 다스가 각 사람에게 마하라지의 담요들 중 하나에서 뽑아낸 실 한 가닥을 섞어 엮은 말라(mala, 만트라 또는 신의 이름을 반복 암송하기 위해 사용하는 염주)를 준다. 마하라지는 담요 외에는 아무것도 소유하지 않았으며, 그가 우리에게 지시한 몇 가지 안 되는 명령 중 하나는 신의 이름인 '람Ram'을 암송하라는 것이었다.

뜨거운 날씨로 인해 행사가 길어졌다. 람 다스가 100명가량의 사람들에게 말라를 주고 미소를 지으며 한 사람 한 사람을 축복했을 무렵, 람 다스의 머리가 갑자기 한쪽으로 심하게 기울어졌다. 그는 사람들에 둘러싸여 있었다. 라메쉬는 말라를 전달해 주었고, 페리는 사진을 찍었고, 이라는 한 사람씩 람 다스 앞으로 인도하고 있었다. 람 다스는 목에 힘이 빠지는 듯 머리를 앞으로 떨구었다. 사랑으로 지원하고 있던 나는 순식간에 공포심에 사로잡혔다. 오 마이 갓! 도대체 어쩐 일로! 누군가 다시에게 젖은 수건을 건네주었고, 그녀는 그것을 람 다스의 이마에 얹었다. 몇 분의 긴 시간이 흐른 후, 그는 눈을 깜빡이며 그녀를 바라보았다. 그녀는 그가 중앙으로 돌아가 앉는 것을 도왔고, 그에게 물 한 컵을 가져다주었다. 그는 희미하게 미소를 지어 보였다. 잠시 후, 그는 의식을 재개하고 싶어 했다. 그리고 한 사람씩 한 사람씩, 의식이 한 시간 더 계속되었다. 다시는 차가운 물수건과 물을 가까운 곳에 대기시켜 놓았다. 람 다스는 미소를 지으며 결국 끝까지 해냈다. 그는 잠시 동안 마하라지의 사진을 들여보다가 쉬기 위해 방으로 들어갔다.

'그런 일이 일어날 수도 있었어.'라고 나는 그 사건을 떠올리며 생각한다. '그 일은 람 다스의 위대한 출구가 될 수도 있었어. 크리슈나 다스의 사운드 트랙이 장엄하게 울리는 가운데, 넘쳐나는 사랑에 둘러싸여 람 다스 자신이 마하라지의 과업을 수행하고 있다는 느낌을 안은 채…. 그때 그럴 뻔했는데, 그러나 여전히….'

내가 말한다. "마하라지 님은 '모든 욕망을 내려놓으십시오.'라고 말씀하셨습니다. 하지만 장수에 대한 욕망조차 다 내려놓았다 할지라도, 당신 자신은 최대한 잘 돌보아야 하고, 그런 다음에는 결과에 연연하지 말아야 할 것입니다."

마지막 유언

나는 람 다스에게 마지막 유언에 대해 생각하고 있는지 물었다. 영적 교사들은 자신의 마지막 유언을 계획하여 실행하는 전통이 있다. 선사들은 게송을 짓는다. 딜고 켄체 린포체Dilgo Khyentse Rinpoche는 "인생은 여름날의 번갯불이나 손 한 번 흔드는 것처럼 순식간에 지나가버린다는 것을 잊지 마십시오."라고 말했다. 라마크리슈나는 "오 마음이여, 몸에 대해 걱정하지 말라. 몸과 그 몸의 고통이 서로를 돌보도록 하라. 성모님을 생각하고 기뻐하라."라고 말했다. 붓다는 "몸은 비록 너희 곁을 떠나지만 깨달음의 지혜는 영원히 너희 곁에 남아 있으리라. 세상은 덧없다. 부지런히 수행 정진하라."라고 말씀하셨다. 티베트 불교 까귀파 제16대 까마빠인 랑중릭빼도제Rangjung Rigpe Dorje는 죽음에 대해 언급하면서 "아무 일도 없다."고 말했다.

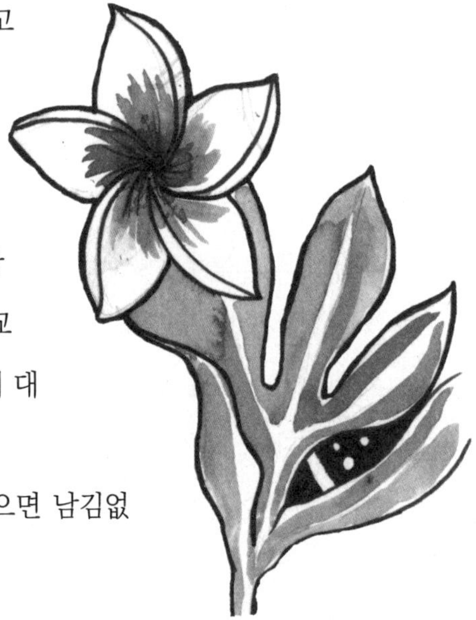

람 다스는 대답한다. "내 생각에는, 먼저, 중요한 할 말이 있으면 남김없

이, 지금 말해야 합니다. 지금 누군가를 사랑한다고 말해보세요. 지금 누군가를 용서해야 합니다. 기다리지 마십시오. 둘째, 지금 이 순간을 사십시오. 이 순간은 시간 안에 있지 않다는 것을 아십시오. 이 순간은 시계의 세상에도 있지 않고, 변화하는 계절 속에도 있지 않고, 늙어가는 과정 속에도 있지 않습니다. 순간은 영혼의 시간 안에 있습니다. 영혼 안에서 사십시오. 그러면 죽음의 순간을 맞이할 준비가 된 것입니다. 죽음에 가까워져 갈수록 직감이 강해집니다. 그렇게 죽음과 가까운 때가 되면, 알게 될 것입니다. 당신 자신과 다른 사람들을 용서하십시오. 그리스도께서 '내가 만물을 새롭게 하노라.' 하신 것은, 지금 여기에서 살면서 매 순간 새롭게 시작하는 것과 같습니다. 당신이 정말로 이 순간에 있을 때, 모든 것이 새롭고, 매 순간이 또 다른 순간일 뿐입니다."

★

아무런 경고 없이

나는 휴식을 취한 다음, 정원을 거닐었다. 파파야가 익어가고 있었다. 다시 위층으로 올라가자 람 다스가 기다렸다는 듯이 말한다. "오토바이 사고 후 임사체험을 한 사람의 책을 읽고 있었는데, 오토바이 사고로 죽은 친구들이 자꾸 생각나네요. 오슬리 스탠리Owsley Stanley, 시암다스Shyamdas, 보 로조프Bo Lozoff…. 죽음은 예고 없이 찾아올 수 있습니다. 누구나 죽음에 대비해야 합니다. 평생 수행을 많이 했던 간디는 기자회견을 하기 위해 정원으로 나갔다가 암살당했습니다. 그는 넘어지면서 '람'이라고만 말했지요. 그는 죽을 준비가 되어 있었습니다."

내가 묻는다. "당신은 자신이 곧 죽게 될 것이라고 생각한 적이 있습니까?"

람 다스가 대답한다. "그럼요. 내 비행기 안에 있을 때."

"'람'이라는 만트라를 외우고 있었습니까?"

"그렇지 않습니다. 나는 계기판을 보면서, 그런 위기를 자초한 나 자신을 탓하고 있었지요."

마지막 순간

람 다스가 말한다. "여러 영적 전통에서, 삶의 마지막 순간을 아주 중요하게 여깁니다. 죽을 당시의 의식 상태는 곧 그 사람의 전체 삶의 귀결점이기 때문에, 이를 위해 평생을 준비해야 한다고 합니다. 옛날 한 선승에 관한 이야기가 있습니다. 그는 모든 것을 다 마쳤고, 이제는 자신이 자유로워져서 윤회의 수레바퀴에서 벗어나게 될 것이라고 확신했습니다. 그는 순수한 부처의 마음으로 자유롭게 떠내려가던 중, 언젠가 들판에서 본 아름다운 사슴이 생각났습니다. 그는 한 순간 그 아름다움에 대한 생각에 붙들렸습니다. 바로 그것 때문에, 그는 한 마리 사슴으로 다시 태어났다고 합니다. 그만큼 미묘합니다."

내가 말한다. "마하라지에 관한, 그 비슷한 이야기가 있어요. 마하라지는 길 옆의 작은 사원에 있습니다. 그는 밤 10시 30분쯤 잠자리에 들기 전에 식사를 합니다. 그는 푸자리(pujari, 사제)와 시중을 드는 몇몇 여성들과 함께 있습니다. 새벽 1시쯤, 마하라지가 소리칩니다. '달(렌틸콩 요리)과 차파티(납작빵)를 좀 가져다줘요.'"

람 다스가 말한다. "아, 그 이야기! 나도 알고 있어요."

"그럼 나머지는 당신이 계속해 보아요."

"여인들 중 한 명이 들어와서 '스승님은 몇 시간 전에 드셨습니다.'라고 말합니다. 하지만 그는 '달과 차파티를 가져다줘요!'라고 말합니다. 서양인인 우리는 이렇게 생각하기 쉽습니다. '오, 불쌍한 마하라지! 그도 어쩔 수가 없군요. 나이는 속일 수가 없어. 칠십대가 되니까, 어쩔 수가 없어.' 그러나 인도에서는 달리 생각합니다. '구루의 마음을 누가 알 수 있겠는가?' 그래서 그들은 불을 피우고, 달과 차파티를 만들고, 2시에 그는 음식을 한 번도 본 적이 없는 사람처럼 왕성하게 먹습니다. 그는 잠이 들었고, 다음날 수백 마일 떨어진 먼 곳에서 전보가 도착합니다. 전날 밤 새벽 2시에 헌신자 중 한 명이 사망했다는 소식입니다. 마하라지가 그들에게 말합니다. '보셨나요? 달과 차파티가 그렇게 먹고 싶었던 이유가 바로 그거였어요.' 하지만 그들은 이해할 수가 없어서 그에게 묻기 시작합니다. '마하라지, 우리에게 말씀해 주세요. 도대체 왜 한밤중에 달과 차파티를 드셨는지요?' 마하라지는 마치 어린 학생들에게 말하는 것처럼 그들을 바라봅니다. '당신들은 아직도 모르겠어요? 그가 죽어가면서 달과 차파티를 간절히 먹고 싶어 했고, 나는 그가 바로 그것 때문에 다시 또 태어나게 되는 것을 원하지 않았습니다.'"

람 다스는 계속해서 말한다. "죽음이라는 것은 자아의 소멸이기 때문에, 우리는 우리의 이름이나 역사, 친구들, 우리의 몸, 우리의 지성, 아름다움에 대한 갈망 같은 것들을 모두 내려놓고, 우리 자신의 영혼과 하나가 되어야 합니다. 내가 나라고 알고 있는 사람이 죽는 것이며, 마음이 자기 자신의 소멸과 맞붙어 싸울 수 있는 방법은 없습니다.

마음챙김과 명상은 마음을 안정시키고, 생각과 감각이 일어날 때마다 끌림이나 반감에 집착하지 않고, 있는 그대로 알아차리면서, 자기 자신을 계속해서 명료한 깨어 있음으로 되돌리는 좋은 방법입니다. 당신은 머리에서 가슴으로 들어가고, 가슴으로부터 영혼과 하나가 될 수 있습니다. 당신은 썩어 없어지는 이 몸이 아닙니다. 당신은 아무것도 되지 않습니다. 당신은 영혼입니다. 영혼은 한계 없는 생명을 가지고 있습니다."

내가 회상한다. "여러 해 전, 내가 아직 젊고 죽음에 대해 별 생각이 없었을 때, 칼루 린포체Kalu Rinpoche가 우리 집에 와서 묵은 적이 있습니다. 나는 그에게 왜 명상을 해야 하는지 물었고, 그는 '죽음을 준비하기 위해서'라고 대답했습니다. 그때는 이상한 대답처럼 여겨졌지만, 이제는 완벽하게 이해됩니다."

람 다스가 말한다. "나는 죽음을 통과의례로 이해하게 되었습니다. 우리는 몸과 에고를 자기 자신과 동일시하는 것으로부터 인생을 시작합니다. 그러다가 자기 자신을 몸과 마음이 아닌 영혼과 동일시하기 시작하면, 인생이라는 전체 과정을 사랑하고 거기에 대한 믿음을 갖고 있으며 그것이 절대적으로 안전하다는 것을 아는 사람들과 함께함으로써 도움을 받을 수 있습니다. 그들은 우리가 잘 되기를 바라고, 사랑의 존재로 살기를 바라며, 우리가 이번 생을 통해서 행한 모든 놀라운 일들에 대해 서로 이야기하면서, 우리의 마음이 긍정적이 되도록 도와줍니다.

영혼은 많은 죽음을 경험해 보았고, 그러니 당신이 영혼과 당신 자신을 더 은혜롭고 충만하게 동일시할 수 있을수록, 당신의 두려움은 적어지게 됩니다. 죽음의 순간에, 당신은 우주의 가장 깊은 신비에 참여합니다. 당신은 마지막 몇 분 동안 가장 심오한 영적 작업을 할 수 있습니다. 환생이나 천국을 믿든 믿지 않든, 마지막 순간에 가능한 한 평화롭고 수용적이며 사랑의 존재로 있기 위해서는 자기판단과 회한 같은 것을 다 내려놓아야 하고, 그렇게 될 수 있도록 스스로 준비해야 합니다."

죽음의 준비

람 다스가 말한다. "티베트 불교도들은 대변화에 대해 많이 이야기합니다. 그들은 우리가 죽음에 가까워지면, 우리 몸을 형성하고 유지해 왔던 다섯 요소인 흙, 공기, 불, 물, 공간이 용해되기 시작한다고 가르칩니다. 몸이 힘을 잃기 시작하고 기력이 고갈되었다고 느낄 때, 추락하는 것 같고, 가라앉은 것 같고, 허약해지고 있다고 느낄 때, 그것은 땅의 요소가 위축되고 있는 것입니다. 몸속의 체액에 대한 조절 능력을 잃기 시작하면, 물의 요소가 용해되고 있는 것입니다. 입과 코가 마르고, 몸에서 온기가 모두 떠나기 시작하고 숨이 차가워질 때, 소리와 시각이 혼동될 때, 이것은 불의 요소가 공기 속으로 용해되는 것입니다.

그런 다음 숨쉬기가 점점 더 어려워지면, 공기 요소가 떠나고 있는 것입니다. 공간의 요소가 위축되면, 마음의 의식이 사라지고 호흡이 멈춥니다. 우리는 우리들의 본래 상태, 진정한 본성인 영혼으로 돌아가고 있는 것입니다."

내가 묻는다. "겔렉 림포체Gelek Rimpoche는 뒤에 아무것도 남기지 않고 훨훨 날아갈 준비가 된, 바위 위에 앉아 있는 새처럼 죽음을 준비하고 싶다고 말했습니다. 당신 생각은 어떻습니까? 이것이 죽음을 준비하는 가장 좋은 방법이라고 할 수 있을까요?"

람 다스가 곧바로 대답한다. "지금 이 순간에 있는 법을 배워야 합니다. 명상으로 그 방법이 삶에 배도록 해야 합니다." 잠시 뜸을 들이다가 그가 말을 이어간다. "자연 속에 있는 것이 도움이 됩니다. 숲속에 앉아 쓰러진 나무들과 썩어가는 것들, 자라나는 새싹들, 변화하는 모든 것, 피고 지는 꽃들을 바라보십시오. 우리는 자연의 일부입니다. 나무들과 꽃들은 죽음에 저항하지 않습니다.

깊은 이완 명상을 하면서 몸을 스캔하는 수련도 도움이 될 것입니다. 하지만 긴장을 풀고 쉬는 대신, 집착을 하나씩 놓아버리는 연습을 합니다. 정수리에서 시작하여 눈으로 의식을 가져가면서 '나는 이 눈과 이 눈이 보는 것이 아니다. 나는 깨어 있는 사랑의 의식이다.'라고 조용히 말합니다. 잠시 멈추고, 숨을 들이쉬고 내쉬면서 사랑의 의식 안에서 쉽니다. 그 다음에는 계속해서 '나는 이 귀가 아니며 귀가 듣는 것이 아니다. 나는 깨어 있는 사랑의 의식이다. 나는 이 입이 아니며 이 입이 맛보는 것이 아니다. 나는 깨어 있는 사랑의 의식이다.'라고 말합니다. 이런 식으로 계속해서 '나는 이 몸이 아니다. 나는 깨어 있는 사랑의 의식

이다.'에서 끝마칩니다. 이 연습을 생각, 기억, 감정, 개념으로 확장해 갈 수 있습니다. '나는 이 생각이 아니다.' 등으로 말입니다."

그런 다음 람 다스는 다음과 같이 덧붙인다. "나 자신의 죽음에 대해 기대하는 것이 있다면, 몇 가지 경험을 거치겠지만 결국 마지막에는 마하라지와 함께 낯선 모험을 함께하는 것입니다. 나는 죽어가는 동안 구루와 다시 하나가 되기 위한 준비로서 구루에 대한 명상을 하게 되었으면 하는 바람입니다. 누구나 자기 자신과 가장 가까운 영적 교사를 선택하여 마지막 명상을 할 수 있습니다. 그리스도, 성모 마리아, 무함마드, 람, 하누만, 천사, 아난다마이 마Anandamayi Ma, 마하라지, 또는 개인적인 스승이나 구루와 같이 가장 가까운 영적 스승, 가장 친근감을 느끼는 존재와 파장을 맞추는 것입니다. 호흡에 집중하듯이 그분들에 집중하십시오. 이 존재는 밝게 빛나고, 연민으로 가득 차 있습니다. 당신은 이 존재가 우주와의 친밀한 조화에서 오는 지혜로 빛나고 있음을 느낍니다. 정수리를 통해 당신의 몸 안으로 들어오는 존재를 상상해 보십시오. 당신의 영혼은 스승의 영혼과 분리될 수 없습니다. 그것을 상상해 보세요. 하나된 당신으로부터 발산되는 사랑을 경험해 보십시오. 당신은 깨어 있는 사랑의 의식입니다."

죽음 이후

영은 태어나는 일도 없고
죽는 일도 없으며,
영원토록 존재하지 않은 적이 없다.
몸은 죽어도 영은 죽지 않는다.

바가바드 기타

죽기 전에 내려놓으라

다음날 아침, 람 다스가 층계 난간을 이용하여 오르내리게 되어 있는 체어형 엘리베이터를 타고 아침 식사를 하러 내려온다. 그는 슬픈 표정이다. "쿠시가 어젯밤에 죽었어요. 정말 좋은 고양이였는데…." 확실히 힘든 일이다. 쿠시는 람 다스와 13년 동안 함께 살았다. 지난 몇 년 동안, 쿠시는 매일 밤 람 다스의 가슴 위에서 그와 함께 숨을 쉬며 잠을 잤다.

람 다스가 말한다. "그는 나의 영적 안내자 중 하나였어요. 우리는 그가 자신의 방식대로 죽을 수 있도록 어떤 조치도 하지 않겠다고 다짐했었지요. 죽을 때가 되었다고 느껴도 죽음을 재촉하기 위해 총을 쏘는 등의 짓은 하지 않기로 했는데, 그는 결국 자기 방식대로 간 셈입니다."

모두가 슬퍼한다. 그날 늦게, 우리는 쿠시를 정원에 묻어 주고 그의 사후 세계를 위해 성가를 불러줄 작정이다.

아침 식사 후, 나는 람 다스의 집에서 나와 길을 따라 걸어간다. 내 마음은 쿠시와 함께 있지만, 내 몸은 걷기를 즐기고 있다. 나는 늘 앉아 있는 시간이 많은 편이다. 마우이는 걷기에 좋은 날씨다. 바람이 시원하다. 나는 이웃집에서 정원 일을 하는 두 일꾼에게 손을 흔들어주고, 죽은 야자수 잎을 트럭 뒤로 끌고 가서, 나무 밑동 주변의 풀을 다듬는다.

이웃집 개가 무슨 냄새를 맡았는지 킁킁거리고 귀를 쫑긋하며 달려 나온다. 나는 개를 쓰다듬으며 미소 짓는다. 일상의 순간들이 점점 더 소중하게 여겨지고 있다.

돌아온 나는, 죽음 이후에 일어나는 일에 대한 람 다스의 강연을 듣기로 한다.

죽음의 순간 당신의 의식 상태는 당신의 진화 수준을 반영합니다. 죽음의 순간에 일어나는 변화에 당신이 준비되어 있다면, 때가 되어 통제 메커니즘이 해체되고 긴장이 풀리게 되면, 당신은 어떤 것과도 동일시하지 않고 평정심을 갖고 현존의 자리에서 목격자가 될 수 있습니다. 당신은 죽어가는 전 과정을 목격할 수 있고, 당신의 의식은 흔들리지 않습니다. 그러나 대부분의 사람들은 세상을 바라보는 자신의 방식에 집착하고 있어서, 죽음의 순간에 그것이 용해되기 시작하면 의식을 잃게 됩니다. 그들은 무의식적으로 죽음의 과정을 지나가게 되고, 나중에까지 한 오라기 집착의 끈을 쥐고 있게 됩니다. 그 일은 너무 빨리 일어나고, 그래서 아주 빨리 놓아버려야 하는데, 기회를 놓치기 쉽습니다. 따라서 죽기 전에 다 내려놓는 것이 핵심입니다. 그래야 죽을 때 편히 갈 수 있습니다. 그것이 가장 진화된 상태입니다.

아침에 도를 깨달은 사람은 저녁에 죽어도 괜찮다는 말이 있지요. 죽기 전에 죽어야, 죽을 때 죽을 필요가 없습니다. 카비르는 이런 말을 남겼습니다. '살아 있는 동안에 동아줄을 끊지 않으면—다시 말해, 살아 있는 동안 당신의 몸과 당신의 개성을 당신 자신이라고 생각하는 그 정체성에서 벗어나지 못하면—죽고 나면 귀신들이 그 짓을 하지 않겠는가?'

육신이 썩었다는 단지 그 이유만으로 영혼이 황홀경에 들어가게 될 것이라는 생각은 환상에 지나지 않습니다. 지금 아는 것은 그때에도 아는 상태일 것입니다. 지금 아무것도 찾지 못한다면, 당신은 저승의 한 거주처에 머무는 것으로 끝날 것입니다. 하지만 지금 신성과 사랑에 빠지면, 다음 생에는 모든 바람이 충족된 얼굴을 갖게 될 것입니다. 그러니 진실의 바다에 뛰어드세요. 스승을 찾으십시오. 위대한 소리를 믿으십시오. 다시 말하자면, 지금 '나는 몸과 마음'이라는 동일시에서 깨어날 수 있도록 수행을 하십시오. 그러면 변화의 순간에, 당신은 그냥 통과할 수 있습니다. 두려움이 있더라도, 당신은 사랑의 존재를 만나 인도받고 보호받을 것입니다. 거기 다른 차원에는, 당신에게 일어나는 이러한 변화에 의미를 부여해 줄 수 있는 존재들이 있을 것입니다.

따라서 최소한의 의식만 있는 존재는 의식을 잃고 재프로그래밍됩니다. 다음으로 의식이 더 깨어 있는 존재는 그들을 안내하고 돕는 다른 존재들을 만납니다. 가장 의식이 깨어 있는 존재는 죽음의 순간에 완전히 놓아버리고 더 이상 환생을 하지 않습니다. 탄생과 죽음의 수레바퀴가 갖는 의미는, 당신이 점점 더 진화할수록 당신이 다시 태어날 가능성이 적어진다는 것입니다. 영혼의 관점에서 보면, 환생을 하는 것은 분리되어 있다는 환상에서 벗어나기 위한 길을 걷기 위해서입니다.

본향으로 돌아가기

나는 듣기와 메모를 마치고, 배달된 「마우이 뉴스Maui News」를 람 다스에게 가져다준다. 죽음에 대한 이야기를 하기에는 너무 이른 아침일지도 모른다. 하지만 그는 임사체험에 관한 책을 읽고 있다. 그가 말한다. "나는 죽음이란 것을 이렇게 생각해요. 항상 나를 알고 있고 나를 완전히 사랑했던 옛 친구가 있는 집으로 마침내 돌아가는 것과 같다고. 죽음이란 마침내 내가 있기로 되어 있는 곳으로 가는 것입니다."

람 다스는 진정한 고향으로 가는 우리들의 여행에 여행 지침을 제공하고 있는 것 같다. "나도 거기에 가고 싶어요."라고 나는 진심을 담아 말한다.

람 다스가 말한다. "나도 한동안은 당장 가고 싶을 때가 있었습니다. 하지만 여기에 머물러 일을 해야 한다고 느낄 때도 많지요." 그는 한동안 말을 멈춘 다음, 이어서 말한다. "나는 이 세상에 있는 우리의 집이 우리의 진짜 집이 아님을 알고 있습니다. 그것은 임시 거처요, 아무리 정이 들더라도 포기해야 할 때가 옵니다. 우리의 진짜 집은 영혼 안에 있습니다. 죽음에 대한 자각은 이러한 진실을 깨달아 더 행복한 삶을 살게 해줍니다."

임사체험을 보고해 온 서양의 거의 모든 사람들은, 영혼의 고향인 '사랑과 빛으로 가득 찬 근원'으로의 귀환에 대해 이야기한다. 그들은 두려움과는 거리가 먼, 시간과 공간을 초월한 전체성의 경험을 한결같이 말한다.

내가 말한다. "나는 『기적 수업A Course in Miracles』에 나오는 다음의 묘사를 좋아합니다."

몸 너머, 태양과 별 너머, 눈에 보이는 모든 것 너머, 그러나 웬지 낯익은 황금빛 호弧가 있다. 네가 크고 빛나는 원을 들여다봄에 따라 그 빛은 멀리 뻗어나간다. 모든 원은 너의 눈앞에서 빛으로 채워진다. 원의 윤곽이 다 사라져서, 그 안에 있는 것은 더 이상 갇혀 있지 않다. 그 빛은 모든 것을 확장하고 덮으며, 무한대로 확장해 가고, 영원히 빛난다. 그 어디에도 끊김이나 한계가 없다. 그 안에서는 모든 것이 완벽한 연속성으로 결합되어 있다. 이 빛이 없는 곳은 없기 때문에, 외부에 무엇이 있을 수 있다는 것은 상상할 수도 없다.[12)]

★

영혼 꼬투리

얼마 전, 래리와 기리자 브릴런트Larry and Girija Brilliant 의 아들이 죽은 후, 나는 람 다스에게 그들의 아들인 조나단이 지금 어디에 있다고 생각하느냐고 물었다. 람 다스는, 우리 모두는 죽음을 통해 우리의 '영혼 꼬투리'soul pod 를 찾게 된다고 말했다. 조나단은 그의 영혼 꼬투리 안에서, 사랑 안에서, 마하라지와 함께 있다고 했다. 나는 지금, 그에게 그것에 대해 더 말해 달라고 요청한다.

람 다스는 확신에 차서, 명확하게 말한다. 마치 이 말을 하기 위해서 기다리고 있었던 것 같다. "나는 죽은 후에 무슨 일이 일어나는지에 대해 오랫동안 궁금했습니다. 나는 교사들과 이야기를 나

누었고, 경전을 읽었으며, 『삶 이후의 삶Life after Life』을 쓴 레이몬드 무디Raymond Moody 같은 임사체험자들이 쓴 책들도 읽었습니다. 나는 또, 자신이 몸을 입고 있지 않는 영적 존재라는 내 친구 임마누엘Emmanuel 과도 대화를 했습니다. 임마누엘은 패트 로데가스트Pat Rodegast의 채널링을 통해 말을 하는 영으로, 그 채널링 내용이 책으로도 나왔지요. 임마누엘은 죽음이란 꽉 끼는 신발을 벗는 것과 같다면서, 죽어도 절대적으로 안전하다고 말합니다. 이런 다양한 증언들과 경험들이 나로 하여금 죽음으로 모든 것이 끝나지 않는다는 확신을 갖게 해준 듯합니다. 물론 과학적으로는 죽음 이후에 무슨 일이 일어나는지에 대해 알지 못한다는 것이 정답입니다.

그리하여 나는 죽어가는 사람들과 함께 일할 수 있었고, 미지의 세계에 직면한 그들에게 평정과 평화를 가져다주려고 애써 왔습니다. 죽음을 앞둔 사람과 함께 있는 그 순간에는 오직 진실만이 통한다는 것을 알게 됩니다. 그래서 나는 죽음 이후의 삶에 대한 내 이해의 깊이를 검증하고 또 검증하지 않을 수 없습니다. 이것이 내가 해왔고 하고자 하는 일의 어려움입니다.

자신을 몸과 개성과 재산 등과 동일시하는 관점에서 벗어나게 되면, 죽음이 끝이 아니라 과정의 일부일 수 있음을 허용하는 여유가 생기기 시작합니다. 나는 그것을 매우 깊이 느낍니다. 사람들은 '죽음 이후에도 생명이 계속 이어진다고 믿습니까?'라고 묻고, 나는 대답합니다. '나는 그것을 믿지 않아요. 그것은 그냥 사실입니다.' 이런 식의 대답은 과학에 길들여진 내 친구들을 끝없이 화나게 합니다."

"죽는 순간에 의식은 어떻게 되나요?" 내가 묻는다.

"죽음의 순간에 우리가 집착하는 사념체들이 다음에 일어날 일을 결정한다고 믿습니다. 마하라지가 말했듯이, '그대가 죽는 순간 망고를 원하면, 그대는 곤충으로 태어날 것이다. 다음 숨을 쉬기를 원하면, 그대는 다시 태어날 것이다.' 이런 인과 관계 때문에, 윤회를 믿는 문화권에서는 죽음의 순간을 준비하는 데에 많은 관심을 기울입니다. 예를 들어 티베트인들은 흙의 요소가 떠나갈 때는 무거움의 느낌에, 물의 요소가 떠나갈 때는 메마른 느낌에, 불의 요소가 떠나갈 때는 차가운 느낌에 사로잡히지 않는 법을 묘사합니다. 공기 요소가 떠나갈 때는 날숨을 들숨보다 더 길게 해야 한다고 합니다.

나는 티베트인들이 묘사하는 죽음과 환생 사이의 과도기적 상태인 바르도스가 어떤 상태인지 그림이 그려지지 않지만, 그것이 진실일 것이라고 생각합니다. 내가 확신을 가지고 느끼는 것은, 우리가 죽으면 우리는 우리의 영혼 꼬투리에 들어가 결합한다는 것입니다."

"영혼 꼬투리라고요?" 내가 묻는다.

"내가 이해하는 바로는 이렇습니다. 우리가 죽을 때, 우리는 우리의 에고와 육신을 뒤에 남겨두지만, 영혼은 계속됩니다. 영혼이 에고와 몸으로부터 자유로워지면, 영혼은 바다 같은 전체, '하나'로 다시 합쳐집니다. 바다에서 물이 증발하여 안개가 생기고, 안개가 구름을 형성하고, 구름이 빗방울이 되어 바다로 떨어지는 순환 과정을 생각해 보십시오. 바다는 빗방울들로 이루어져 있지만, '한 바다'the one ocean 이기도 합니다. 그것은 무한하고 영원한 사랑의 공간입니다.

우리는 수없이 태어나고 죽고 태어나고 죽었습니다. 너비 10킬로미터, 높이 10킬로미터의 산에 대해 부처님이 하신 이야기를 생각해 보십시오. 새 한 마리가 부리에 비단 스카프를 물고 백 년에 한 번씩 산 꼭대기를 스쳐서 날아갑니다. 스카프가 산을 닳게 하는 데 걸리는 시간은 얼마나 길까요? 그렇게 긴 시간 동안 우리가 존재해 왔다는 것입니다. 100년에 한 번 스카프가 스치고 지나갑니다. 스카프와 산. 그렇게 삶은 계속 이어지고 이어지고 이어집니다.

그리고 죽을 때마다, 우리는 우리의 영혼 꼬투리를 찾습니다. 그것이 우리의 집입니다. 시간과 공간 밖에 있는 집입니다. 내 인생의 대부분은 이 집과 접촉하려고 노력하는 데에 바쳐졌습니다. 환각제를 통하여, 명상을 통하여, 그리고 가장 강력하게는 마하라지와 함께 있음으로써. 때로는 집에 도착했지만, 항상 잠시뿐이었습니다. 나는 이 새로운 시작을 통하여 집에 안착하기를 기대하고 있습니다."

"영혼 꼬투리에는 누가 있나요?" 내가 묻는다.

"영혼 꼬투리에는 서로 사랑하는 친근한 영혼들, 여러 생애를 통해 함께해온 영혼들이 있습니다. 우리는 서로 아주 친숙합니다. 그들에게 있어서 사랑은, 우리에게 있어서 공기와 같습니다. 그들은 사랑으로 살아갑니다. 그들은 당신을 다정하게 환영하며, '이번 생은 어땠나요? 무엇을 배웠습니까?'라고 물을 것입니다. 나눔은 아름다울 것입니다. 내 생각에, 서양에서의 화신을 통해 우리는 개체성에 대해 많은 것을 배웁니다. 사람으로서, 가족으로서, 종족으로서, 국가로서 고유한 개체성을 지니고 각기 나누어지고 분리되어, 그것이 낳는 두려움을 통해서 많은 것을 배웁니다.

영혼 꼬투리 안의 영혼들은 빛의 존재들입니다. 꼬투리에서 가장 밝은 빛은 당신의 구루, 혹은 가이드로서, 그는 당신의 과거 환생에 대해 모든 것을 다 알고 있고, 다음 환생을 위한 지침을 제공해 주게 됩니다.

나는 마하라지가 내 영혼 꼬투리에서 가장 밝은 빛일 것이라고 믿습니다. 나는 내 영혼이 그의 옆에 서서 지상에서 펼쳐지는 멜로드라마를 함께 보면서 웃는 모습을 상상합니다. 그와 나는 다음 생에서 내 카르마로부터 가장 많이 배울 수 있도록 나에게 가장 적합한 화신을 선택할 것입니다. 그리고 거기에는 나에게 큰 의미가 있는 다른 사랑스러운 존재들이 있을 것입니다. 우리 모두는 의미를 찾아다니다가 궁극에는 모든 것을 다 내려놓고 '하나'에 합쳐지게 되는 평행 여행을 하고 있는 평행 영혼들입니다."

지금 이 방은 어쩐지 하나의 영혼 꼬투리처럼 느껴진다. 손바닥에서 오싹한 기운이 느껴진다. 새들은 찍찍 짹짹 울고 있다.

더 가까이

프랭크 오스타세스키가 방문 중이어서, 함께 점심을 먹는다. 빵나무 열매, 순무, 샐러드로 새로운 다이어트를 시도하고 있다. 프랭크는 람 다스에게, 과거가 어떠했든 그것을 사랑하라는 그의 충고에 깊은 감동을 받았다고 말한다. '아무리 고통스럽더라도, 당신의 인생을 하나의 이야기로 보고, 아무 판단 없이, 그냥 사랑하십시오.'

람 다스가 대답한다. "지내놓고 보면 더 잘할 수 있었을 일들이 있게 마련이지만, 그 모두를 사랑하고, 그 모두를 받아들이고, 우리 자신과 우리의 이야기를 사랑하는 것입니다. 그것이 수행의 핵심입니다."

프랭크의 파란 눈에 눈물이 맺힌다.

"모든 것이 다 사랑스럽습니다."라고 람 다스가 말한다.

점심을 먹은 후, 나는 마지막 대화를 위해 위층으로 올라간다. 이야기가 영혼 꼬투리에 도달한 이상, 이제는 더 이상 할 이야기가 많지 않다. '우리는 이미 영혼 꼬투리 안에 있는 것처럼 살아야 할 거야.'라는 생각이 든다. 나는 '서로에게 사랑의 존재가 되어 서로를 돕고, 함께 배우고, 서로 자신의 집으로 걸어가면서 오랜 시간 동안 서로를 동반자로서 보는 것'에 대해 생각하고 있다.

모든 사람을 다 사랑하라.

람 다스가 말한다. "알다시피, 나 자신의 죽음에 대해, 영구차와 화장 등에 대해서까지 자세히 이야기를 나누면서, 죽음과 나의 관계가 더욱 깊어진 것 같습니다. 고교 시절, 나는 손튼 와일더Thornton Wilder 의 「우리 읍네Our Town」라는 연극을 공연한 적이 있는데, 장례 지도사 역할을 했지요. 지금은 묘지 옆을 지나갈 때마다, 나 자신의 죽음에 대해서 느끼곤 합니다."

나도 죽음에 더 가까워진 것 같다.

람 다스가 말한다. "나는 변하고 있습니다. 우리는 변화하고 있습니다. 당신은 그렇게 생각하지 않나요?"

"예, 그래요. 저도 그렇습니다." 내가 대답한다. "이곳을 방문할 때마다 느끼는 것인데, 당신은 더 투명해지고, 더 사랑이 많아지고, 더 지혜로워지고 있어요…."

그가 말한다. "나의 머리는 점점 나의 가슴을 방해하지 않게 되고 있습니다. 가슴은 사랑의 장소입니다. 사랑이 내 머리를 차지해 버렸어요."

저녁을 먹을 시간이다. 떠나기 위해 문을 열자, 람 다스가 "사랑해요."라고 외친다.

"나도요." 나도 소리친다.

에필로그

우리가 마지막 대화를 마친 지 몇 주 후의 어느 날 새벽, 하와이에 긴급 경보가 울렸다. 탄도 미사일 공격이 임박했다는 경고였지만, 실수였다는 것이 밝혀졌다. 이 경보는 미국과 북한 사이의 긴장 고조로 인해 이미 긴장 상태에 있던 하와이에 광범위한 공포를 촉발시켰다. 그 경고가 실수이긴 했지만, 주지사가 그의 트위터 비밀번호를 기억하지 못하는 바람에 사람들에게 실수였다는 것을 알리는 데에 17분이 소요되었다. 그 시간 동안, 하와이의 모든 사람들은 임박한 죽음의 가능성에 직면했다.

내가 람 다스와 이야기했을 때, 그가 말했다. “흥미로운 상황이 벌어졌습니다. 모두가 신경을 곤두세웠어요. 어떤 사람들은 기겁을 하고는 자신들의 차를 도로에 둔 채 도망쳤습니다. 바다에 나가 있었던 사람들은 미친 듯이 노를 저어 해안으로 돌아오고 있었습니다.”

당시 섬을 떠나 있었던 락슈만이 말했다. “나는 아마 명상을 하려고 애썼겠지만, 어쨌든 가족들에게 전화를 걸었을 것이고, 울음을 터뜨리며 ‘난 죽고 싶지 않단 말이야!’라고 울부짖었을지도 몰라요.”

내가 람 다스에게 물었다. “당신은 어땠지요?”

“우리는 거실에서 성가를 부를 준비를 하고 있었습니다. 나는 동요되지 않더군요. 나는 미래에 대해 생각하고 있지 않았습니다. 나는 지금 이 순간에 있었습니다. 나는 마하라지와 함께 내 영혼 속에 있었습니다.”

다시가 말했다. “람 다스는 매우 평화로워 보였고, 그 영향 때문인지 여기 있는 모든 사람들은 차분하게 지냈습니다. 다 내려놓고 살고 있다는 그런 느낌이었어요. 아름다운 광경이었습니다.”

깨어 있는 삶을 위한,
죽어가는 자를
돌보기 위한,
자신의 죽음을 위한
연습

사랑의 가슴으로 살기

지혜의 말씀 읽기

람 다스는 저마다 자신이 충분히 깨닫지 못하고 있다는 생각이 들면 읽고 공부할 수 있다고 제안한다. "『지금 여기에 살라Be Here Now』에서 나는 그것을 '함께 어울려 놀기 위한 책들'이라고 불렀습니다. 이 책들은 친구 같은 책들입니다. 나는 당신의 친구가 누구인지 모르지만, 내 친구는 그리스도, 붓다, 마하라지, 라마나 마하리쉬, 라마크리슈나, 노자, 중국 3대 조사인 승찬, 수피 하즈라트 이나야트 칸Hazrat Inayat Khan, 솔로몬 등입니다. 이들은 나의 절친들로서, 고도의 엘리트 그룹입니다. 그들이 설령 살아있어서 당신과 악수를 나눈다고 할지라도, 그들의 가슴에서 우러나오는 말 한마디를 읽을 때보다 그들을 더 잘 알 수 있을까요? 나는 시간이 날 때마다 조용히 마음을 열고 이런 존재들의 말씀을 읽으면서, 한 순간에 완전히 새로운 지혜의 차원에 올라서 있는 것처럼 고양된 기분을 느끼곤 합니다. 그러니 고전, 기본 경전들, 위대한 스승들의 말씀이 담긴 책들을 읽으십시오."

명상

정기적인 명상 수련을 하고 있지 않다면, 명상을 통해 어떤 경험을 하든 2주나 한 달 동안은 진지하게 명상을 해보겠다고 계획을 세워 보십시오. 실제로 해보면, 당신은 정기적으로 명상을 하게 될 것입니다. 명상의 목적은 우주를 바라보는 방식에 대해 당신이 가진 모든 모델들을 잘라내는 것입니다. 이런 식으로, 주변의 모든 사람을 마치 처음 만난 사람처럼 바라보십시오. 몇 번을 만나더라도 계속해서, 마치 처음 보는 사람처럼 보는 것입니다. 걸을 때는, 그냥 걷기만 합니다. 인생을 즐기고 있을 때에는, 그냥 즐깁니다. 매 순간 온전히 깨어 있으십시오. 즐거운 일을 할 때는, 즐거워하는 당신 자신을 봅니다. 명상 중에 어떤 경험이 찾아오든, 그 경험에 온전히 마음을 엽니다. 명상에 들어가면 어떤 느낌이어야 하는지에 대한 고정관념을 갖지 않습니다. 판단하지 않고, 비판하지 않고, 견해를 만들어내지 않습니다. 명상에는 어떤 라벨도 붙일 필요가 없고, 어떤 모델도 필요치 않습니다.

기대를 덜 할수록, 판단을 덜 할수록, 중요하게 여겨지는 경험에 덜 집착할수록, 더욱 더 발전할 것입니다. 명상은, 어떤 특정한 경험이 당신에게 줄 수 있는 것을 훌쩍 뛰어넘어 당신의 존재에 대변화를 가져다줄 수 있습니다. 아무것도 기대하지 않고, 무엇에든 마음을 열고, 모든 경험을 다 받아들이는 것이 중요합니다. 부정적인 경험을 포함한 모든 경험을 다 받아들이면서, 한 번에 한 걸음씩만 나아가면 됩니다.

명상을 지루하게 여기는 사람들도 적지 않습니다. 그런 사람들은 아무 일도 일어나지 않는 것처럼 느낍니다. 이것은 그 사람이 낡은 것을 단단히 붙잡고 있기 때문일 수 있습니다. 지루하더라도 인내하면서 계속 해 나가는 것이 중요합니다.

명상을 처음 해보면서도 지루하기는커녕 그 정반대의 경험을 할 수도 있습니다. 심지어는 황홀감을 느낄 수도 있습니다. 명상을 하는 동안 놀랍도록 에너지가 충전되는 경험을 하는 사람들이 많습니다. 초기 단계에서는 부드럽고 천천히 진행해 가는 것이 좋습니다. 과잉 반응하지 마십시오. 긍정적인 경험 뒤에는 무미건조함이 이어질 수도 있습니다. 차분하게, 긍정적인 것이든 부정적인 것이든, 어떤 경험도 지나치지 않도록 하는 것이 현명합니다. 어떤 증상이 나타나더라도 그냥 알아차리고, 명상 수련을 계속하십시오.

당신이 그 순간에 있을 때에는, 시간이 느려집니다. 지금 이 순간, 당신은 세상의 모든 시간을 가지고 있습니다. 그러나 한 순간도 낭비하지 마십시오. 진정한 당신은 시간을 초월합니다. 지금 여기에서 살고, 모든 새로운 순간을 새롭게 시작하십시오.

명상 지침

조용히 자리에 앉습니다. 편안한 마음으로, 있는 그대로 있으십시오. 더우면, 덥다고 느낍니다. 몸의 어딘가가 아프면, 아프다고 느낍니다. 감정적으로 열린 상태라면, 열린 상태 그대로, 닫힌 상태라면 닫힌 상태 그대로 받아들입니다. 무료하다면, 그냥 무료하다고 느끼고, 뭔가 자극을 받고 있으면 자극을 받는 상태로 그냥 내버려둡니다. 모두 그냥 그대로 둡니다.

의식을 호흡으로 가져갑니다. 자연스럽게 숨을 들이쉬고 내쉬면서, 호흡을 변화시키려고 하지 않고, 콧구멍으로 들어오고 나가는 숨 자체를 알아차립니다. 호흡의 질, 온도, 지속 시간을 알아차립니다. 주의가 산만해지면, 그냥 호흡으로 다시 돌아갑니다. 마음과 몸이 가라앉고, 고요해지고, 안정될 때까지 이렇게 합니다.

이제 당신 앞에 광활한 하늘이 펼쳐져 있고 그 너머로 구름이 시야에 들어왔다가 사라지곤 하는 풍경을 상상해 보십시오. 하늘은 광대하고 늘 거기 있으며, 구름이 왔다 갔다 합니다. 이제 하늘이 당신 안에 거울처럼 비치고 있다고 상상해 봅니다. 당신의 가슴 한가운데에 광대한 하늘이 펼쳐져 있습니다. 당신이 가지고 있는 모든 생각, 당신이 가진 모든 감각, 당신이 누구인지, 무슨 일을 하는 사람인지 등, 당신이 가지고 있는 모든 모델들은 구름처럼 오고 가는 것입니다. 마음에서 일어났다가 사라지는 것이고, 몸 안에서 떠올랐다가 사라지는 것입니다. 그것을 알아차리십시오. 광대한 하늘에 계속해서 초점을 맞춥니다. 하늘은 구름에 의해 조금도 변화되지 않습니다. 계속해서 하늘에 집중합니다.

이제, 거대한 바다를 상상합니다. 파도가 바다에서 솟아오릅니다. 파도가 치솟았다가 다시 바다로 잦아들어 없어집니다. 생각, 감각, 계획, 기억, 희망, 두려움, 삶, 죽음은 모두 당신의 의식에서 솟아올라 다시 당신의 의식 속으로 가라앉는 파도입니다. 당신은 의식의 광대한 바다입니다. 이러한 알아차림 안에서 편히 쉽니다. 오는 것도 없고, 가는 것도 없습니다. 태어남도 없고, 죽음도 없습니다. 광대한 바다만이 있습니다.

바다, 하늘, 자각과 같은 당신 존재의 본질을 알 때, 당신은 자유로워집니다. 그리고 그 자유함 안에서, 당신은 삶의 춤, 죽음의 춤을 출 수 있습니다. 바로 이렇게 모든 존재가 자유로워지기를!

마음챙김 지침

'마음챙김'mindfulness을 뜻하는 한자어는 '바른 마음'을 뜻하는 '正念'으로서, 그 핵심을 이루는 '念'은 '지금'을 뜻하는 今이라는 글자가 '마음'을 뜻하는 心(heart/mind) 위에 붙어 있습니다.

마음챙김은 과정(마음챙김 수행)이자 결과(마음챙김 알아차림)입니다. 그것은 관심과 존중심을 갖고 주의를 기울이는 단순한 행동에서 시작됩니다. 마음챙김 수행은 전 세계의 많은 전통에서 발견됩니다. '마음챙김'이라는 단어는 이러한 전통들에서 저마다 매우 특별한 의미를 가질 수 있으므로, 많은 이들은 '의료, 건강, 사회에서의 마음챙김 센터'Center for Mindfulness in Medicine, Health Care, and Society의 창립자이자 '마음챙김에 기반한 스트레스 감소'Mindfulness-Based Stress Reduction 프로그램의 창시자인 존 카밧진Jon Kabat-Zinn으로부터 영감을 얻은 것을 사용합니다. "마음챙김이란 어떠한 판단도 의

도적으로 하지 않고 주의를 기울여 '지금 여기'를 있는 그대로 알아차림 또는 바라보기이다."

마음챙김은 고도로 깨어 있어서 당신 자신의 안팎에 있는 것을 있는 그대로 받아들이고 인식하면서, 그 상황에 대한 생각들이나 그 상황에 대한 감정적 반응에 사로잡힘이 없이, 현재 상황의 실재에 집중하는 존재의 방식입니다. 그것은 우리 모두가 배양할 수 있는 능력입니다. 마음챙김은 우리가 정신 상태를 우리 자신과 지나치게 동일시하지 않고 객관적으로 지켜볼 수 있게 하여, 더 큰 호기심과 더 나은 자기이해로 나아갈 수 있게 해주는 수용의 태도를 조성해 줍니다.

의자나 바닥의 쿠션에 등을 곧게 펴고 편안하게 앉은 상태에서 시작합니다. 눈을 감거나, 눈을 뜰 경우에는 가까운 곳을 부드럽게 바라봅니다. 몇 번의 심호흡으로, 앉은 자세로 휴식을 취하십시오. 예민하게 깨어 있으면서도 몸과 마음이 완전히 이완되도록 허용합니다. 어떤 목적이나 계획도 없이, 몸 전체를 감각으로 느끼면서 훑어봅니다.

다음으로는, 의식을 소리 진동의 장으로 전환합니다. 소리와 소리 사이의 침묵이나 소리 사이의 빈 공간뿐만 아니라 순수한 소리 진동 자체도 모두 인식하십시오. 몸을 감각할 때와 마찬가지로, 소리에 대한 정의나 소리에 대한 생각들에서 벗어나, 소리를 있는 그대로 알아차리고 집중합니다.

몸과 소리를 알아차리고 난 다음에는, 자연스러운 호흡 과정에 주의를 기울입니다. 호흡이 가장 분명하게 느껴지는 신체 부위를 찾아 거기에 가볍게 의식을 둡니다. 배가 오르락내리락하는 감각에 집중할 수도 있고, 숨을 들이쉬고 내쉴 때마다 콧구멍에서 경험하는 감각에 집중할 수도 있습니다. 호흡을 통제하려거나, 방향을 부여하려고 하지 말고, 힘을 빼고 숨이 저 스스로 자연스럽게 쉬어지도록 합니다. 호흡의 처음 시작부터 중간 부분을 거쳐 끝까지, 호흡의 사이클 전체를 온전하게 느낍니다.

당신의 의식은 경청과 같은 수용성과 깨어 있음, 주의 깊은 현존의 조합입니다. 다른 모든 것은 그냥 내버려두거나 배경에 남겨두십시오. 호흡이 스스로 호흡하게 하십시오. 마음이 방황할 때나 생각에 빠져 자신을 잃고 있을 때나, 순간 순간 알아차리고, 거기에 대해 판단하지 않고, 다시 부드럽게 호흡으로 주의를 되돌립니다.

간추린 마음챙김 지침

자연스럽게 호흡하십시오. 호흡이 콧구멍을 통해 들어와 폐를 가득 채우고 다시 몸 밖으로 흘러나가는 것에 주의를 기울이십시오. 생각, 감정, 또는 감각이 일어나서 호흡을 하고 있다는 것을 잊어버릴 때마다 잊어버리고 있다는 것을 알아차리고, 다시 호흡으로 의식을 부드럽게 가져옵니다.

람 다스의 구루 명상

마하라지의 사진을 바라봅니다. 인도에서 내가 알던 마하라지가 아닌, 빅 마하라지the Big Maharaj-ji 와 함께합니다. 상상 속에서 그를 만나 대화를 나누지만, 말로 하는 대화는 아닙니다. 카르마 요가에서는, 눈앞의 경험을 다룹니다. 마하라지는 나의 '성취들'에 반응하지 않습니다. 그는 단지 변함없는 사랑으로 거기에 있습니다. 그는 나를 의식의 또 다른 차원으로, '하나'로, 아트만으로 데려갑니다. 나는 때로 눈물을 흘립니다.

사랑의 의식

우리는 어떻게 사랑의 의식이 될 수 있을까요? 람 다스는 말합니다. "나는 내가 에고라는 생각에서 벗어나 영혼으로서 살아가고자 합니다. 나는 나의 머리에서, 내가 누구라는 나의 생각에서, 나의 영적 가슴으로 옮겨갑니다. 영적 가슴이 나인 자리에서는 느낌과 직관이 중심이 되고, 사랑의 의식이 됩니다. 그것은 세상적인 외적 동일시에서 영적 내적 동일시로의 대전환입니다. 우리는 어느 순간에나 이 연습을 할 수 있습니다. 죽을 때에도 할 수 있습니다."

사랑의 의식으로 살기

당신의 가슴 한가운데에 있는 영적 센터에 집중합니다. 가슴으로 숨을 들이쉬고 내쉬면서 다음을 반복합니다. "나는 사랑의 의식입니다. 나는 사랑의 의식입니다. 나는 사랑의 의식입니다. …사랑의 의식… 사랑의 의식… 사랑의 의식." 사랑의 의식, 그것은 항상 바로 여기에 있다는 것을 기억하십시오. 고요한 마음으로 사랑의 흐름 속으로 들어가, 모든 것을 자신의 일부로 봅니다.

죽음을 의식하며 사는 연습

매일 아침 저녁으로 나는 나 자신을 죽은 자로 여기며

죽음을 명상하면서 내 마음을 고요하게 한다.

그러면 나는 내 몸이 이미 죽은 것처럼 살 수 있고,

활기차게 잘 살 수 있다.

무사도武士道

날마다 몇 분 동안, 단순히 죽음을 기억합니다. 자기 자신에게 속삭입니다. "모든 존재는 죽는다. 나도 죽을 것이다." 혹은 단순히 당신이 어떻게 죽고 싶은지, 죽기 전에 당신이 해야 할 중요한 일과 살아야 할 중요한 존재 방식에 대해 생각할 수도 있습니다. 이미 세상을 떠난 사랑하는 사람을 기억할 수도 있습니다. 날마다 죽음을 의식할 수 있는 방법을 찾는 것이 중요합니다. 매일 수련하기 전이나 후에 몇 분 동안은 죽음을 기억하십시오. 휴대폰이나 컴퓨터에 미리 알림 설정을 해놓을 수도 있습니다. 침대 옆에 메모를 해둘 수도 있습니다. WeCroak 앱은 죽음에 대한 다양한 인용문과 함께 하루에 다섯 번씩 알람을 보내줍니다. 일기에 짧은 항목을 작성할 수도 있습니다.

감사 연습

감사에 대한 큰 비밀 중 하나는, 감사하는 마음은 외부 환경에 따라 일어나는 것만이 아니라는 것입니다. 주변에서 무슨 일이 일어나고 있든 상관없이, 어느 순간에나 우리는 감사 모드로 채널을 세팅할 수 있습니다. 호흡이 우리의 기본적인 권리일 수 있듯이, 감사는 우리가 지금 여기에 존재하는 우리의 기본 권리입니다. 그것은 영혼의 입장입니다. 감사는 우리가 알아야 할 모든 것에 꽃을 피우게 해주는 핵심 중의 핵심입니다.

조용히 앉아 눈을 감으십시오. 지난날을 떠올려보세요. 친구, 가족, 구름, 나무, 사랑이 담긴 이메일, 어린 시절의 추억들, 수박, 살아있음 등, 감사할 만한 것들을 알아차리면서, 감사에 흠뻑 젖어보십시오. 온전하고 깊은 호흡으로 숨을 들이쉬고 내쉽니다.

람 다스의 음식 축복

어린 시절에는 이래라 저래라 간섭하는 어른들 눈치를 보느라 그랬는지 음식 맛을 제대로 음미하지 못할 때가 많았습니다. 우리는 자라고 나서야 음식 맛을 음미하고 감사할 줄 알게 됩니다. 음식을 축복하는 데에는 여러 방법이 있습니다. 이미 익숙한 방법이 있으면 그 방법으로 하시면 됩니다. 나는 내 앞에 음식을 두고 하거나 음식 주변에 손을 대고 앉아서, 축복을 합니다. 내가 사용하는 축복은 산스크리트어 기도로, 이런 뜻입니다.

이 음식 주시는 분도 신이시요
받으시는 분도 신이시요
음식을 만든 불도 신이시니,
신의 품안에 거하는 자는 신성의 꽃을 피우리라.

나는 이 기도를 암송한 다음, 잠시 음미하는 시간을 갖습니다. 음식은 '하나'의 일부입니다. 그것은 신의 일부, 모든 형상의 일부, 자연법의 일부, 우주의 일부입니다. 이 기도를 하고 음식을 제공받는 나는 신의 일부입니다. 음식도 신의 일부이며, 나의 배고픔도 신의 일부이고, 음식을 요리하는 불도 신의 일부입니다. 나는 나 자신을 상기시키기 위해, 나 자신을 집으로 데려가기 위해 이 기도를 사용하며, 모든 것의 하나됨을 느끼기 시작합니다.

키르탄

키르탄, 즉 성가는 박티 요가로도 알려진 '헌신의 길'에서 나온 것입니다. 서양에서 가장 뛰어난 키르탄 지도자 중 한 명인 크리슈나 다스Krishna Das는 수행에 대해 이렇게 말했습니다. "이 성가들의 가사는 우리의 마음과 생각보다 더 깊은 곳에서 나옵니다. 그래서 우리가 그 노래를 부를 때, 노래는 우리를 우리 자신에게로 향하게 하고 우리의 내면으로 들어가게 합니다. 성가는 우리에게 새로운 경험을 하게 해주고, 그 경험은 우리를 변화시킵니다. 이 성가들은 우리가 성가를 부를 때 경험하는 것 이상의 다른 의미는 없습니다. 성가는 힌두교 전통에서 비롯된 것이지만, 힌두교인이 되는 일이나 믿음과는 상관이 없습니다. 성가는 단지 그것을 부르고 듣고 경험하는 일일 뿐입니다. 그러니 그냥 앉아서 부르면 됩니다."

사랑과 연민의 명상 지침

나에게 맞는 편안한 자세를 취합니다. 이 명상의 목표 중 하나는 기분을 좋게 하는 것이므로, 자세를 편안하게 하는 것이 중요합니다. 그런 다음, 태양 신경총과 가슴 부분, 즉 당신의 '가슴 센터'에 주의를 집중합니다. 마치 모든 경험이 거기에서 일어나는 것처럼, 그 부분 안으로 밖으로 사랑과 연민을 호흡하십시오. 가슴 센터의 감각에만 집중하고, 거기에 의식을 고정시킵니다.

자신을 향해 친절한 느낌을 주는 것으로 시작합니다. 계속해서 숨을 들이쉬고 내쉬면서, 다음에 소개하는 전통적인 문구 중 하나를 사용하십시오. 따로 자신이 선택한 문구를 사용해도 괜찮습니다. 여러 번 반복해서 말하거나, 묵상하십시오.

안이나 밖의 위험과 해로움으로부터 자유로워지기를.

안전하고 보호받기를.

정신적 고통과 괴로움에서 벗어나서 행복하기를.

육체적인 고통과 괴로움에서 벗어나서 건강하고 강해지기를.

이 세상에서 행복하고, 평화롭고, 즐겁고, 편안하게 살아가기를.

다음으로는, 당신 안에서 순수하고 무조건적인 사랑과 연민의 느낌을 가장 많이 불러일으키는 사람에게 당신의 관심을 돌립니다. 대개는 멘토, 후원자, 어르신, 부모가 가장 먼저 떠오르는 대상입니다. 떠오르는 그분을 위해 다음의 문장을 반복합니다.

당신이 안전하고 보호받기를.

이 첫 번째 사람에 대한 강한 무조건적인 사랑을 느낀 후에는, 당신이 소중한 친구로 여기는 사람에게 주의를 집중하고 이 사람을 위해 다시 한 번 가슴 센터로 숨을 들이쉬고 내쉬면서 문구를 반복합니다.

그런 다음에는 중립적인 사람, 당신이 그리 좋아하지도 싫어하지도 않는 사람에게로 주의를 옮깁니다. 이 사람을 위해 문구를 반복하면서 그들이 사랑의 보살핌을 받는 모습을 상상합니다.

다음으로는, 껄끄러운 상대라고 여겨지는 사람에게 주의를 집중하고, 그 사람을 위해 문구를 반복하십시오. 그렇게 하는 데에 마음에 조금이라도 걸림이 있다면 "되도록이면, 당신이 안전하고 보호받기를 진심으로 바랍니다." 등으로 고쳐도 좋습니다. 만약 그 사람을 향한 마음이 불편하게 느껴진다면, 당신이 존경하고 사랑하는 멘토나 후원자를 다시 떠올리고는 당신 안에 사랑과 연민이 생겨나게 해봅니다. 그런 다음 다시 껄끄럽게 여겨지는 사람에게로 돌아갑니다.

사랑과 연민을 보내기 어려운 사람을 위해 명상한 후에는, 모든 존재들을 향해 사랑과 연민의 빛을 방사합니다.

모든 존재가 안전하고, 행복하고, 건강하고, 즐겁고, 편안하게 살기를.

동체대비同體大悲 명상

상대방도 나와 같다는 사실을 깨닫는 것은
주변 사람들뿐만 아니라 우리의 적에 대한 연민을
발전시킬 수 있는 토대입니다.
우리는 적을 생각할 때마다 그를 해칠 생각을 하기 쉽습니다.
하지만, 아무리 적이라 할지라도 당신과 마찬가지로 인간이라는 사실을 기억해 보세요.
제14대 달라이 라마

이 연습은 친구, 동료, 중립적인 사람, 혹은 껄끄러운 사람을 떠올리며 혼자서 할 수 있습니다. 새로운 사람을 만날 때에도, 조용히 할 수 있습니다. 이 연습은 여러 사람과 함께 해도 효과적입니다. 참가자들에게 짝을 지어 앉게 하거나 서로 마주보고 두 줄로 서게 하십시오. 서로 파트너의 눈을 들여다보게 합니다. 필요할 경우에는 언제든지 눈을 감을 수도, 내리뜰 수도 있음을 알려줍니다. 그

룹으로 연습하는 경우, 참가자가 한 파트너와 함께 연습을 완료한 후 새로운 파트너와 함께 다시 시작하도록 하여 이를 반복하면 다른 사람들도 '나와 같다'는 동체대비의 이해가 모든 사람들에게 높아집니다.

아래에 제안된 문구 중 일부 또는 전부를 사용하거나, 더 적절하다고 여겨지는 다른 문구를 사용하십시오.

당신 앞에 또 다른 사람, 당신과 똑같은 누군가가 있다는 사실을 자각하는 것부터 시작합니다. 그런 다음 파트너를 바라보며 아래 문구를 조용히 반복하십시오.

이 사람은 나와 마찬가지로 몸과 마음이 있습니다.

이 사람은 나와 마찬가지로 느낌, 감정, 생각을 가지고 있습니다.

이 사람은 나와 마찬가지로 육체적, 정서적 아픔과 고통을 경험해 왔습니다.

이 사람은 나와 마찬가지로 때로 슬퍼하고, 실망하고, 화내고, 상처를 받습니다.

이 사람은 나와 마찬가지로 때로 마땅치 않거나 부적절하다고 느낍니다.

이 사람은 나와 마찬가지로 가끔 걱정하고 겁을 먹습니다.

이 사람은 나와 마찬가지로 죽을 것입니다.

이 사람은 나와 마찬가지로 우정을 갈망합니다.

이 사람은 나와 마찬가지로 삶에 대해 배우고 있습니다.

이 사람은 나와 마찬가지로 다른 사람을 배려하고 친절하기를 원합니다.

이 사람은 나와 마찬가지로 주어진 삶에 만족하고 싶어 합니다.

이 사람은 나와 마찬가지로 고통과 괴로움으로부터 자유로워지기를 원합니다.

이 사람은 나와 마찬가지로 안전하고 건강하기를 원합니다.

이 사람은 나와 마찬가지로 행복하기를 원합니다.

이 사람은 나와 마찬가지로 사랑받기를 원합니다.

이제 웰빙에 대한 소망이 생기도록 허용하십시오.

나는 이 사람이 삶의 어려움을 쉽게 헤쳐 나아가는 데 필요한 힘, 자원 및 사회적 지원을 갖기를 바랍니다.

나는 이 사람이 고통과 괴로움에서 자유로워지기를 바랍니다.

나는 이 사람이 평화롭고 행복하기를 바랍니다.

이 사람이 사랑받기를 바랍니다…. 왜냐하면 이 사람은 나와 똑같은 나의 동료 인간이기 때문입니다.

잠시 후 파트너에게 인사를 하거나 적절한 방법으로 감사 인사를 전합니다.

영적 유산

우리가 뒤에 남기는 물질적 재화와는 차원이 다른, 윤리적 혹은 영적 유산에 대한 개념은 유대교 및 기독교 성경의 첫 번째 책으로 거슬러 올라갈 수 있습니다. 창세기에서, 죽어가는 야곱은 자기 자녀들에게 '영적 재산'을 전해줍니다. 연장자의 지혜, 조언, 축복을 전해주는 것은 다른 문화권에서도 친숙한 전통입니다. 아메리카 원주민들은 자녀들이 길을 잃지 않도록 자녀들에게 할머니 할아버지의 가르침에 대해 이야기해 줍니다.

그러나 정확히 전달해 주어야 할 가치가 있는 것은 무엇일까요? 그리고 어떻게 전해주어야 할까요? 한 가지 방법은 자신의 삶에 대한 이야기, 자신에게 가장 중요한 것이 무엇인지, 그리고 그것이 중요하다는 것을 어떻게 알았는지에 대해 이야기하는 것입니다. 이야기는 가르치고 치유하며 기억하기가 쉽습니다. 위대한 명상가들은 모두 복잡하고 불합리해 보이는 진리를 가르치기 위해 비유를 사용했습니다. 그리고 이야기 하나하나는 더 큰 이야기로 연결됩니다.

영적 유산을 위한 지침

시간을 내어, 자신이 하고 싶은 이야기가 저절로 샘솟아나기를 기다리면서 명상이나 요가, 걷기 명상, 성가나 노래 등 좋아하는 영적 수련을 해보십시오. 그런 이야기가 떠오르거든, 기록을 하거나 녹음하십시오. 또 다른 접근 방식은 친구나 친척에게 당신의 삶에 대해 질문을 해 달라고 부탁하는 것입니다. 너무 완벽할 필요는 없으니, 편한 마음으로 하십시오. 한 친구는 자신의 이야기를 이렇게 시작했습니다. "나는 어린 시절을 떠올릴 때면 잔디밭이 있는 집, 구운 치킨, 고기 굽는 냄새, 크리켓, 녹색 걸스카우트 유니폼이 생각난다." 또 어떤 사람은 자신의 투쟁에 관한 이야기를 이렇게 썼습니다. "지금껏 나는 환경 운동을 해왔지만, 이제 나는 내가 무엇에 반대하는지가 아니라 무엇을 지지하는지를 스스로에게 묻고 있다." 살아오면서 당신이 중요하게 생각해 온 것은 무엇입니까? 무엇이든 써 보십시오.

죽음과 동행하기

두려움 다루기

죽음은 두려움의 궁극입니다. 죽어가는 사람과 함께 앉아 있을 때는, 죽어가는 사람이 두려움을 떨쳐버리고 그 과정이 완벽하게 안전하다는 것을 알 수 있도록 두려움 없는 상태로 있어주는 것이 중요합니다. 무언가를 두려워하고 있다면, 될 수 있으면 그 두려움에 가까이 다가가 함께 앉아서 당신의 반응과 저항 상태를 살펴보고, 견딜 수 있는 한계가 어디까지인지를 가늠해 보고, 두려움의 성질을 알아차리고, 그것이 조건화에 따라 생겨나는 하나의 과정임을 분별하고 알아보십시오. 불편해지면, 멈추고 다시 시작하십시오. 자신을 판단하지 말고, 부드럽게 행동하십시오.

두려움과 불안을 떨쳐버리기 위해 다음과 같은 간단한 시각화를 시도할 수도 있습니다. 편안한 자세로 앉으십시오. 눈을 감고 자연스럽게 호흡하세요. 현재 당신이 두려워하고 있는 것이 무엇인지 생각해 보십시오. 죽음에 대한 두려움, 상실에 대한 두려움, 실패에 대한 두려움, 미래에 대한 불안…. 내면에 두텁고 진한 두려움의 안개가 자욱하게 낀 모습을 상상하고, 숨을 깊이 몰아 쉽니다. 내쉬는 숨에 각각의 두려움을 하나씩 내보냅니다. 숨을 들이마실 때는 순수하고 고무적인 에너지, 사랑, 그리고 지혜로운 존재들의 두려움 없는 사랑 에너지가 당신의 몸과 마음을 채우는 것을 상상합니다. 5~20분 동안 이 연습을 계속합니다.

두려움을 다루는 간단한 연습

두려워하는 것이 무엇인지 마음에 새기십시오. 몸 안에서 일어나는 감각을 알아차린 다음 주먹을 꽉 쥐고 손, 팔, 몸통에서 두려움을 느껴 봅니다. 몇 분 동안 그렇게 한 다음, 깊이 숨을 들이마시며 몸을 가득 채웁니다. 숨을 내쉴 때는 손바닥이 위를 향하도록 천천히 주먹을 폅니다.

긴장을 풀고 계속 호흡하며 몸의 감각을 알아차립니다. 미소를 짓습니다.

사랑의 바위로 존재하기

죽어가는 자를 위해 어떻게 사랑의 바위가 되어 곁에 있어줄 것인지에 대해서는, 본문 179쪽을 참조하십시오.

자신의 죽음을 위한 연습

밝아지면 지극히 작은 것까지 알아볼 수 있다.

부드러움이 진정으로 강한 것이다.

그러므로 그 밝음을 사용하여

빛의 근원으로 돌아가라.

이것을 '영원 연습'이라고 한다.

노자, 도덕경 52장

가이드를 맞이하기 위한 지침

조용히 앉거나 누워서 자연스럽게 호흡합니다. 준비가 되었다고 느끼면 하나님, 부처, 성모 마리아, 관세음보살, 예수, 무함마드, 혹은 '섭리'를 부릅니다. 신(혹은 다른 존재)께서 당신 머리의 정수리를 통해 몸으로 들어와 당신과 하나가 되도록 해주십사 요청합니다. 이 존재는 밝게 빛나고 연민으로 가득 차 있습니다. 당신의 영혼은 그 빛으로부터 분리될 수 없다고 상상하고, 그렇게 하나된 결합체에서 발산되는 사랑으로 당신의 존재를 흠뻑 적십니다. 당신이 전환되는 과정에도 이 존재가 당신과 함께 있어주도록 요청합니다. 당신은 깨어 있는 사랑의 의식입니다. 그것을 아십시오.

기도 또는 만트라

몸을 놓아주고 떠나는 과정을 시작할 때에는 기도나 만트라를 암송할 수 있습니다. 당신은 영혼을 차분하게 진정시키는 데 도움이 되도록 침대 옆에 있는 다른 사람들에게 기도나 성가를 부탁할 수도 있습니다. 모든 종교 및 영적 전통에는 이러한 대전환기를 위한 기도나 성가가 있습니다. 예를 들어, 유대교에서 기도는 "하나님은 한 분이시니, 그 한 분께 나아가자."입니다. 힌두교에서는 "옴 나마 시바야"로서, 변화의 신인 시바를 부르는 성가입니다.

나는 이 몸이 아니다

이 수련은 바디 스캔의 한 형태이지만, 단순히 알아차리거나 긴장을 풀기 위해서가 아니라 집착을 놓아버리기 위함입니다. 정수리에서 시작하여 눈으로 인식을 가져온 다음 조용히 말합니다. "나는 이 눈과 이 눈이 보는 것이 아니다. 나는 깨어 있는 사랑의 의식이다."

잠시 멈춘 다음, 가슴 센터를 의념하고 숨을 들이쉬고 내쉬면서, 사랑의 의식 안에서 쉽니다. 그런 다음 조용히 말합니다. "나는 이 귀와 이 귀가 듣는 것이 아니다. 나는 깨어 있는 사랑의 의식이다." "나는 이 입과 그 맛이 아니다. 나는 깨어 있는 사랑의 의식이다." 이런 식으로 몸 전체에 걸쳐 계속한 다음 "나는 이 몸이 아니다. 나는 깨어 있는 사랑의 의식이다."로 마칩니다.

이 연습을 생각, 기억, 감정, 그리고 개념으로 확장할 수도 있습니다.

"나는 이러한 생각이 아니다…. 나는 깨어 있는 사랑의 의식이다."

NOTES

1. Kenneth E. Vail III et al., "When Death Is Good for Life: Considering the Positive Trajectories of Terror Management," *Personality and Social Psychology Review* 16, no. 4(April 2012): 303–29, doi: 10.1177/1088868312440046.

2. Mark Twain, Following the Equator: *A Journey around the World*(New York: Harper & Brothers, 1899), 174.

3. Anaïs Nin, The Diary of Anaïs Nin, Vol. 1: 1931–1934(Boston: Houghton Mifflin Harcourt, 1969), 190.

4. Norman Fischer, "Love = Wisdom = Buddha," Shambhala Sun(January 2015): 58.

5. Pema Chödrön, When Things Fall Apart: Heart Advice for Difficult Times(Boston: Shambhala Publications, 2000), 57.

6. Nina Wise, "Luck Disguised as Ordinary Life," ninawise.com, ninawise.com/luck-disguised-as-ordinary-life/.

7. Don Lattin, Changing Our Minds: Psychedelic Sacraments and the New Psychotherapy(Santa Fe, NM: Synergetic Press, 2017), 77.

8. Lattin, Changing Our Minds, 128.

9. Timothy Leary, Flashbacks(New York: Tarcher/Penguin, 1997), 141.

10. Aldous Huxley, Island(New York: Harper Perennial Modern Classics, 2009), 321.

11. Mike "Schwann" Kawitzky, "True Conversations with Terence McKenna, Kona, September 1999," Global Webtrance(personal website), webtrance.co.za/hawaii.htm.

12. Helen Schucman, "The Forgotten Song," A Course in Miracles, T-21.I.8(Mill Valley, CA: Foundation for Inner Peace, 1992), 447.